INSPIRED
インスパイアド

How to Create Tech Products Customers Love

マーティ・ケーガン 著
佐藤真治、関満徳 監訳　神月謙一 訳

熱狂させる製品を
生み出す
プロダクトマネジメント

日本能率協会マネジメントセンター

この本を父、カール・ケーガンに捧げる。1969年、父はアメリカで初めてコンピューターサイエンスの博士号を取得し（これ以前は、コンピューターサイエンスは電子工学の一部だった）、データベースに関する最初の本を書いた（『データベース入門』カール・ケイガン著、西村恕彦訳、近代科学社、1975年）。

父親として素晴らしい人であっただけでなく、私が9歳のときに父はコンピューターのプログラミングを教えてくれた。コンピューターがブームになる何十年も前のことである。今日私たちが依存している多くの技術がまだアイデアでしかなかった時代に、父は私にテクノロジーへの愛を植え付けてくれたのだ。

INSPIRED: How to Create Tech Products Customers Love, 2nd Edition
Copyright © 2018 by Wiley.
All rights reserved.
This translation published under license with the original publisher
John Wiley & Sons, Inc. through Japan UNI Agency, Inc., Tokyo

第2版への序

　最初に『INSPIRED』の初版をアップデートしようと考えたときは、内容の10〜20%程度を修正するつもりだった。変更したい部分がほとんどなかったからである。

　しかし、いざ始めてみると、第2版は完全な書き直しが必要だとわかってきた。初版で書いたことを後悔しているからではなく、今なら初版のトピックをもっとうまく説明できると思ったからである。

　初版があんなに成功するとは夢にも思っていなかった。あの本のおかげで世界中に友だちができた。『INSPIRED』は数カ国語に翻訳され、10年近くがたった今でも口コミとレビューだけで売り上げを伸ばしている。

　だから、もしあなたが初版を読んでくれたなら感謝したいし、第2版はもっと楽しんでもらえると思う。初めて『INSPIRED』を読む人には、この新版は『INSPIRED』が目指したものを初版よりもさらに充実した形で達成していると言っておこう。

　初版を書いたときは、製品開発企業でアジャイルが十分に確立する前だったし、「顧客開発」や「リーンスタートアップ」という用語を知らない人も多かった。今では、開発チームのほとんどがこれらのテクニックを何年も使っており、リーンとアジャイルを超えるものへの関心が高まっている。第2版は、まさにリーンとアジャイルを超えるものに焦点を当てている。

　本書の基本構造は初版から変えていないが、初版で説明したテクニックは、ここ10年でかなり進化した。

　第2版ではトピックの説明の仕方を変え、テクニックをアップデートしたが、それ以外の主な変化は、本書で「スケールアップにおける製品開発」と呼んでいるものの詳細に踏み込んだことである。

初版は、スタートアップ企業にもっと焦点を当てていた。しかし、第2版では視野を広げ、成長期企業が抱える問題や、どうすれば大規模なエンタープライズ企業で製品開発がうまくできるかという問題を考えたかった。

スケールアップによって深刻な問題が生じることには疑いの余地がなく、ここ10年以上、私の時間のほとんどは、急成長した企業のコーチングに費やされてきた。それがどれほど困難なことかがわかる指標として、「成功を生き延びる」という言い方がよく使われる。

初版の読者から素晴らしいフィードバックをたくさんもらった。そこから学んだ重要なことを2つ紹介しておきたい。

第1は、プロダクトマネジャーという特定の仕事に焦点を当てる必要があることだ。初版ではプロダクトマネジメントについて多くを書いたが、広く開発チームに向けて書いたものだった。現在、プロダクトデザイナーやエンジニアのための素晴らしいリソースはたくさんあるが、ITに基づいた製品に責任を持つプロダクトマネジャーが利用できるものは極めて少ない。だから、第2版では、ITのプロダクトマネジャーの仕事に焦点を絞ろうと決めた。もしあなたがIT企業のプロダクトマネジャーなら、あるいはそうなりたいと思っているなら、本書があなたの支えになれば幸いである。

第2は、製品開発に成功するレシピを探している人がたくさんいることだ。つまり、どうすれば顧客に愛される製品を生み出せるかを指南するガイドブックや枠組みが求められているのだ。その要望は理解できるし、本書をそういう位置づけにしたらもっと売れることもわかっているが、残念ながらそれは偉大な製品の作り方ではない。本書は、成功するために適切な製品開発文化を作ることと、製品発見と市場投入のさまざまなテクニックを理解し、直面する特定の問題に適したツールを使える

ことを目指している。同時に、プロダクトマネジャーの仕事があらゆる点で容易ではないこと、正直に言えば、この仕事で成功するだけの能力を誰もが持っているわけではないことを意味している。

とはいえ、ITのプロダクトマネジメントは、今ではこの業界で最も憧れる人が多い仕事の1つであり、スタートアップ企業のCEOを最も多く生み出す場所、つまりCEOの試験場となっている。だから、あなたがプロダクトマネジャーになりたくて、努力する意志があるのなら、喜んであなたの成功を手伝いたい。

contents

第2版への序 ……………………………………………………… 003

| PART I | 一流IT企業から学んだこと | 012 |

Chapter 1　優れた製品の背後にあるもの …………………………… 015
Chapter 2　ITに基づいた製品やサービス …………………………… 017
Chapter 3　スタートアップ企業――
　　　　　　プロダクト・マーケット・フィットを達成する―― 019
Chapter 4　成長期企業――成功へ向けてスケールアップする―― 021
Chapter 5　エンタープライズ（成熟期）企業――
　　　　　　常に製品のイノベーションを図る―― 023
Chapter 6　製品開発が失敗する根本的原因 ………………………… 025
Chapter 7　リーンとアジャイルを超えて …………………………… 033
Chapter 8　基本的概念 ………………………………………………… 036
COLUMN　必要最小限の製品 ………………………………………… 041

| PART II | 成功するための組織と人 | 044 |

製品開発チーム

Chapter 9　優れた製品開発チームの原則 …………………………… 046
COLUMN　原則とテクニック ………………………………………… 055
Chapter 10　プロダクトマネジャー …………………………………… 056
COLUMN　プロダクトマネジャーとプロダクトオーナー ………… 067
COLUMN　プロダクトマネジャーに必要な2つの科目 …………… 068
Chapter 11　プロダクトデザイナー …………………………………… 070
Chapter 12　エンジニア ………………………………………………… 077
COLUMN　テックリードの役割 ……………………………………… 080
Chapter 13　プロダクトマーケティングマネジャー ………………… 082
Chapter 14　サポートスタッフ ………………………………………… 085
Chapter 15　[プロフィール] Googleのジェーン・マニング ……… 089

スケールアップに必要な人々

Chapter 16　リーダーの役割 ……………………………………… 093
Chapter 17　製品開発のトップの役割 …………………………… 098
COLUMN　グループプロダクトマネジャーの役割 ……………… 104
Chapter 18　技術部門のトップの役割 …………………………… 107
Chapter 19　デリバリーマネジャーの役割 ……………………… 111
Chapter 20　製品開発チームを構成する原則 …………………… 113
COLUMN　スケールアップにおける自律性 ……………………… 119
Chapter 21　プロフィール Adobeのリー・ヒックマン ………… 125

PART Ⅲ　成功するための製品 ……………………………… 129

製品開発ロードマップ

Chapter 22　製品開発ロードマップの問題点 …………………… 133
Chapter 23　ロードマップに代わるもの ………………………… 136
COLUMN　ハイインテグリティーコミットメント ……………… 140

製品ビジョン

Chapter 24　製品ビジョンと製品戦略 …………………………… 144
COLUMN　市場の優先順位を決める ……………………………… 148
Chapter 25　製品ビジョンの原則 ………………………………… 150
Chapter 26　製品戦略の原則 ……………………………………… 153
Chapter 27　製品理念 ……………………………………………… 155

製品の目標

Chapter 28　OKR手法 ……………………………………………… 159
Chapter 29　製品開発チームの目標 ……………………………… 162

製品のスケールアップ

Chapter 30　製品目標のスケールアップ ……………………… 167
Chapter 31　製品に関するエバンジェリズム ………………… 170
Chapter 32　[プロフィール] BBCのアレックス・プレスランド …… 174

PART IV　成功するためのプロセス …………… 177

製品の発見

Chapter 33　製品発見の原則 …………………………………… 183
COLUMN　倫理――それを作ってもいいのか？―― ………… 188
COLUMN　製品発見のイテレーション ……………………… 189
Chapter 34　発見のテクニックの概要 ………………………… 190

発見のフレーミングテクニック

COLUMN　問題vsソリューション …………………………… 198
Chapter 35　市場機会評価のテクニック ……………………… 200
Chapter 36　カスタマーレターのテクニック ………………… 203
Chapter 37　スタートアップキャンバスのテクニック ……… 206
COLUMN　最大のリスク ……………………………………… 208

発見のプランニングテクニック

Chapter 38　ストーリーマップのテクニック ………………… 212
Chapter 39　顧客発見プログラムのテクニック ……………… 215
COLUMN　プロダクト・マーケット・フィットを定義する … 226
Chapter 40　[プロフィール] Microsoftのマルティナ・ローチェンコ …… 228

発見のアイディエーションテクニック

Chapter 41　顧客インタビュー ………………………………… 234
Chapter 42　コンシェルジュテストのテクニック …………… 238

8

Chapter 43	顧客による不適切な使用が秘める可能性	240
COLUMN	開発者による不適切な使用が秘める可能性	243
Chapter 44	ハッカソン	244

発見のプロトタイピングテクニック

Chapter 45	プロトタイプの原則	249
Chapter 46	実現可能性プロトタイプのテクニック	251
Chapter 47	ユーザープロトタイプのテクニック	254
Chapter 48	ライブデータプロトタイプのテクニック	257
Chapter 49	ハイブリッドプロトタイプのテクニック	260

発見のテストテクニック

Chapter 50	ユーザビリティーをテストする	264
Chapter 51	価値をテストする	273
Chapter 52	需要テストのテクニック	276
COLUMN	リスクを嫌う企業での製品発見テスト	279
Chapter 53	定性的価値テストのテクニック	282
Chapter 54	定量的価値テストのテクニック	288
COLUMN	分析の役割	291
COLUMN	計器飛行する	295
Chapter 55	実現可能性をテストする	297
COLUMN	ハードウェア製品の発見	300
Chapter 56	事業実現性をテストする	301
COLUMN	ユーザーテストvs製品デモvsウォークスルー	307
Chapter 57	プロフィール Netflixのケイト・アーノルド	309

トランスフォーメーションのテクニック

| Chapter 58 | ディスカバリースプリントのテクニック | 313 |
| COLUMN | ディスカバリーコーチ | 316 |

Chapter 59　パイロットチームのテクニック ……………… 318
Chapter 60　組織をロードマップから切り離す ……………… 320

スケールアップにおけるプロセス

Chapter 61　ステークホルダーを管理する ……………… 324
　COLUMN　良いことが悪いことに変わる ……………… 330
Chapter 62　製品開発での学習を共有する ……………… 333
Chapter 63　プロフィール Appleのカミール・ハースト ……………… 335

PART V　成功するための文化 ……………… 339

Chapter 64　良い製品開発チーム／悪い製品開発チーム ……………… 341
Chapter 65　イノベーションが失われる最大の理由 ……………… 345
Chapter 66　スピードが失われる最大の理由 ……………… 349
Chapter 67　強い製品開発文化を作る ……………… 352

謝辞 ……………… 356
もっと深く学ぶために ……………… 358
監訳者あとがき ……………… 359
INDEX ……………… 365

PART I

一流IT企業から学んだこと

1980年代の半ば、私はHewlett-Packard（HP）の若いソフトウェアエンジニアとして、画期的な製品の開発に携わっていた。人工知能（AI）が（初めて）大きなブームになった頃だ。そんな時代に、当時のIT業界で最高の企業の1つで、優秀なソフトウェア開発チームの一員として仕事ができたのはすごくラッキーだった（チームの何人かは、後にIT業界のさまざまな企業で大きな成功を収めた）。

　私たちには、困難な課題が与えられていた。AIを実現する技術を、低価格な汎用ワークステーションに搭載するというのだ。それまで、同様のシステムを実現しようとすれば、専用のハードウェアとソフトウェアを組み合わせることが必要であり、1ユーザー当たり10万ドルを超える費用がかかった。とうてい誰もが払える額ではなかった。

　私たちは1年以上、寝る時間を惜しみ、週末を返上して、懸命にプロジェクトに取り組んだ。その過程で取得したいくつかの特許は、HPの資産になった。HPの厳密な品質基準にかなうソフトウェアを開発すると、それを国際化し、いくつかの言語用にローカライズした。営業チームにも、内容をよく理解してもらった。メディア向けに開催した事前発表会では、非常に高い評価を受け、準備はすべて整った。私たちは、製品をリリースして、それを祝った。

　ただ、1つだけ問題があった。まったく売れなかったのだ。

　その製品は、市場では完全に失敗した。確かに技術的には画期的だったし、専門家たちも価値を認めてくれたが、人々の購買意欲をそそるものではなかった。

　開発チームは、当然その結果に落胆したが、すぐにいくつかの重要な問題について、自らに問いかけ始めた。何を開発すべきかを決めるのは、誰なのだろう？　その判断は、どうやってするのだろう？　出来上がったものが役に立つかどうかは、どうすればわかるのだろう？

　若かった私たちの開発チームは、極めて重要なことを学んだ。多くの開発チームが、身をもって知らされてきたことだ。作るものに価値がなければ、開発チームがどれほど優秀だろうと関係ない、ということである。

失敗の根本原因を探っていく中で、何を作るかを判断したのはプロダクトマネジャーだとわかった。通常、プロダクトマネジャーはマーケティング部門に属し、私たちが作る製品を定義する責任者である。同時にわかったのは、HPはプロダクトマネジメントが不得意だ、ということだった。後になって私は、ほとんどの企業の弱点が、プロダクトマネジメントであることを知った。その状況は、今でも変わっていない。

私は心に誓った。ユーザーや顧客の求める製品であるとわからないかぎり、二度とあんなに必死になって仕事をしないと。

それから30年以上、非常に幸運なことに、私はその時代で最も成功したいくつかのIT製品の開発に関わることができた。パソコンの興隆期には、HPで働いた。インターネットが発展した時期には、Netscape Communicationsに勤め、プラットフォームとツール担当の副社長を務めた。そしてeコマースとオンライン市場が拡大した時代は、eBayで製品開発と設計を担当する上級副社長の任にあった。その後は起業アドバイザーとして、後に大きく成功した多くのIT製品企業の立ち上げに力を貸した。

私が関わった製品がすべて同じように成功したわけではないが、うれしいことに1つも失敗作がなかったし、世界中の何百万の人々に愛用されている製品もいくつかある。

eBayを去るとすぐに、製品の開発方法の改善を求める製造企業から依頼を受けるようになった。さまざまな企業と仕事をする中で、私は、最も優れた企業が製品を開発する方法と、大多数の企業が製品を開発する方法の間に、ものすごく大きな違いがあることに気づいた。

最先端の手法と、実際に用いられている手法の間に、大きな隔たりがあるのだ。

当時、ほとんどの企業は、古くて効率の悪い方法で製品を開発し、市場に出していた。貴重なヒントは、学問の世界からもほかの企業からも得られないことがわかった。最も優れたビジネススクールでも教えてくれないし、過去の失敗したモデルから抜け出せずにいる企業には、希望

が持てなかった。HPもその1つだ。

　私は良くも悪くもすばらしい体験に恵まれた。特にIT業界で最も認められている製品開発者の何人かと、一緒に仕事をするチャンスが得られたことは、とても感謝している。本書に含まれる素晴らしいアイデアは、そうした人々から得たものだ。「謝辞」を読んでいただければ、どんな人々かわかるだろう。貴重なことを教えてくれた一人ひとりに、感謝している。

　私がこの仕事を選んだのは、顧客に愛される製品、人の心をときめかせ、価値を生み出す製品の開発に、関わりたいと思ったからだ。製品開発のリーダーのほとんどは、人に想像力を与え、ビジネスとしても成功する製品を作りたいと思っている。だが、大多数の製品は、心を揺り動かしてくれない。つまらない製品につきあっているほど、人生は長くない。

　この本に私が託した願いは、最も成功した製品を生み出した企業のベストプラクティス（最良の方法）を、共有する一助となることである。その結果、真に人々の心を揺り動かす製品、つまり顧客に愛され、熱狂される製品ができることを、期待している。

PART I 一流IT企業から学んだこと

CHAPTER

1

優れた製品の背後にあるもの

　私の信念であり、本書の中心となっている考えがある。優れた製品の背後には必ず、製品開発チームを率いて技術と設計を組み合わせ、顧客が抱える本当の課題を、ビジネスのニーズに合った形で解決する人間がいる、ということだ。その人は普段表には出ないが、絶え間なく仕事をしている。

　こうした人々は通常、プロダクトマネジャーという肩書を持っている。といっても、企業を立ち上げた共同創業者やCEOの場合もあれば、開発チームの中でほかの役割を持っていた人が、必要に迫られて引き受けることもある。

　プロダクトマネジメントという役割は、デザイン、エンジニアリング、マーケティング、プロジェクトマネジャーなどの役割とは、まったく異なる。

　本書は、プロダクトマネジャーを対象にしたものだ。

　現代のIT製品開発チームにおいて、プロダクトマネジャーは、極め

て特殊で重要な責任を負っている。それは、途方もなく困難な仕事である。もしそんなことはないと言う人がいたら、その人は製品開発のことをまったくわかっていない。

　プロダクトマネジャーは、通常、文字どおりフルタイムの仕事である。私が知るかぎり、自分がすべき仕事を週60時間未満でこなしているプロダクトマネジャーは、ほとんどいない。

　もしあなたがデザイナーかエンジニアで、プロダクトマネジャーの仕事をしたいと考えているならば、ぴったりだ。それらの経験は、プロダクトマネジャーの仕事に大いに役立つはずだ。だが、自分が膨大な量の仕事を引き受けてしまったことに、すぐに気づくだろう。それでも、意欲を持って取り組めるなら、素晴らしい結果が得られるはずだ。

　製品開発チームは、少なくとも１人のプロダクトマネジャーと、通常は２〜10人のエンジニアで構成される。ユーザーが直接触れる製品を作っているときは、プロダクトデザイナーがチームに加わることもある。

　本書では、あなたが、別々の場所にいるエンジニアやデザイナー、あるいはほかの組織や委託会社に所属するエンジニアやデザイナーを使わなければならない状況を想定している。しかし、開発チームの集め方は関係ない。プロダクトマネジャーという仕事は、一緒に働くように決められたチームとともに、１つの製品をデザインし、ビルドし、出荷するものであり、本書もそれを前提としている。

CHAPTER 2

ITに基づいた製品やサービス

世の中にはさまざまな製品があるが、本書はITに基づいた製品に焦点を絞っている。

本書には、ITによらない製品を作っている人に役立つ情報もあるかもしれないが、どんな製品にも役に立つという保証はできない。率直に言って、ほとんどの日用消費財のような非IT製品については、すでにさまざまな情報が簡単に手に入る。そうした非IT製品のプロダクトマネジャーに関しても同様だ。

私が取り上げるのは、ITに基づいた製品、サービス、体験を作ることに特有の課題である。

本書で考察するものの典型は、一般消費者向けサービス製品である。たとえば、eコマースサイトやマーケットプレイス（例：Netflix、Airbnb、Etsy）、ソーシャルメディア（例：Facebook、LinkedIn、Twitter）、ビジネスサービス（例：Salesforce、Workday、Workiva）、消費者向けデバイス（例：Apple、Sonos、Tesla）、モバイルアプリ（例：Uber、

Audible、Instagram）などが挙げられる。

　ITに基づいた製品は、純粋にデジタルである必要はない。最も成功している事例の多くは、オンラインの体験とオフラインの体験を組み合わせたものである。乗せてもらえる車や泊まる部屋を探したり、住宅ローンの融資を受けたり、翌日配達便を送ったりするのだ。

　現在、大多数の製品は、ITに基づいたものに変わりつつあると私は考えている。このことに気が付かない企業は、急速に衰退していくだろう。繰り返し言っておこう。本書で私が取り上げるのは、ITに基づいた製品であり、ITを取り入れて顧客の利益になるように絶えず革新していこうと考えている企業である。

CHAPTER
3

スタートアップ企業
―プロダクト・マーケット・フィット* を達成する―

PART I 一流IT企業から学んだこと

*顧客を満足させる最適な製品を最適な市場に提供している状態

　IT業界では、企業のステージを、スタートアップ（創業）期、成長期、エンタープライズ（成熟）期、の3つに分けることがある。それぞれのステージについて、特徴や直面しやすい問題について少し考えてみよう。

　スタートアップ期は、プロダクト・マーケット・フィットがまだ達成できていない新興製品企業、と定義できるかもしれない。プロダクト・マーケット・フィットは、極めて重要な概念だ。詳細は後で説明するが、ここでは、スタートアップ期は、ビジネスの原動力として採算が取れる製品を考え出そうとする、とだけ言っておこう。

　スタートアップ期におけるプロダクトマネジャーの役割は、共同創業者の1人が担うのが普通である。標準的な例では、25人未満のエンジニアが、1つから5つの製品開発チームを構成する。

　スタートアップ期は、現実には資金が尽きる前にプロダクト・マーケ

ット・フィットを達成するレースである。最初に狙った市場のニーズに応える強力な製品を考え出すことが、何よりも大きな課題なのだ。だから、創業間もない企業は、必然的に製品開発に力を注ぐのである。

スタートアップ期は、たいてい初期の資金が限られているものだ。ニーズのある製品を見つけ出し、出荷できるかどうかを見極める。資金が少なくなればなるほど、急激に仕事のペースは上がり、開発チームとリーダーの絶望感は高まる。

スタートアップ期に資金と時間の逼迫(ひっぱく)は付きものだが、優れた企業は、素速く学習し行動するように最適化されており、仕事のペースを落とす官僚主義が入る余地はほとんどない。それでも、よく知られているように、ITスタートアップ企業の成功率は、非常に低い。成功するわずかな企業は、たいてい製品を見つけ出す能力に飛び抜けた企業である。これは、本書の主要なテーマの1つだ。

スタートアップ企業で働くこと、つまりプロダクト・マーケット・フィットに向かってレースをすることは、ほとんどの人にとって、大きなストレスがかかり、消耗し、リスクが高い。だが、それは同時に、信じられないほど素晴らしい体験であり、うまく行けば金銭的にも大きな見返りが得られる。

CHAPTER 4

成長期企業
―成功へ向けて
スケールアップする―

PART I 一流IT企業から学んだこと

　能力と幸運（たいてい両方が必要）によって、プロダクト・マーケット・フィットを達成したスタートアップ企業は、次に待っているもう1つの困難な課題に立ち向かうことになる。どうすれば効率的に成長し、スケールアップできるかという問題だ。

　スタートアップ企業を成長させ、成功した大企業へとスケールアップするためには、多くの重要な難題を乗り越えなければならない。それは極めて困難な試練だが、前に言ったとおり、得るものが多い良い課題でもある。

　より多くの人を雇用することに加えて、新しい関連製品やサービスで以前の成功を再現する方法を考え出す必要がある。同時に、コアビジネスを可能なかぎり急速に成長させなければならない。

　成長期には、通常およそ25人から数百人のエンジニアを抱えるようになり、それをサポートする人員も増えるため、組織的ストレスの兆候が

あちこちで生じる。

　製品開発チームは、プロジェクトの全体像が見えないと不満をもらす。自分たちの仕事が大きな目標にどのように貢献しているかわからなくなり、一定の権限を与えられた自律的なチームに所属していることの意味を問うようになる。

　販売やマーケティングのチームからは、最初の製品ではうまくいった市場進出戦略が、新製品には当てはまらないという不満が、しばしば出る。

　最初の製品のニーズに合うように作られた技術インフラは、しばしば能力の限界に達する。あなたはエンジニアと顔を合わせるたびに、「技術的負債」という言葉を聞くようになる。

　この時期はまた、リーダーにとっても厳しいものだ。企業が若いスタートアップだったときはうまくいっていた、リーダーシップの形と仕組みを、組織の拡大に合わせて変化させていくのに、失敗することが多いからである。リーダーは自分の役割を、そして多くの場合、自分の行動を変えざるを得なくなる。

　だがこの時期は、困難を乗り越えようとする意欲が非常に高い。この時期の企業は、しばしば株式の公開を目指していたり、既存の企業の主要部門になろうとしているからだ。また、社会に大きなプラスの影響を与える可能性が大きいことが、士気を高める。

CHAPTER 5

エンタープライズ（成熟期）企業
―常に製品のイノベーションを図る―

　スケールアップに成功し、持続するビジネスを作り出したいと考える企業の前には、極めて困難な課題がいくつか待ち構えている。

　優れたIT製品企業は、確実に製品のイノベーションを続けていかなければならないことを知っている。常に、顧客と自分たちのビジネスにとって新しい価値を、生み出し続けねばならないのである。既存の製品にちょっと手を加えたり、最適化をおこなったりする（価値獲得と呼ばれる）のではなく、それぞれの製品を発展させて最大の可能性を実現するのだ。

　しかし、多くのエンタープライズ企業が、ゆっくりとした死のスパイラルに陥る。そうした企業は、数年あるいは数十年前に築いた価値とブランドにてこ入れしようとする。エンタープライズ企業の死が一夜にして起こることはめったになく、何年も水面に浮いていられるが、組織は

間違いなく沈み続け、確実に終末期を迎える。

　もちろん企業がこの規模（多くの場合上場企業）になるとステークホルダーの数が膨大になり、意図せずに企業が築いてきたものを守ろうと懸命に動く。そのため、残念なことに、ビジネスを復活させるかもしれない（が、コアビジネスを危険にさらす可能性もある）新しい構想やベンチャー事業が阻止されてしまうのだ。あるいは、新しいアイデアに多くの課題が課されて障害となり、企業を新たな方向に向かわせる意志や能力のある人がほとんどいなくなってしまう。

　この動きははっきりと目の前に現れるようになる。従業員の勤労意欲が低下し、新機軸が生まれなくなり、新しい製品が顧客の手に届くまで時間がかかるようになる。

　企業が創業して間もないときは、明確で揺るぎないビジョンを持っているものである。しかし、企業がエンタープライズ期に到達すると、もともとのビジョンをほとんど実現してしまい、従業員は次に何をすればいいのかわからなくなる。製品開発チームは、ビジョンがないこと、権限の委譲がされないこと、いつまでたっても意思決定がされない現実、製品開発の仕事が委員会による設計に変わっていくことに不満をもらす。

　リーダーも往々にして製品開発チームから革新的なアイデアが出されないことにいらだちを募らせる。そして、しばしば企業買収に走ったり、独立した「イノベーションセンター」を設立して、保護された環境で新たなビジネスを生み出そうとしたりする。だが、こうしたことがリーダーの切望するイノベーションにつながることはほとんどない。

　Adobe、Amazon、Apple、Facebook、Google、Netflixなどの巨大エンタープライズ企業は、この運命を避けることができた。どうやってそれを可能にしたのかについては、これから詳しく説明したい。多くの組織のリーダーたちが、なぜ自分たちは同じことができないのかと考えている。実際、しようと思えばできるのだ。ただ、そのためにはかなり大きな変革をいくつか起こす必要がある。本書はそれを明らかにする。

PART I 一流IT企業から学んだこと

CHAPTER
6

製品開発が失敗する根本的原因

　まず、多くの製品開発が失敗する、根本的な原因を探ることから始めよう。

　私が見るかぎり、圧倒的多数の企業が同じ仕事のやり方をしている。どんな規模の企業でも、地球のどこにある企業でも変わりはない。そのやり方は最も優れた企業の実際の仕事のやり方とはまったく別物だと言わざるを得ない。

　あらかじめ言っておくが、この話はあなたを落ち込ませるかもしれない。特にあなたの置かれた状況と重なる場合はなおさらだ。もしそうなら私と一緒に頑張ろう。

　図1は、ほとんどの企業がいまだに製品開発に使っているプロセスを表している。批判はさておいて、まずはそのプロセスをよく見てみよう。

　見てわかるように、すべてはアイデアから始まる。ほとんどの企業では、アイデアは内部（経営幹部、重要なステークホルダー、企業のオーナーなど）か、外部（現在あるいは将来の顧客）からもたらされる。ア

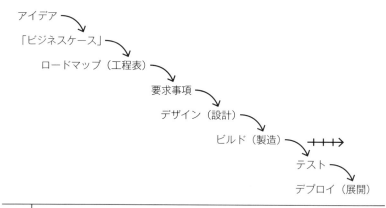

図1 製品開発が失敗する根本的原因

イデアがどこで生まれたにせよ、企業のさまざまな組織で私たちがやらなければならないことは常に山ほどある。

現在、ほとんどの企業ではアイデアを優先してロードマップを作成しようとしている。それには2つの大きな理由がある。第1に、企業は製品開発チームに最も重要なことを真っ先にさせようとする。第2に、いつすべての準備が整うのかを知りたがる。

その要求に応えるために、通常は何らかの形の四半期あるいは年間の計画会議が開かれ、リーダーたちがアイデアを検討し、製品のロードマップが決められる。だが、優先順位を付けるためには、個々の製品についてのビジネスケース*が必要になる。

企業の中には公式なビジネスケースを作成するところもあるし、非公式なものにするところもある。どちらの場合でも、要するに個々のアイデアに関して2つの情報を知る必要があるということだ。

（1）それはどれくらいの利益や価値を生み出すのか？
（2）それはどれくらいの時間と費用がかかるのか？

その後、この情報を使って、通常は次の四半期の、場合によっては次の1年間のロードマップを作るのである。

*事業投資をおこなう合理的根拠を示し、見込まれる利益やリスクを記した書類

この時点で、製品担当組織および技術担当組織は行動開始の指示を受け、製品開発の仕事を優先度の高いものから低いものへと進めるのが一般的だ。

　あるアイデアがリストの1位になったら、最初にすべきことはプロダクトマネジャーがステークホルダーに話をしてアイデアを具体化し、一連の「要求事項」を考え出すことである。

　要求事項はユーザーストーリーになることもあるし、機能仕様書のような形をとる場合もある。目的は、デザイナーやエンジニアに何を作る必要があるのかを伝えることである。

　要求事項が集まると、ユーザーエクスペリエンスデザインチーム（企業にそうしたチームがあるとすれば）に、インタラクションデザインや、ビジュアルデザイン、形のある製品の場合はインダストリアルデザインが依頼される。

　最後に、要求仕様とUI／UX仕様がエンジニアに届く。一般的には、ここでようやくアジャイル開発が関わってくる。

　いずれにせよ、エンジニアは通常、仕事をスクラムプロセスで「スプリント」と呼ばれるイテレーションのまとまりに分割する。1つのアイデアを実現するためには1ないし3つのスプリントが必要になるだろう。

　できればQA（品質保証）テストをこれらのスプリントに入れるのが望ましい。それが無理な場合はQAチームが後からいくつかのテストをおこない、新しいアイデアが意図したとおりに機能し、新しい問題が生じないことを確認する（リグレッションと呼ばれる）。

　QAチームからゴーサインをもらうと、新しいアイデアはついに実際の顧客に提供されることになる。

　私が接した大多数の企業では、規模の大小にかかわらず基本的に上記のように仕事をおこなっており、それは何年も前から変わっていない。しかし、こうした企業は常にイノベーションの欠如と、アイデアから顧客の手に渡るまで非常に長い時間がかかることを嘆いている。

　お気づきだろうが、私がアジャイル開発に言及し、今日ほとんどの

PART I　一流IT企業から学んだこと

人々が素早さを求めているにもかかわらず、今、説明したのはウォーターフォールプロセスそのものである。公正を期して言うが、エンジニアの多くは、設定された大きなウォーターフォールプロセスの中でできるだけ素早く仕事をしようとしている。

では、ほとんどの開発チームがそうやって仕事をしているのに、なぜその手法が多くの問題の原因になっているのだろうか？　点と点をつないで、この極めて一般的な仕事のやり方がほとんどの製品開発の失敗の原因であることを明らかにしよう。

以下のリストで、私がこの手法の10の大きな問題点と考えるものを説明する。覚えていてほしいのは、これらの10の問題は非常に深刻な問題であり、どれ1つを取っても開発チームを失敗させる可能性があるということだ。それなのに多くの企業は2つ以上の、場合によってはすべての問題を抱えている。

1. まず一番上の、アイデアのソースから始めよう。ウォーターフォールプロセスは販売主導の製品やステークホルダー主導の製品につながる。この重要な問題には語るべきことがたくさんあるが、今は、ここからは最良の製品のアイデアは生まれないと言うにとどめておく。このアプローチのもう1つの結果は開発チームへの権限委譲がおこなわれないことだ。開発チームはただの道具であり、傭兵にすぎない。

2. 次は、ビジネスケースの致命的な欠陥について考える。はっきりさせておくが、私自身はビジネスケースの作成に賛成だ。少なくとも大きな投資が必要なアイデアについてはそう思う。だが、この段階で、優先するロードマップを考えるためにビジネスケースを作成するのは実にばかげている。理由はこうだ。あらゆるビジネスケースにおいて重要な2つの情報を覚えているだろうか。どれだけの利益が得られるかと、そのコストがどれだけかかるかである。そう、客観的で明白な事実は、この段階ではどちらの情報

の手がかりもないということだ。実際、知りようがないのである。どれだけの利益が得られるかわからないのは、ソリューションの出来にすべてがかかっているからである。もし開発チームが素晴らしい仕事をしたら、製品は大成功を収め、企業の前途を一変させるだろう。しかし実際には、多くの製品のアイデアは結局何も生み出さない。これは決して誇張ではない。文字どおり何も生まないのである（A／Bテストをすればわかる）。

とにかく、製品開発に関する最も重要な教訓の1つは、何が知り得ないかを知ることだ。そして、この段階ではどれだけの利益を上げられるかわからないのだ。

同様に、ビルドにどれだけのコストがかかるかもわからない。実際のソリューションがわからなければ、エンジニアがコストを予測するのは非常に難しい。経験豊富なエンジニアならばこの段階で見積もりを出すのを断るだろう。だが、Tシャツのサイズのような古典的な妥協を強いられるエンジニアもいる。そのシャツが「Sか、Mか、Lか、XLか」だけは教えてくれと。

しかし現実に、企業は優先すべきロードマップを欲しがる。だがそれを得るためにはアイデアを評価する何らかのシステムが必要だ。だから人々はビジネスケースというゲームをするのである。

3. さらに大きな問題が次に起こる。それは企業が自分たちの製品開発ロードマップに夢中になったときだ。私は長年、数えきれないほどのロードマップを見てきたが、ほとんどの実態は、機能やプロジェクトの優先順位が付いたリストだった。マーケティング部門はキャンペーンのためにそうした機能を必要とするし、販売部門は新規顧客を獲得するために必要だ。PayPalとの統合を求めている人がいるとしよう。それを知ってあなたにアイデアが浮かぶ。

だが、ここで問題が生じる。おそらく最も大きな問題だ。私が製品に関する2つの不都合な真実と呼んでいるものである。

第1の真実は、少なくとも私たちのアイデアの半分はうまくいかないということだ。あるアイデアがうまくいかないのには多くの理由がある。最もよくあるのは、顧客が私たちほどそのアイデアに心を躍らせないことだ。だから顧客はそれを使わないほうを選ぶ。ときには顧客がそれを使いたくなって試してみることもあるが、操作が複雑なために製品の価値より面倒くささが勝り、やはり使わないほうを選ぶ。逆に、顧客はその製品をすごく気に入るが、思っていたよりも製造が面倒で、私たちのほうにそれを商品化するために必要な時間や資金が足りないということも起こる。だから、確信をもって言うが、ロードマップにあるアイデアの少なくとも半分は、意図したものの販売につながらない（ちなみに、本当に優秀な開発チームは、アイデアの少なくとも4分の3は望んだような成果を生まないと考えている）。

アイデアがそれほど悪くない場合でも、第2の不都合な真実が待っている。可能性があることが証明されたアイデアでさえ、ビジネス上必要な価値を持つところまで実装を進めるには、通常いくつかのイテレーションが必要だということだ。私たちはそれをタイム・トゥ・マネー*と呼んでいる。

製品開発について私が学んできた中で最も重要なことの1つは、どんなに頭のいい人でも、これらの不都合な真実から逃れられないということである。幸運にも私は多くの飛び抜けて優れた製品開発チームと仕事をしてきたが、そうしたチームが本質的に違うのは、不都合な真実への対応の仕方なのだ。

4. 次に、このモデルでのプロダクトマネジメントの役割について考えてみよう。実は、このモデルにおけるプロダクトマネジメントの役割はプロダクトマネジメントとは呼べない。実際はプロジェクトマネジメントの1形態である。このモデルでの役割は、エンジニアのために要求事項を集めて文書化することが中心になって

---

*アイデアから収益をあげるまでに要する時間

いる。この点において、現代のITプロダクトマネジメントの実像とは180度違っていると言わざるを得ない。

5. デザインの役割にも同じことが言える。プロセスの中でデザインの真の価値を取り入れるのが遅すぎる。そして、おこなわれていることのほとんどが、私たちが「豚に口紅」モデルと呼んでいるものだ。すでにダメージを受けているのに、ガラクタにペンキを塗ろうとしているだけなのだ。UXデザイナーはこれが間違っていることを知っているが、できるかぎり見栄えよく、首尾一貫しているように見せようとする。

6. このモデルが最もタイミングを失しているのは、おそらくエンジニアの仕事を導入するのが遅すぎる点である。もしあなたがプログラムを書かせるだけのためにエンジニアを使っているなら、エンジニアの価値の半分ほどしか生かせていない。製品開発の小さな秘密は、エンジニアはいつも最も優れたイノベーションの源だということだ。それなのにエンジニアはこの議論プロセスのパーティーに招かれることすらない。

7. エンジニアの参加が遅すぎるだけではなく、アジャイル開発の原理や主要な利点を取り入れるのも遅すぎる。こんなふうにアジャイルを使っている開発チームは、アジャイル手法の実際の価値や可能性の20％ぐらいしか享受していない。あなたが実際に目にするのは市場投入の俊敏さであり、市場投入に関わる組織や文脈以外では決してアジャイルではない。

8. このプロセス全体が非常にプロジェクト中心になっている。通常、企業はプロジェクトに資金を付け、スタッフを配置し、組織の中でプロジェクトを通してから、ようやくプロジェクトをスタートさせる。残念なことに、プロジェクト自体がアウトプット（出力）であり、製品はアウトカム（成果）なのだ。予想されるとおり、このプロセスはプロジェクトを当初のアイデアから切り離す。最終的には何かがリリースされるが、それは目的に合致したもので

はない。だとしたらどこが間違っていたのだろうか？　間違いが何であるにしてもそれは深刻な問題だ。そして、私たちがどのように製品を作る必要があるかについては考慮される余地がない。

9. 古いウォーターフォールプロセスの最大の欠点は、今も昔もすべてのリスクが最後に来る点である。つまり顧客実証がおこなわれるのが遅すぎるのだ。

　リーン手法の鍵となる原則は、無駄を減らすことである。その無駄の最たるものが、ある機能や製品をデザインし、ビルドし、テストし、デプロイしたあげく、それが必要とされていなかったとわかることだ。皮肉なことに多くの開発チームが自分たちはリーンの原則を採用していると信じている。だが実際は、今説明した基本的なプロセスをたどっているのだ。そこで私は忠告してあげたい。あなたがたは、知り得るかぎり最も費用と時間がかかる方法でアイデアを試しているのだと。

10. 最後の問題だ。私たちはこのプロセスを実行することに忙しく、時間と金を無駄にしているが、本当の一番大きな損失は、組織がその代わりに選択できたはずであり、選択すべきだったことの機会損失である。私たちは失った時間と費用を取り戻せない。

　非常に多くの企業が時間と金を大量に費やしながら、ほとんどリターンが得られないのは無理もない。初めに、私はこの話があなたを落ち込ませるかもしれないと言った。しかし、もしあなたの働く企業が本当にこんなふうに動いているのなら、仕事のやり方を変えるべき理由をしっかりと理解しなければならない。

　もちろん希望もある。最も優れた開発チームは今述べたような仕事の仕方はしないとはっきりと言っておこう。

CHAPTER 7

リーンとアジャイルを超えて

PART I 一流IT企業から学んだこと

　人々は常に製品開発のための特効薬を探している。そしてその悩みに応える業界があり、本や、コーチング、トレーニング、コンサルティングなどを売り込もうと待ち構えている。だが特効薬など存在しないから、人々は否応なく自分で考える。反動が起きるのはそんなときだ。私がこの本を書いているとき、リーンとアジャイルの双方を批判するのがブームになっている。

　多くの人々や開発チームが、リーンとアジャイルの導入結果に多かれ少なかれがっかりしているのは間違いないし、その理由もわかっている。とは言っても、私はリーンとアジャイルの価値や原理は、世の中から消えて無くなりはしないと確信している。今日、チームが用いている具体的な手法ではなく、その背後にある中核原理についてだ。私はリーンもアジャイルも意味のある進歩を遂げていると思うし、自分がその最前線から身を引きたいとは決して思わない。

　だが、先ほど言ったように、リーンとアジャイルは特効薬ではない。

だから、ほかのツールと同じように賢く使う必要がある。私は、リーンの原則にしたがっていると主張する開発チームを数えきれないほど見てきた。だが、そうしたチームは何カ月も自分たちがMVP（実用最小限の製品）と考えるものに取り組んでいるにもかかわらず、相当な時間と費用をかけるまで、自分たちが作っている製品が何なのかも、売れるのかどうかもわからないでいる。これはとてもリーンの精神とは言えない。あるいは熱中しすぎて、すべてをテストして確認しなければならないと考え出したら、仕事は足踏み状態になる。

　私が今指摘したように、ほとんどの製品開発企業で実行されているアジャイルの進め方は、どんな意味においても、とうていアジャイルではない。

　私が知っている最も優れた製品開発チームは、これらの手法を実行している大部分の開発チームより先を進んでいる。リーンとアジャイルの中核原理を利用しながらも、達成目標と仕事のやり方のレベルを上げているのだ。

　そうした開発チームを見ると、問題の捉え方や用語の使い方が少し異なったとしても、中心では3つの包括的な原則が働いていることがわかる。

1. **リスクには最後ではなく最初に取り組む**。現代の開発チームは、何かを作ると決める前にこうしたリスクに取り組む。そうしたリスクには、価値のリスク（顧客が購入するかどうか）、ユーザビリティーのリスク（ユーザーが使い方をわかるかどうか）、実現可能性のリスク（エンジニアが、持っている時間とスキルとテクノロジーで必要なものを作れるかどうか）、そして事業実現性のリスク（ソリューションが、販売、マーケティング、財務、法律など、ビジネスのさまざまな分野でも問題がないかどうか）が含まれる。
2. **製品の定義付けとデザインは、順を追ってではなく、協調させな**

がら同時に実行される。彼らは、すでに古いやり方を乗り越えている。古いモデルでは、プロダクトマネジャーが要求事項を決め、デザイナーが要求事項を達成するソリューションをデザインし、エンジニアがその要求事項を実装していた。それぞれが先行する人の制約や決定にしたがって仕事をしていたのだ。今日の優れた開発チームでは、製品開発者、デザイナー、エンジニアが、持ちつ持たれつの関係で協調して仕事をし、顧客に愛され、ビジネスに貢献する、高度なテクノロジーに裏付けられたソリューションを考え出すのである。

3. **最後に、大切なのは機能を実装することではなく、問題を解決することである**。従来の製品開発ロードマップはアウトプットにこだわっていた。優れた開発チームは、重要なのはソリューションを実装することだけではないと知っている。根底にある問題をソリューションが解決することを請け合わなければならないのだ。ビジネス上の成果が大切なのである。

本書では、この3つの包括的な原則を常に中心に置く。

CHAPTER

8

基本的概念

本書では、現代の製品開発の基礎となっている一連の概念を使う。ここでそれらを簡単に説明しておこう。

［ ホリスティック（全体論的）な製品 ］

私は製品という言葉をかなり大ざっぱに使ってきた。ITに基づいた製品に限定するとしか言っていなかった。だが、もっと一般化すると、私が製品と言うときは非常にホリスティックに定義されたものを指している。

製品には必ず機能、つまり特徴が含まれる。

製品にはその機能を実現する技術が含まれる。

製品にはその機能を提示するユーザーエクスペリエンスデザインが含まれる。

製品にはその機能を金銭に変える方法が含まれる。

製品にはユーザーや顧客を引きつけて獲得する方法が含まれる。

製品にはその価値を伝えるのに欠かせないオフライン体験が含まれることもある。

たとえば、製品がeコマースサイトであれば、それには商品の購入プロセスの体験や返品の体験も含まれる。一般的にeコマースビジネスでは、実際に売られている商品以外のすべてのものが製品に含まれる。

同様に、メディア企業ではコンテンツ以外のすべてを製品と呼ぶ。

肝心なのは包括的でホリスティックな製品の定義を持つことである。機能の実装だけを考えていてはだめだ。

継続的な製品発見と市場投入

私は前の章で、ほとんどの企業はいまだに本質的にウォーターフォール型のプロセスを使っていると説明した。そして現代の開発チームのやり方はまったく違うと言った。

製品開発のプロセスについては後でもっと詳しく述べるが、この段階ではプロセスに関する高いレベルの概念を紹介しておく必要がある。すべての製品開発チームには2つの高いレベルの活動がある。私たちは作るべき製品を発見しなければならないし、その製品を市場に投入しなければならない。

製品発見と市場投入は職能横断型チームの2つの主要な活動であり、通常それらは継続的に並行しておこなわれる。

これを検討し、視覚化する方法はいくつかあるが、基本的な概念はいたってシンプルだ。製品開発チームは常に並行して2つのことに取り組んでいる。1つは、作る必要のある製品を発見すること。これは基本的にプロダクトマネジャーとデザイナーが日々取り組んでいる。もう1つは、エンジニアが高品質な製品を市場に投入することである。

しかし、現在はもう少し複雑になっている。たとえば、エンジニアも日々、製品の発見を助けているし（最も優れたイノベーションの多くは

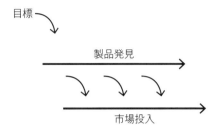

図2　継続的な製品発見と市場投入

エンジニアが参加することから生まれているので、軽視することはできない)、プロダクトマネジャーやデザイナーも日々(主に意図された動作を明確にするために)製品の市場投入を手伝っている。これが実際のハイレベルの現場で行われていることだ。

製品発見

　発見は、プロダクトマネジメント、ユーザーエクスペリエンスデザイン、エンジニアリングの緊密な協力によるところが大きい。製品の発見においては、製品のプログラムの1行目を書く前に、さまざまなリスクに取り組んでいる。

　製品発見の目的は、良いアイデアと悪いアイデアをすぐに判別することだ。だから製品発見が生むものは有効なプロダクトバックログである。

　具体的には、次の4つの重要な問いの答えを得ることがその目的である。

1. ユーザーはそれを買ってくれる(またはそれを使ってくれる)か?
2. ユーザーはその使い方をわかるか?
3. 私たちのエンジニアはそれを作れるか?
4. ステークホルダーたちの支持が得られるか?

プロトタイプ

　製品の発見には一連の極めて簡単な実験が含まれる。それを迅速かつ低コストで実行するため、私たちは製品ではなくプロトタイプを使う。注意すべきなのは、プロトタイプには、さまざまなリスクや状況に応じていくつかの種類があることだ。だがそれらはすべて、必要とする時間や労力が、実際の製品を作るよりも少なくとも1桁小さくなくてはならない。

　優れた開発チームは期待する結果を得るために、毎週いくつもの製品のアイデアをテストするのが普通だ。週に10から20、あるいはそれ以上である。

　繰り返すが、こうした実験は、通常、プロトタイプを使っておこなわれる。プロトタイプは完成されたものではないし、決して企業が自信を持って販売するようなものではないが、非常に役に立つ。コストをかけずに速く学習できるからだ。

製品の市場投入

　製品発見におけるプロトタイプや実験の目的は、作る価値が確実にあり、私たちが市場投入できるものを迅速に見つけ出すことである。

　その結果、必要な規模、性能、信頼性、フォールトトレランス、セキュリティー、プライバシー、国際化、ローカライズが検証され、製品が広告どおりに動くのだ。

　製品の市場投入の目的は、こうした製品としての品質を備えたハイテク製品、つまり売れてビジネスとして成り立つものを作り、出荷することである。

製品とプロダクト・マーケット・フィット

　時間と労力をつぎ込んで、安定して動作する製品を作ったからといっ

て、誰かがそれを買いたいと思うわけではない。だから、製品開発の世界ではプロダクト・マーケット・フィットを達成するために努力する。

プロダクト・マーケット・フィットとは、特定の市場における顧客のニーズを満たす、考えうる最小の実際の製品のことである。この極めて重要な概念を普及させたのはマーク・アンドリーセンだと言われている。そしてこの概念は本書の主要な焦点の1つだ。

はっきりさせておくが、これらは実際の製品なので、市場投入の結果である。製品を発見する活動は私たちが必要な製品を見極めるのに役立つが、製品のビルド、テスト、リリースに必要な仕事を実際におこなうのは市場投入においてである。

製品ビジョン

最後の重要な概念は、製品ビジョンである。これは製品の長期的な目標を指し示す。通常は2〜10年後の目標だ。製品ビジョンには、企業の目的を果たすために、私たちが製品開発組織として、どのように市場投入をおこなうかが投影されている。

だから、私たちは製品発見とそれに続く市場投入において、プロトタイプを使って素早い実験をおこなう。そして、プロダクト・マーケット・フィットを達成することを期待して製品をビルドし、リリースするのだ。これは企業の製品ビジョンを実現するうえで、重要なステップである。

これらの概念について、ぼんやりとしか理解できなかったとしても心配することはない。たぶんあなたの頭には多くの疑問が浮かんでいるだろうが、個々の概念を深く掘り下げるにつれ疑問は晴れてくると思う。少し懐疑的になって次のようなことを考えてもおかしくない。「一体どうしたら1週間に15の実験ができるのだろう？」

前に、優秀な製品開発チームのやり方は大部分の開発チームとまったく別物だと言ったが、この言葉からでも、どれだけ違うのか理解することができるだろう。

COLUMN
必要最小限の製品

　必要最小限の製品（Minimum Viable Product：MVP）という概念は、製品開発の世界で最も重要な概念の1つである。何年か前からよく耳にするようになった。この言葉を（2001年に）作ったのはフランク・ロビンソンであり、私はその概念についてこの本の初版（2008年）に書いた。しかし、一般に広まったのは2011年に刊行されたエリック・リースの『リーン・スタートアップ』によってである。

　エリックの本は製品開発チームにとても役立つので、製品開発に関わるすべての人の必読書だと思っている。しかし、ほとんどの人が同意してくれるだろうが、MVPという概念は製品開発チームに大きな混乱をもたらしてきた。私自身も、開発チームのメンバーにこの重要な概念の価値を理解してもらうのに多くの時間を費やしている。

　私はMVPを作るために熱心に取り組んできた開発チームに会うのだが、ほとんどの場合、ほんの少しの時間と労力で、彼らが学んだのと同じ学習を達成できたと彼らに確信させることができる。

　MVPを作るのに文字どおり何カ月もかかっていた開発チームが、同じ学びを数日で、ときには数時間で得られるのだ。

　もう1つの不幸な結果は、企業内のほかの人々が、製品開発チームが顧客に購入し使ってもらおうとしているものが何なのかわからず、混乱し当惑することである。特に販売部門やマーケティング部門の主要なリーダーのような人たちだ。

　その原因の一部は、大部分の人がこの概念を学んだ方法にあるが、問題の根源は、MVPのPが製品（product）を指すのに対して、MVPは決して実際の製品ではないことにあると私は考えている（実際の製品とは、開発者たちが自信を持ってリリースし、顧客がそれを使ってビジネスを運営し、企業が販売しサポートできるもの、と定義できる）。

MVPはプロトタイプであって製品ではない。

　知識を得るために実際の製品と同じ品質のものを作るのは、たとえ最小限の機能に抑えたとしても相当な時間と費用の浪費であり、言うまでもなくリーンとは対極にある。

　私は、より一般的な「プロトタイプ」という言葉を使うことで、この重要な点が製品開発チームにも、企業にも、将来の顧客にも明確になると考えている。

　だから本書では、製品の発見に使われるさまざまなプロトタイプと、市場投入のために作られる製品について議論している。

PART II

成功するための組織と人

すべての製品は、職能横断型製品開発チームのメンバーから始まる。役割の定義や、開発チームに所属する人々をどのように決めるかが、おそらくチームの成否を分ける決定的要素になるだろう。

　IT業界では多くの企業が伸び悩み、過去の古いモデルにとらわれて行き詰まっている。多くの企業にとって、ここで話す役割や責任は、これまで慣れ親しんできたものとはまったく違うだろう。

　第2部では、現代のITに基づく製品を開発するチームの、主要な役割と責任について述べる。

製品開発チーム

概要

これは、おそらく本書を通して最も重要な概念である。

製品開発チームがすべてだ。

みなさんは、ここから何章にもわたって、私がさまざまな形でこう書くのを目にするだろう。だが、優れた製品開発組織で私たちがおこなっていることの大半は、製品開発チームの生産性を最大限に高めることなのだ。

CHAPTER 9

優れた製品開発チームの原則

　後の章で開発チームの主要な役割の一つひとつについて詳しく述べるが、この章では優れた製品開発チームの原則を説明する。

　製品開発チームは、ときに献身的な製品開発チームとか丈夫な製品開発チームと呼ばれ、1つのプロジェクトや機能に取り組むだけのために作られたのではないことが強調される。あるいは軍隊との類似性から特殊部隊と呼ばれ、職能横断型のチームであることが強調されることもある。

　製品開発チームは、さまざまな専門技能と責任を持ち、製品を本当に自分たちのものだと感じたり、少なくとも大きな製品の重要な一部だと思ったりしている人々のグループである。

　製品開発チームを作るには、多くの方法がある（これについては後の「スケールアップに必要な人々」のセクションで述べる）。しかし、優れた製品を作っている企業には、製品の独自性や環境による違いがあるにもかかわらず、製品開発チームを作る上で、いくつかの非常に重要な類似点があることに気づかされる。

使命感を持った開発チーム

　製品開発チームには多くの利点があるが、大きな目標は、シリコンバレーの有名なベンチャーキャピタリスト、ジョン・ドーアの言葉に最もよく表れている。「私たちが求めているのは伝道師のチームだ。傭兵のチームではない」

　報酬目当ての開発チームは、作れと言われたものを何でも作る。使命感を持った開発チームはビジョンを信じ、顧客のために問題の解決に全力を傾ける。献身的な製品開発チームは、大企業であってもスタートアップ企業と同じように立ち振る舞う。それはまったく自発的なものだ。

開発チームの構成

　典型的な製品開発チームは、1人のプロダクトマネジャー、1人のプロダクトデザイナー、そして2人から12人ぐらいのエンジニアで構成される。

　もちろん、取り組んでいる製品が、APIのセットのようにユーザーが直接触れる機会がないものの場合は、たぶんプロダクトデザイナーは必要ないだろう。だが、多くの製品開発チームには、プロダクトデザイナーの参加が必要なので、あなたのチームも同じだという前提で話を進める。

　開発チームには、ほかにも数名のメンバーが加わることがある。プロダクトマーケティングマネジャーや、1人か複数のテスト自動化エンジニア、ユーザーリサーチャー、データアナリスト、そして大きな製品開発組織ではデリバリーマネジャーも含まれる。

　この中に知らない役割があっても心配は要らない。後で詳しく説明する。

開発チームへの権限委譲と説明責任

　製品開発チームの基本理念は、企業にとって困難な問題を解決するために存在するということである。開発チームには明確な目標が与えられ、それを達成する能力を持っている。

　製品開発チームは、目標に合った最も良い方法を考え出す権限が与えられ、その結果に説明責任を持つ。

開発チームの規模

　企業の中のすべての製品開発チームが、同じ規模でなければならないというルールはない。だが実際には、製品開発チームの最少必要人数という概念はある。通常、プロダクトマネジャーが1人、デザイナーが1人、エンジニアが2人は必要である。しかし、5人のエンジニアと2人のテスト自動化エンジニアが妥当な開発チームもあるし、さらに多くの人員を必要とする開発チームもある。

　また、チーム規模の実質的な上限もあって、8〜12人のエンジニアがそれに当たる。2枚のピザルール*というのを聞いたことがあると思うが、開発チームの人数をこの範囲にとどめておこうというものだ。

　重要なのは、開発チームの絶対的な規模よりも、適正なものを適正に作るために必要なスキルのバランスを確保することである。

開発チームの上下関係

　私がまだ、誰が誰の下で働くのかについて言及していないのに気づいただろうか？

　製品開発チームには上下関係がない。意図的にフラットな組織構造に

＊Amazonのジェフ・ベゾフが提唱した、1つのチームはピザ2枚で賄える人数（5〜8人）にするというルール

してあるのだ。通常、製品開発チームでは一人ひとりが独自のスキルで業務に貢献していて、管理職は存在しない。

　開発チームのメンバーは、それまでどおり各職能の管理職に直属するのが普通だ。たとえば、エンジニアはエンジニアリングマネジャーに直属する。同様に、デザイナーは通常、デザイン部門のトップに、プロダクトマネジャーは製品開発部門のトップに直属する。だから、製品開発チームは上下関係とは縁がない。

　はっきり言えば、プロダクトマネジャーは製品開発チームの誰の上司でもない。

開発チームの協力

　製品開発チームは、困難なビジネス上の問題を長期間かけて解決するために結集した、高度なスキルを持った人々のグループである。

　その人間関係は、真の意味での協力である。流行語としてのコラボレーションではない。文字どおり、製品担当者、デザイン担当者、エンジニアリング担当者が一緒になって解決策を生み出すのである。これについては話すことがたくさんあるが、現時点で重要なのは、開発チームが階層型組織ではないということだ。

開発チームがある場所

　開発チームのメンバーがいる物理的な場所についても、触れていなかった。常に可能なわけではないが、開発チームはできるかぎり1カ所にまとめるようにすべきである。

　1カ所にまとめるというのは、チームのメンバーが文字どおり隣同士に座るということだ。同じビルの中とか同じフロアという意味ではない。お互いのコンピューター画面を容易に見られるくらい近くにいるということである。

これが少し古くさいやり方に思われるのもわかっているし、離れた場所で共同作業をするためのツールも日々進化しているのも知っている。しかし最も成功している企業は、開発チームが一緒に座ることの価値を熟知している。

もしあなたが1カ所にまとまった製品開発チームのメンバーだったことがあるなら、私の言っていることがわかるはずだ。そうでなくても、製品開発チームでの仕事のやり方を知れば、チームが一緒に座り、一緒にランチを食べ、互いの個人的関係を築いたときに生まれる独特のエネルギーがあることがわかるだろう。

これがいくらか感情的な問題であるのは、わかっている。相当多くの人が、個人的な事情で職場とは別の場所に住んでいて、その人たちの暮らしは離れた場所で効率的に働くことにかかっている。

だから、白か黒かの決着をつけたいとは思わないが、読者に間違った情報を与えたくもない。ほかの条件が同じならば、1カ所にまとまった開発チームは、分散した開発チームよりもはるかに優れている。それは否定のしようがない。

これは、製品開発チームのメンバーが、請負業者や人材派遣会社の人間ではなく正規の社員であることを強く推奨する理由の1つでもある。正規の社員であれば、1カ所にまとまることやメンバーを固定するのがはるかに楽だ。

企業が複数の場所に拠点を持つのは間違ってはいないが、開発チームはそれぞれの拠点で1カ所にまとまるように極力努力すべきである。

すべてのメンバーが1カ所に集まれないときにどうするかについては後で述べる。

［　開発チームの業務範囲　］

製品開発チームの基本を理解したら、次は大きな疑問が待っている。個々の開発チームの業務の範囲や目的は何だろうか？　つまり、それぞ

れの開発チームはどんな責任を負っているのだろうか？

この疑問にはいくつかの側面があるが、まず1つは、なすべき仕事の種類である。そして製品開発チームが仕事のすべてに責任を持つことが重要だ。すべてのプロジェクト、機能、バグフィックス、性能の実現、最適化、コンテンツの変更など、製品に関わるありとあらゆることに責任を持たなければならない。

もう1つの側面は、なすべき仕事の範囲である。企業によっては、製品開発チームが完成品に責任を持つこともある。しかし現在では、顧客が体験するものすべてが製品である（FacebookやPayPalを思い浮かべてほしい）ことが多いので、それぞれの開発チームは、その体験の中で、比較的小ぶりだが意義のある部分に責任を持っている。

たとえばeBayの開発チームで働いているなら、そのチームは不正行為を見つけて阻止する技術に責任を持ったり、大量の商品を販売する業者のためのツールやサービスに責任を持ったりするかもしれない。Facebookでは、ニュースフィードや、iOS向けのモバイルアプリや、特定のバーティカルマーケットに必要な機能に責任を負うかもしれない。

これが、1つかわずかな数の開発チームしかない小さなスタートアップ企業であれば、比較的容易にチームを分けられるので話は簡単だ。

だが企業が成長すると、開発チームはわずかな数から20や50に増え、大きな製品企業ではそれ以上になる。調整は難しくなるが（この問題については「スケールアップにおける製品」のセクションで詳しく述べる）、製品開発チームの概念はいくらでも拡張できるし、現実に拡張性の鍵の1つになっている。

パイを切る有効な手段はたくさんある。開発チームごとに違ったタイプのユーザーや顧客に焦点を絞らせることもできるし、それぞれの開発チームが違う種類のデバイスに責任を持つこともある。また、ワークフローやカスタマージャーニーによって、仕事を分けることもできる。

時々、実際にはしばしば、私たちはアーキテクチャーに基づいて開発チームを大きく定義する。この方法がよく使われるのは、アーキテク

ャーがテクノロジースタックを決めるからであり、テクノロジースタックは通常、違った種類のエンジニアリングの専門知識を必要とするからである。

　いずれにせよ、極めて重要なのはプロダクトマネジメントとエンジニアリングとの連携である。そのため、普通は製品開発のトップとエンジニアリングのトップが集まって、開発チームの規模や仕事の範囲を決める。

　言っておくが、パイを切り分ける完璧な方法はない。あるもののために最適化しようとすると、ほかの何かが犠牲になることをわかってもらいたい。だから、自分にとって何が最も重要かを決めてから事にあたろう。

開発チームの継続期間

　これまでに、開発チームは持続するものでなければならないと何度か書いたが、それが２、３カ月の意味なのか数年の意味なのかには言及していない。

　肝心なのは、開発チームが団結し安定するようにベストを尽くすことだ。

　いろいろなことが起こって、人々は職場や開発チームを変えるが、チームのメンバーが次第に親しくなり、うまく協力して仕事をする方法を覚えるのは本当に素晴らしく、頼もしいことだ。だから私たちは、そのエネルギーを台無しにしないように懸命に努力する。

　チームの持続が重要なもう１つの理由は、イノベーションのために、ある分野の十分な専門知識を得るには時間がかかることだ。人々がしょっちゅうチームからチームへと動いていたら、専門知識を身に付けることは難しい。そして、製品開発に欠かせない、製品へのオーナーシップや使命感のような情熱を持つことも、困難になる。

　はっきり言うと、製品開発チームは特定のプロジェクトを遂行するだけのために作るものではない。わずか２、３カ月で解散するプロジェク

トのために集められたのでは、使命感を持ったチームを作るのはほとんど不可能である。

開発チームの自律性

　開発チームが権限を委譲されていると感じ、顧客の問題を解決する使命感のような情熱を持つためには、かなり大きな自律性を与える必要がある。もちろんこれは、仕事とは関係なく何でも面白そうなことができるという意味ではない。与えられた問題の解決に、自分たちが最も適切だと考える方法で取り組むことができるという意味である。

　また、開発チーム間の依存を最小にしようという意図もある。「なくす」ではなく「最小にする」と言ったことに注意してほしい。規模が大きくなるとすべての依存を排除するのは不可能だ。しかし、常に依存を最小化しようと尽力することはできる。

なぜ開発チームモデルはうまくいくのか

　製品企業は、何年も前にこのモデルに移行し、開発チームは今では先進的で強い製品開発組織を支える柱になっている。このモデルが大きな成果を上げてきたのにはいくつかの理由がある。

　第1に、協調関係は人間関係の上に築かれるものだ。製品開発チーム、特に1カ所にまとまったチームは、人間関係を育むように作られている。

　第2に、イノベーションには専門知識が必要であり、製品開発チームへ長期的に在籍することにより、メンバーは専門知識を十分に深められる。

　第3に、製品開発チームモデルでは、チーム全体がビジネスの目標とその背景を理解する必要があり、また実際に理解している。ほかの人々によって価値があると決められたものをただ作るのではない。最も重要なのは、開発チーム全員が成果を自分のものと感じ、責任感を持っていることである。

古いプロジェクト指向のモデルでは、ただ何かをプロセスに突っ込んで押し出すだけだった。それと違い、献身的な開発チームモデルでは何かを送り出したからといって、それで終わりにはならない。製品開発チームは、製品がユーザーと企業のために役立つようになるまで、休むことはない。

　運良くあなたがすでに有能で献身的な製品開発チームのメンバーであれば、このモデルの狙いがよくわかるだろう。

　一方、あなたの会社がまだ献身的な製品開発チームを立ち上げていないなら、それがあなたが改善すべき最も重要なことだ。ほかの物事はすべて、それにかかっている。

　すべての組織を一気に動かす必要はない。テストケースとして1つの開発チームをスタートさせればいい。しかしいずれにせよ、あなたには丈夫な製品開発チームを作るか、参加することが不可欠となる。

COLUMN
原則とテクニック

　この本に数多くの原則が出てくる理由について、はっきりさせておきたい。

　プロダクトマネジャーの指導をするとき、私は、なぜそういう仕事のやり方をする必要があるのか、根拠となる原則を何とかしてわかってもらおうとする。

　私の経験では、人は、原則をしっかりと理解すると、それぞれのテクニックがどんな場合に有益で適切であり、どんな場合に役に立たないかについての優れたメンタルモデルを作る。さらに、新しいテクニックが現れたとき、そのテクニックの潜在的価値を素早く評価し、どんな場合にそれを最大限に活用できるかを理解するのだ。

　長年の観察からわかったことは、テクニックはほぼ絶え間なく変化するが、その基本にある原則は変わらないということだ。だから、テクニックにすぐに飛びつきたいという誘惑に駆られたときは、まず原則についてよく考え、どうすれば優れた製品を作れるかを深く理解するように努めよう。

CHAPTER

10

プロダクトマネジャー

　本書のテーマは、優れたプロダクトマネジャーになることである。この章ではそれが実際にどういうことなのかを明確に示したい。
　だが初めに、少し厳しいことを言っておこう。
　プロダクトマネジャーの仕事のやり方は基本的に3つあるが、成功につながるのはその中の1つだけだ。

1. **プロダクトマネジャーがすべての問題や判断をCEOに委ねる。**
   このモデルでは、プロダクトマネジャーは実質的にバックログ管理者である。多くのCEOが自分の会社はこのモデルに該当し、規模の拡大につながらないと言っている。もしあなたがプロダクトマネジャーの仕事を認定スクラムプロダクトオーナーの講座で説明されるようなものだと考えているなら、あなたはほぼ確実にこのカテゴリーに入る。
2. **プロダクトマネジャーがすべてのステークホルダーを会議室に招**

集し、議論で決着をつけさせる。これは委員会形式で構成されるようなもので、月並みな結論が出ることがほとんどだ。大企業によくあるこのモデルでは、プロダクトマネジャーは実質的にロードマップ管理者である。

3．プロダクトマネジャーが自分のすべき仕事をする。

　私が本書で意図しているのは、あなたに、この3番目の働き方を確信させることだ。優秀なプロダクトマネジャーが、どのように仕事をするかを説明するためには、1冊の本が必要だ。ただ、今はプロダクトマネジャーは非常に過酷な仕事であり、優れたスキルと能力が要求されるとだけ言っておこう。

　これをはっきりと言うのは、多くの企業、特に古いエンタープライズ企業で、プロダクトマネジャーという役職の評判が悪いからである。しばしばこんなことが起きている。企業がほかの組織上の役職、多くの場合はプロジェクトマネジャーや、ときにはビジネスアナリストをしている人を呼び出して言う。「私たちはアジャイルに移行するので、プロジェクトマネジャーやビジネスアナリストはもう必要ない。だからプロダクトマネジャーをやってくれ」

　本当のことを言うと、プロダクトマネジャーは会社の中で、最も才能のある人材の1人であるべきだ。もしプロダクトマネジャーに、技術に関する高度な知識やビジネスの手腕、主要な幹部との信頼関係、顧客に関する深い知識、製品に対する情熱、製品開発チームへの敬意がなかったりすれば、間違いなく失敗する。

　この特別な役割を描き出す方法は、数多くある。有能なプロダクトマネジャーがどうやって出来上がるのかに注目する人もいる。また、プロダクトマネジャーの日々の活動や、何をして過ごしているかに焦点を当てる人もいる。

　本書では、その役割のすべてを取り上げるが、私が最も重要だと思うのは、プロダクトマネジャーは開発チームに貢献する上で何に責任を持

っているのかという点だ。プロダクトマネジャーの役割は、明確にはわかりにくい。そもそもプロダクトマネジャーが必要なのかという疑問を持つ人も、珍しくはない。デザインもしないし、プログラムも書かないなら、何の必要があるのかと。

これは優れたプロダクトマネジメントを経験したことがない企業に、顕著な特徴である。

主な責任

あるレベルでは、プロダクトマネジャーの責任は明快だ。可能性を評価し、何を作って顧客に届けるのかを判断することだ。通常、私たちは何を作る必要があるのかをプロダクトバックログに記述する。

すごくシンプルに思えるだろう。確かに、そのプロセスは難しいものではない。難しいのは、プロダクトバックログに書かれたものが、作るに値するかどうかを確かめることだ。今日の最も優れた開発チームにおいては、エンジニアやデザイナーが、製造を依頼された製品が本当に作る価値があるのかどうか、その根拠を求める。

しかし、現在CEOやベンチャーキャピタリスト（VC）たちに、プロダクトマネジャーの役割がこれほどまで重要だと考えられている理由は、次のようなものだ。

すべてのビジネスは顧客に依存している。顧客が買うもの（あるいは選んで使うもの）が製品である。製品は製品開発チームが生み出す成果であり、製品開発チームが何を作るかに責任を持つのがプロダクトマネジャーだ。

だから、プロダクトマネジャーこそが製品の成功に責任を持ち、説明責任を負う人だと考えるのである。

製品が成功するのは、開発チームの全員がすべきことをしたからである。だが製品が失敗したとき、責任はプロダクトマネジャーにある。

プロダクトマネジャーが、将来のCEOの性能試験場だと言われる理

由や、実績のある製品開発者が共同創業者の1人になっている企業に一流のVCが投資したがる理由が、あなたにもわかり始めただろう。

そこで、この章ではあなたがプロダクトマネジャーとして成功するために何をすべきかを明らかにする。それを考えたとき、有能なプロダクトマネジャーには4つの重要な責任がある。開発チームのメンバーがあなたに求める4つの貢献のことだ。

顧客に関する深い知識

真っ先に挙げられるのが、実際のユーザーや顧客についての深い知識である。明確に言うと、プロダクトマネジャーは、顧客の専門家として広く認められなければならない。顧客が抱える問題、悩み、欲望、考え方、そしてビジネス向け製品の場合には、仕事のやり方や購入の意思決定方法も知る必要がある。

こうした情報が、毎日下さなければならない多くの判断に、根拠を与えてくれる。顧客に関する深い知識がなければ、推測するしかない。この深い知識の獲得のためには、定性的な学習（ユーザーや顧客が取る行動の理由を理解する）と、定量的な学習（ユーザーや顧客が何をしているかを理解する）の両方が必要だ。この件に関しては後で述べよう。

言うまでもなく、これはプロダクトマネジャーに最低限必要なことだ。だがそれだけでなく、はっきり言うと、プロダクトマネジャーは実際の製品についても、誰もが認める専門家でなければならない。

データに関する深い知識

今日、プロダクトマネジャーは、データの扱いと分析に長けていることが期待される。定量的なスキルと定性的なスキルの両方が、求められるのだ。インターネットのおかげで空前の量のデータが瞬時に入手できる。

顧客に関する知識の大部分は、顧客があなたの製品を使って何をしているのかを把握することである。ほとんどのプロダクトマネジャーは、毎朝30分ほど使って、分析ツールでそれまでの24時間に起きたことを把握する。見るのは、製品の販売と利用状況の分析結果である。またA／Bテストの結果も確認するだろう。

　あなたは、この作業のためにデータアナリストを使っているかもしれないが、自分の顧客に関するデータ分析とその理解は人に任せてはいけない。

自分のビジネスについての深い知識

　成功した製品は、顧客に愛されるだけではなくビジネスに貢献する。

　3つ目の重要な貢献となる、多くのプロダクトマネジャーが最も難しいと考える要素は、ビジネスとその仕組みについての理解であり、ビジネスの中で自分の製品が果たす役割を理解することである。思っているよりも難しい課題だ。

　肝心なのは、さまざまなステークホルダーを知ること、特に彼らが見えないところで課している制約を知ることである。通常、重要なステークホルダーは、統括管理、販売、マーケティング、財務、法務、事業開発、カスタマーサービスなどの代表者である。普通はCEOも極めて重要なステークホルダーだ。

　製品開発の仕事で成功するためには、あなたがそれぞれのステークホルダーに、彼らの課す制約を理解していると納得させなければならない。そして、あなたがその制約と矛盾しないソリューションの実現に、専念していると思ってもらうことが必要だ。

市場と業界についての深い知識

　4つ目の重要な貢献は、あなたがいる市場と業界についての深い知識

である。これにはライバル企業の情報だけではなく、キーとなる技術の動向、顧客の行動と期待、関連する産業のアナリストのフォロー、市場と顧客に影響を与えるソーシャルメディアの役割を理解することが含まれる。

　現在、ほとんどの市場で競合企業の数がかつてないほどに増えている。さらに、どの企業も固定客を獲得できる製品を作ることの価値を理解している。つまり、潜在顧客を競合企業から奪うことが難しいということだ。これが、ライバル企業の製品と同じ機能を持つだけでは十分ではない大きな理由の1つである。明らかに優れた製品を作って、ユーザーや顧客にこちらに乗り換える動機を与える必要があるのだ。

　市場の状況をよく理解すべきもう1つの理由は、ほかの多くの製品から形成される、より包括的なエコシステムにあなたの製品が適応する必要があるということだ。理想を言えば、エコシステムにうまく適応するだけでなく、そこに重要な価値を付け加えなければならない。

　さらに、IT業界は常に変化しているので、昨日の市場ではなく明日の市場を見据えた製品を作る必要がある。

　この文章を書いている時点での例を挙げれば、1つの大きな実現技術の流れが私たちの業界に急速に広がっている。それは機械学習やほかの形の人工知能を基盤にしたものだ。私はこの流れが少なくとも次の10年間の主要な技術動向になると、自信を持って予測している。だからあなたは先端技術に牽引された製品に、情熱を注がなければならない。私たちにできるのは絶えず変わっていくことだ。もし、あなたがこうした新しい技術を学ぶことにワクワクせず、この潮流をどう利用すれば劇的に進化した製品や体験を顧客に届けられるかを、エンジニアやデザイナーと一緒に探ることに胸が躍らないならば、この職業が自分に向いているのか本気で考える必要がある。

　まとめると、あなたが開発チームにもたらさなければならない重要なことは4つある。（1）顧客に関する深い知識、（2）データに関する深い知識、（3）自分たちのビジネスとステークホルダーに関する深い知

識、(4) 市場と業界に関する深い知識、である。

　もしあなたがデザイナーかエンジニアで、プロダクトマネジャーも兼任してほしいと頼まれているとしたら、これがあなたの引き受けなければならない内容だ。警告しておくが、ものすごい量の仕事が待っている。

　1つ補足がある。企業の中には、プロダクトマネジャーが内容領域専門家と呼ばれる人々に、その業界や分野について多くの知識を補完してもらうところもある。内容領域専門家の例は、税務ソフトウェアや医療機器を作る企業に見られる。これらのケースでは、プロダクトマネジャーに、上記の4つの内容に加えて、その分野に必要な知識を持ってもらうことは期待できない。だが、こうしたケースは極めてまれである。通常は、プロダクトマネジャーが専門領域の知識を必ず持つ（あるいは学習できる）必要がある。

　新しいプロダクトマネジャーが事情をよく把握するためには、必死で勉強して約2〜3カ月かかるのが普通だ。ただし、専門知識を得るために必要な支援や機会を与えてくれる管理職がいることが前提である。専門知識の中には、顧客への頻繁なアクセス、データへのアクセス（必要ならばそのデータにアクセスするツールに慣れる訓練）、重要なステークホルダーへのアクセス、自分が関わる製品や業界を隅から隅まで知るための時間が含まれる。

頭がよく、創造的で、粘り強いこと

　ここまで、プロダクトマネジャーが開発チームに貢献すべき内容を見てきたので、次はこの環境で成功するのはどんなタイプの人間なのか考えてみよう。

　成功するプロダクトマネジャーは、飛び抜けて頭がよく、創造的で、粘り強い人間である。

　頭がいいというのは、IQのことを言っているのではない。ここで言う頭がいいは、とりわけ、知的好奇心にあふれ、新しい技術をすぐに習

得し、それを使って顧客の問題を解決したり、新しい顧客の心をつかんだり、新しいビジネスモデルを作ったりすることができるという意味である。

創造的というのは、ビジネスの問題を解決するために通常の職能の枠にとらわれずに考えられることを意味する。

粘り強いというのは、説得力のある根拠をもって常にコミュニケーションを取り、頑強な反対に直面しても組織の間の橋渡しをし、企業を動かしてコンフォートゾーンから押し出す力があることである。

製品に対する愛情と、顧客の問題を解決しようとする熱意は、誰かに教えてもらうものではない。それは持っているかいないかであり、私がプロダクトマネジャーの候補者を評価するときに、最初に確かめることの1つだ。あなたはそれを持っているとしよう。

ちょうどいいタイミングだから、プロダクトマネジャーに必要とされるものについて、率直に話しておく。

プロダクトマネジャーは9時から5時までの仕事ではない。1日15時間オフィスにいなければいけないというわけではないが、とんでもない量の仕事があり、毎晩、家に仕事を持って帰ることになる。もし良いワークライフバランスを求めているなら、製品開発チームの中でも、ほかの役割のほうがはるかにいい。こういうことを言うと公正さを欠くが、間違った情報を与えることがあなたのためになるとは思えない。プロダクトマネジャーという役割に必要とされる時間と努力は、あなたが製品とその役割に個人的な情熱を持っていないならば、仕事を続けるのが極めて厳しいレベルだ。

おそらく、あなたの成功を助けるために私が言える最も重要なことは、プロダクトマネジャーには大変な準備が必要だということだ。

・あなたのユーザーや顧客の専門家になることから始める。学んだことは、良いことも悪いことも積極的に開発チームで共有する。顧客に関しては、質的にも量的にも、あらゆることの理解において開発

PART **II** 成功するための組織と人 ── 製品開発チーム

チームや企業で頼られる人になる。
・重要なステークホルダーやビジネスパートナーとの間に強固な関係を作るように努める。そうした人々に２つのことを確信してもらう。（１）あなたは目に見えないところで課されている制約を理解している。（２）あなたはそうした制約の下で実行できると考える解決策だけを提案する。
・自分の製品や業界に関して誰もが認める専門家になる。これについても広い心で積極的に知識を共有する。
・最後に、自分の製品開発チームと強固な協力関係を築き、育てるように懸命に努力する。

すべてを実行するのが簡単だとは言わない。むしろ逆だ。だが、それはプロダクトマネジャーとして成功するために、最低限必要なことだと思ってほしい。

プロダクトマネジャーのプロフィール

本書では、理論とテクニックを示すだけではなく、必ず実際の人物を紹介することにしている。仕事を見事にやり遂げたプロダクトマネジャーたちである。それは次のような人々だ。

・Googleのジェーン・マニング
・Adobeのリー・ヒックマン
・BBCのアレックス・プレスランド
・Microsoftのマルティナ・ローチェンコ
・Netflixのケイト・アーノルド
・Appleのカミール・ハースト

少しでも製品開発に関わった人なら、製品を生み出すのは決して簡単

ではないことがわかっている。これらの人を選んだのは、有能なプロダクトマネジャーがどのように困難を乗り越え、偉大な製品に不可欠な貢献をするのかを説明するためである。

私が取り上げる製品はすべて代表的なものなので、すぐにあれだとわかるだろう。だが、そうした製品の背後にいるプロダクトマネジャーを知っている人は、ほとんどいないし、そのバックグラウンドを知る人はさらに少ない。

私が選んだプロダクトマネジャーはそれぞれ、自分の製品開発チームが素晴らしかったこと、成功は決して自分の努力だけによるものではないことを、わざわざ私に強調した。だが、できればあなたがこれらの例を手がかりにして、真に不可欠なプロダクトマネジャーの貢献を理解してくれればいいと思っている。

これらの例からあなたにくみ取ってほしいポイントは、次のとおりだ。

1. **プロダクトマネジメントはほかの仕事と決定的に違う。**デザイナーが果たす役割とは明らかに異なるし、プロジェクトマネジャーの役割とも明らかに異なる。プロジェクトマネジメントの要素がいくらか入るのは、どんなリーダー的立場でも同じことだ。しかし、プロダクトマネジャーをプロジェクトマネジャーと見なしては、その役割の本質を完全に見逃すことになる。私が言っているプロダクトマネジャーの役割に一番近いのはCEOである。だが、そこには明らかな違いがある。CEOと違ってプロダクトマネジャーには部下はいない。

2. **CEOと同様、プロダクトマネジャーはビジネスのあらゆる側面を深く理解していなければならない。**プロダクトマネジャーは、製品の定義を明確にするだけではなく、ビジネスの成果も確実なものにしなければならない。そのためにはビジネスに関連する多くの要素や制約についてよく理解する必要がある。財務、マーケティング、販売、法務、パートナーシップ、サービス、顧客環境、

技術力、ユーザーエクスペリエンスなどすべてだ。その上で顧客にもビジネスにも役立つソリューションを考え出すのである。だからといってMBAが必要なわけではない。この本で取り上げるそうそうたる顔ぶれのプロダクトマネジャーの中にMBAを持っている人は1人もいない。また、経営のスキルをすべて身に付けている必要もない。あなたは製品がビジネスにどのような影響を与えるのかを広く理解し、製品の実現にとって重要なすべてのことを網羅するために、開発チームを含めて、社内の各部門の人々と協力しなければならない。

3. **どの例をとっても、成功したソリューションが、ユーザーや、顧客や、販売部門からもたらされたものはない**。むしろ、偉大な製品を生むのは、デザイナーやエンジニアと緊密に連携して、ユーザーや顧客が抱える実際の問題をビジネスのニーズに合う形で解決することである。どの例においても、ユーザーは、自分たちが心を奪われることになった解決策が実現できるとは思っていなかった。

4. **真のリーダーシップは、偉大な製品開発者と、ただの良い製品開発者とを分ける大きな要素である**。だから、自分の肩書や地位が何であれ、偉大な製品開発者を目指すなら恐れずにリーダーシップを取ろう。

COLUMN
プロダクトマネジャーとプロダクトオーナー

　プロダクトオーナーという言葉をどこかで聞いたことがあるだろう。そして、それがプロダクトマネジャーの仕事とどういう関係にあるのか疑問に思ったはずだ。

　第1に、プロダクトオーナーというのは、アジャイル開発チームでプロダクトバックログに責任を持つ人の役割の名前である。覚えておいてほしいのだが、アジャイルという言葉は製品企業だけではなく、あらゆる種類の企業で使われている。

　製品企業においてはプロダクトマネジャーが同時にプロダクトオーナーであることが欠かせない。もしこれらの役割を2人の人間に分ければ、よくあるありきたりな問題がいくつか生じる。最も典型的なのは、ビジネスと顧客に対する新しい価値を革新し、絶えず創造する能力が開発チームから失われることである。特に製品企業では、プロダクトマネジャーが追加的に責任を持てば、優れたプロダクトオーナーの判断ができるようになる。

　第2に、私はいつも、プロダクトマネジャーにチームが使っている開発プロセスについて勉強するように言っているが、プロダクトオーナーの役割に関する講習を受けたり資格を取ったりしても、プロダクトマネジャーの責任のごく一部をカバーするだけである。

　要するに、プロダクトオーナーの責任はプロダクトマネジメントの責任の小さな一部にすぎないが、プロダクトマネジャーが兼務することが極めて重要なのだ。

COLUMN
プロダクトマネジャーに必要な2つの科目

　プロダクトマネジャーの経歴はさまざまである。確かにコンピューターサイエンス出身の人は多いし、ビジネスや経済学を専攻した人もいる。一方、偉大なプロダクトマネジャーの専攻分野を眺めると、政治学、哲学、芸術、文学、歴史学や、その間のあらゆる領域が見られる。

　もしあなたがエンジニアやデザイナーになりたいのなら、その分野の仕事の準備ができる学部や学科がある。だがIT企業のプロダクトマネジメントには当てはまらない。なぜなら、この仕事に最も必要とされるのは、前に言ったとおり、頭がよく、創造的で、粘り強いことだからだ。

　そうは言っても、すべてのプロダクトマネジャーが受けておくべき大学の授業が2つあると思っている。

1．コンピュータープログラミング入門

　もしあなたがプログラミング言語の授業を取ったことがないのなら、これが最初に必要な科目になる。HTML以外ならどんな言語でもいい。オンラインで勉強することも可能だが、多くの人が最初のプログラミング言語を習得するのに悪戦苦闘する。だから、普通は、毎週プログラミングの課題を提出しなければならない実際の授業が必要だ。

　あなたはそれが好きになるかもしれないし、嫌いになるかもしれない。だが、どちらにしてもあなたのテクノロジーに対する視野は広がるし、エンジニアやデザイナーとより深い話ができるようになるだろう。また、実現技術の力をもっとよく理解できるようになるだろう。

2．企業会計・財務入門

　コンピューターを使うための言語を習得する必要があるのと同じように、ビジネスの言語を学ぶ必要がある。まだ学んだことがないなら

ば、企業財務の基礎を教えてくれる科目を受講するべきだ。

　プロダクトマネジャーには、営利企業の経営に関する知識や、ビジネスにとって重要な、主な重要業績評価指標（key performance indicators：KPI）の理解が必要になる。その中には、顧客の生涯価値、ユーザーや顧客1人当たりの平均収益、顧客獲得費用、売上原価、貢献差益などが含まれる。

　きちんとした一般的なマーケティングのコースであれば、これらのテーマをカバーしているだろう。肝心なのはビジネスがどのように動いているのかを大局的につかむことである。

　これは、コミュニティカレッジのコースや独学で簡単に学べる。特に、財務部門にわからないことを聞けるような人がいれば好都合だ。いずれにせよ、この分野を学ぶことは役に立つ。

CHAPTER
11

プロダクトデザイナー

　この章ではプロダクトデザイナーの役割を説明する。だが、デザイナーに向けて話をしようというのではない。どうすればデザイナーと共に効率よく働けるかを学ぶ必要がある、プロダクトマネジャーが対象である。

　驚くことに、私が出会った多くの企業が、優秀で才能のあるデザイナーを抱えることの重要さを理解していなかった。エンジニアの必要性は理解しているのだが、デザインの必要性を理解していないために、多くの時間と費用を無駄にしている。

　現代のプロダクトデザイナーは、次のような責任を負っていることを知るべきだ。

製品の発見

　古いモデルでは、デザイナーはプロダクトマネジャーから要求事項と

製品仕様を受け取り、それを基にデザインしていた。一方、現代のプロダクトデザイナーは製品の発見から市場投入まで、プロダクトマネジャーやエンジニアと絶えず一緒に仕事をしている。また、現代のプロダクトデザイナーは、同僚のデザイナーではなくプロダクトマネジャーの隣に座り、製品の発見においてパートナーとして全面的に協力している。

プロダクトデザイナーは、デザインの出来ではなく、製品の成否で評価される。そのためプロダクトデザイナーは、プロダクトマネジャーと多くの関心を共有している。プロダクトデザイナーは、実際の顧客や、自分たちの製品がその顧客にもたらす価値に大きな関心を持っている。また、製品はビジネスのためのものだということを理解しており、その制約を製品のデザインに取り入れることができる。さらにデザイナーは、顧客価値において基本的な機能性と同じぐらいユーザーエクスペリエンスが重要であることを知っている。

ホリスティックなユーザーエクスペリエンスデザイン

ユーザーエクスペリエンス（UX）は、ユーザーインターフェース（UI）よりもはるかに大きな概念だ。その点を強調するためにカスタマーエクスペリエンスという言葉を使う人さえいる。UXとは、顧客やエンドユーザーが製品の提供する価値を実感するための方策すべてを指す。それには、長期にわたって顧客が持ちうる、企業や製品とのすべての接点ややりとりが含まれる。現代の製品では、通常、顧客とのほかの接点（メール、マーケティングキャンペーン、販売プロセス、カスタマーサポートなど）以外にも、多くの多様なインターフェースがある。

中には、Uberで呼んだ車に乗るとかAirbnbで探した家に泊まるなど、UXがオフラインのサービスを含んでいることもある。

優れたプロダクトデザイナーは、顧客が製品や企業とやりとりするときのカスタマージャーニーについて時間をかけて考える。製品によっては、顧客との接点のリストはとても長くなる。たとえば次に挙げるよ

うなものだ。

- 顧客は最初にどうやって製品を知るのか？
- どうやって初めてのユーザーが製品に馴染み、新しい機能について（おそらく徐々に）知っていくのか？
- ユーザーとは、1日のうちのどんな時間帯に、どんな方法で連絡を取るか？
- ユーザーの関心を引くために、ほかにできることはないか？
- 顧客歴1カ月の人と顧客歴1年の人ではどこが違っているか？
- ユーザーに、製品に対するもっと高い関心を持ってもらうためにはどうすればいいか？
- どうやって満足の瞬間を作り出すか？
- ユーザーは、どうやって自分の体験を他人と共有するのか？
- 顧客は、どのようにオフラインのサービスを受けるのか？
- 体感的な製品の応答性は、どのようなものか？

プロトタイプを作る

　本書の後のほうで、製品のアイデアをテストするのに使う多くのテクニックを紹介する。テクニックの多くは、プロトタイプの出来によるところが大きく、そしてプロトタイプの大半はプロダクトデザイナーが作っている。

　良いプロダクトデザイナーは、内部に対しても外部に対しても、アイデアを伝える最初のキャンバスとしてプロトタイプを使う。デザイナーは各種のプロトタイピングツールをふんだんに持っていて、そのときの仕事に適したものを使うことができるのが通常と考えて良いだろう。

ユーザーテスト

　有能なプロダクトデザイナーは、常に自分のアイデアを実際のユーザーや顧客を対象にテストしている。テストをするのは、プロトタイプやアイデアの準備が整ったときだけではない。毎週の習慣にしているのだ。そうすれば絶えずアイデアを検証し改良できるし、思ってもいなかった新しい見識を集めることができる。また、外部の客観的な意見に触れる前に自分のアイデアに執着しすぎてしまうことも避けられる。

　ユーザーテストは、ユーザビリティーテストよりも守備範囲が広い。プロダクトデザイナーと製品開発チームは、その機会を利用して自分たちのアイデアの価値を評価する。顧客はこの製品を使ったり買ったりしてくれるだろうか？　そうでなければ理由は何なのか？

インタラクションデザインとビジュアルデザイン

　インタラクションデザインとビジュアルデザインは歴史的に別のものだと考えられてきた。インタラクションデザインには、基本的な概念モデル（写真管理アプリでいうと、写真、アルバム、プロジェクト）と、タスクフロー、概念を操作するコントロールレイアウトが含まれるのが通常だ。ビジュアルデザインには、構成、体裁にくわえてどのようにブランドが視覚化されているかが含まれる。

　現代のプロダクトデザイナーは、それぞれの得意分野は違っても、一般的にはインタラクションデザインとビジュアルデザインの両方で一定レベルのスキルを持っている。もっと完璧なツールセットがあれば、その文脈次第で、さまざまな忠実度のレベルで迅速な仕事ができる。また、インタラクションデザインとビジュアルデザインを別々に考えていたら考えつかないような方法で体験をデザインすることも可能だ。モバイル機器のインターフェースではこれが特に重要になる。しばしば、デザイナーはビジュアルデザインと密接に絡み合った新しいインタラクション

のモデルを作らなければならないからである。

　もしあなたが家電製品のようなデバイスを作っているのなら、もう1つ重要なデザインの側面がある。製造の観点から素材とデザインを考えるインダストリアルデザインである。

プロダクトデザインの不在

　特に次の3つの状況は、驚くほど頻繁に起きている深刻な問題である。

1. プロダクトマネジャーのあなたが実際のデザインを自分でやろうとする。あなたが熟練したデザイナーで、なおかつプロダクトマネジャーの責任を引き受けているからではない。デザインの訓練を受けていないのに、エンジニアが明らかにデザインを必要としているので、あなたが要請に応じるという状況だ。つまり、あなたがエンジニアにワイヤーフレームを提供し、エンジニアが自分たちで何らかのビジュアルデザインをまとめることを意味する。
2. プロダクトマネジャーのあなたが、デザインはしないが、非常に高いレベルのユーザーストーリーをエンジニアに提供する。その結果、コーディングを始めるためにエンジニアは自分たちでデザインを考えざるを得なくなる。
3. プロダクトマネジャーのあなたがインタラクションデザイン、特にワイヤーフレームを提供し、ビジュアルデザイナーやグラフィックデザイナーを使ってビジュアルデザインをおこなう。

　この3つの状況が良い結果を生むことはまずないので、すべて深刻な問題である。こうした状況からは、私たちが目指している完全なホリスティックデザインは生まれない。

　Appleは地球上で最も価値があり、最もデザインを意識した企業の1

つである。デザインが持つ力の重要性を理解しているIT企業は極めて少ない。誰もがGoogleやFacebookのエンジニアのことを話題にするし、確かに両社のエンジニアリングは本当に素晴らしいが、これらの企業はデザインの才能にも巨額の投資をしてきているのだ。

　あなたがユーザー向けの製品を作っているのなら、製品開発チームに熟練したプロダクトデザイナーを入れることが極めて重要だ。消費者向けの製品を作っているならば、今は優秀なデザインが必須条件である。ビジネス向けの製品を作っているなら、優秀なデザインは、ライバルとの差別化を実現する最も有力な要素の1つになる。

　残念なことに、ほとんどのビジネス向け製品のデザインはひどいものだ。しかし、これまでそれで済んできたのは、たいていユーザーは製品の購入を決断する人物ではないからだ。喜ばしいことに今では状況が変わり、デザインを重視する新しいタイプのB2B（企業間取引）企業が生まれている。そうした企業は保守的な企業に取って代わりつつある。

　小規模ビジネス向けの製品の場合、通常はユーザーが購入者なので、デザインのレベルを消費者向け製品と同じくらい高く設定しなければならない。

　だが、組織に投資させてデザインスタッフを雇うことは解決策の半分にしかならない。

　理由はこうだ。

　多くの組織がある朝目覚め、突然デザインが重要だと気づく。そこで、お金をかけて企業にデザインの才能がある人材を入れる。だが、企業はデザイナー集団が社内の1つの組織であるかのように運用する。あなたは、しばしば小さなスタジオに集められているデザイナー集団にデザインの要求を持っていくことになる。そして、仕事が終われば結果を受け取るのだ。

　もしそんなふうに仕事をする必要があるのであれば、雇うことをせず、おそらく外部の業者を使い続けるだろう。だがそうではない。私たちはデザインを必要としているのだ。それはサービスとして製品を美しくす

るためだけではなく、作るべき製品を発見するためである。

　現代の優秀な開発チームでは、少なくとも機能がデザインを決めるのと同じぐらい、デザインが機能を特徴づける。これは極めて重要な考え方である。それを実現させるには、デザイナーを製品開発チームの一級のメンバーにし、プロダクトマネジャーの隣に座らせなければならない。デザインを脇役にしてはいけない。

　デザイナーに製品開発チームに尽くしてもらえるようになったら、そのデザイナーとの良好で健全な関係への鍵が5つある。

1．デザイナーに隣にいてもらうために必要なことは何でもする。
2．デザイナーには、すべてのアイデアが生まれるところに立ち会ってもらう。
3．デザイナーには、顧客やユーザーとの交流にできるだけ多く参加してもらう。顧客やユーザーのことを一緒に学ぶのだ。
4．自分自身のデザインのアイデアをデザイナーに伝えたい、という誘惑と闘う。問題をデザイナー自身が解決するように、デザイナーにできるだけ大きな機会を与える。
5．デザイナーに、イテレーションを迅速にかつ頻繁にするよう促す。そのためには、初期のイテレーションでデザインの詳細をとやかく言わないようにする。もっと言うと、特定のデザインアプローチを繰り返すのではなく、自由にほかの解決策を探るように勧める。

　結論を言えば、あなたとデザイナーは真のパートナーだということだ。あなたたちは製品開発に必要なソリューションを一緒に見つけるためにいるのであり、それぞれが、違った重要なスキルで開発チームに貢献するのだ。

CHAPTER 12

エンジニア

この章ではエンジニア（あるいは広く開発者、一部ではプログラマーとも呼ばれる）の役割について説明する。しかし、前の章と同様、ここではエンジニアに向けて話そうというのではない。この章は、どうすればエンジニアと効率よく仕事ができるかを学ばなければならない、プロダクトマネジャーを対象にしたものである。

おそらく、プロダクトマネジャーとして成功するために何より重要なのがエンジニアとの関係である。

もし、両者の絆が強く、互いに心から尊敬し合えるならば、プロダクトマネジャーの仕事は素晴らしいものになるだろう。両者の関係が強固でなければプロダクトマネジャーとしての日々は厳しいものになる（おそらく長続きしないだろう）。だから、この関係は真剣に考えなければならないし、育むためには何でもする価値がある。

この強い絆はまずあなたから始まる。家で必要な学習をし、優れたプロダクトマネジメントの知識とスキルを開発チームに提供するのだ。

エンジニアはたいてい頭がよく、生まれつき疑い深い人が多いので、うまくごまかそうとしても簡単にはだまされない。何か知らないことがあればそれを素直に認め、見栄を張るのではなく、調べてみると言うほうがはるかにいい。

　エンジニアという仕事の厳しさや複雑さの真価を認めることも極めて重要である。あなた自身が以前エンジニアだったり、大学でコンピューターサイエンスを学んでいたりしていれば、おそらくうまくいくだろう。だがそうでないなら、プログラミング言語を学べる地元のコミュニティカレッジやオンライン講座で学習することを強く勧めたい。

　プログラミングの技能を身に付けるのは、エンジニアに仕事のやり方を教えるためではなく、エンジニアとうまく関わり、エンジニアと協力する能力を大きく向上させるためである。またそれほど明白ではないが同じくらいに重要なのは、その知識によって技術とともに実装上の可否を見極める深い認識を得られることだ。

　顧客について知っていること、特に顧客が抱えている問題、データ、ビジネス上の制約をオープンに共有することも重要だ。あなたの仕事は、これらの情報を開発チームに提供し、問題を解決するさまざまな可能性について話し合うことである。

　あなたが強い見解を出すのは何ら悪いことではないが、偏見がなく、人の意見を聞く耳を持ち、適切な製品を考え出すために開発チームに助けを求め、彼らを必要としていることを、常にみんなに示しておかなければならない。

　現実問題として、プロダクトマネジャーはエンジニアと毎日直接関わる必要がある。そこでは通常、2つのタイプの議論が日々おこなわれる。1つ目のタイプは、プロダクトマネジャーが製品を発見するために取り組んでいることについて、エンジニアにアイデアや情報を求める状況だ。2つ目のタイプは、プロダクションに入れるために、エンジニアが取り組んでいる課題に関して、プロダクトマネジャーに詳細を確認するためのものだ。

多くのプロダクトマネジャーが迷うのがエンジニアとのコミュニケーションの取り方である。たいていのプロダクトマネジャーは、経営幹部やステークホルダーが作りたいと思っているものを詳しく説明されるのを嫌う。同じように、エンジニアも普通、プロダクトマネジャーから何かの作り方を詳しく説明されるのを嫌がる。だから、技術に通じているのはいいことだが、その知識を使ってエンジニアの代わりに仕事をしようとするのは良くない。

　一番いいソリューションを考え出したいなら、エンジニアにできるかぎりの裁量権を与えよう。真夜中に問題が起きれば、呼び出されて解決させられるのはエンジニアなのだということを忘れてはならない。

　覚えておいてほしいことがもう1つだけある。エンジニアの士気はまさにプロダクトマネジャーとしてのあなたの責任である。エンジニアが報酬目当てではなく使命感で働いていると感じるようにすることはあなたの仕事だ。あなたが解決しようとしている顧客の悩みや、あなたが直面しているビジネスの問題にエンジニアを巻き込むことでそれを実現しよう。こうした問題からエンジニアを遠ざけてはいけない。問題や悩みはオープンに共有する。そうすればエンジニアはあなたをもっと尊敬してくれるだろうし、たいていの場合、開発者であるエンジニアは勇気をもって困難に立ち向かうことだろう。

COLUMN
テックリードの役割

　もちろん、エンジニアにはいろんな種類がある。ユーザーエクスペリエンスのデザインに特化したエンジニア（普通、フロントエンド開発者と呼ばれる）もいるし、特定の技術（たとえば、データベース、検索、機械学習など）を専門にしている者もいる。

　ほかのほとんどの役割と同じようにエンジニアにも昇進がある。多くの人が上級エンジニアになり、そこからさらに主席エンジニアやアーキテクトになる者もいる。また、エンジニアのリーダーのコースを上っていく者もいる。普通、それはテックリード（デブリードとかリードエンジニアとも呼ばれる）という役割からスタートする。

　プロダクトマネジメントという観点から見ると、一般的に上級エンジニアは頼りになる。何が可能かについて幅広い知識を持っているからだ。しかし、テックリードは、そうした知識と、開発チームのほかのエンジニアたちとの知識の共有を手助けする責任を負っているだけではない。プロダクトマネジャーやプロダクトデザイナーが優れたソリューションを発見するのを手助けする責任も負っているのだ。

　上級エンジニアも含め、すべてのエンジニアが製品の発見に参加したがるわけではないが、それは仕方がない。困るのは、エンジニアの誰ひとりとして製品の発見に積極的に関わろうとしない開発チームがあることである。

　プロダクトマネジャーやプロダクトデザイナーがテックリードにぴったりくっついて仕事をするのはそのためだ。製品開発チームの中には2人以上のテックリードがいるチームがあるが、それは非常にいいことだ。

　エンジニアはしばしば異なるワークスタイルを持っているが、デザイナーも同様だと指摘しておきたい。だからプロダクトマネジャーは、やりとりをどうするのが一番いいか常に気を配る必要がある。たとえば、

多くのプロダクトマネジャーはより大きな組織の前で話すのが好きだし、上級管理職の中でさえまったく動じなかったりするが、多くのエンジニアやデザイナーはそうではない。こういうことに気を遣うことが重要なのだ。

PART
II
成功するための組織と人 —— 製品開発チーム

CHAPTER 13

プロダクトマーケティングマネジャー

　プロダクトマーケティングマネジャーは製品開発チームのほかのメンバーとは少し違う。それはほかのメンバーより重要性が低いからではなく、プロダクトマーケティングマネジャーは普通、製品開発チームのフルタイムの専属メンバーではないからである。

　プロダクトマーケティングは顧客向け製品や、ターゲット市場、ときには市場開拓チャネル別に組織されているのが通常だ。特により安定した企業（たとえば、エンタープライズ企業、バーティカル企業、中堅企業）ではそうなっている。プロダクトマーケターの数は製品開発チームの数よりも少ないのが普通だ。そのため、プロダクトマーケターは異なる製品開発チームにまたがって活動している。

　一流のハイテク企業では、プロダクトマーケティングが、製品発見、市場投入、そして最終的には市場開拓において重要な役割を果たしている。だからプロダクトマーケティングマネジャーは製品開発チームの重要なメンバーなのである。

容易にわかると思うが、成功を収める製品を考え出すことは決して簡単ではない。顧客に愛され、しかもビジネスに貢献する製品が必要なのだ。しかし、「ビジネスに貢献する」が意味するものの大きな要素は、（1つのビジネスを支えるのに十分な大きさの）市場が実際に存在すること、その市場の多くの競合企業と差別化ができること、費用効率よく新しい顧客を獲得して取り込めること、製品を顧客の手に届けるのに必要な市場参入のチャネルと組織力を持っていることである。

　この意味でプロダクトマーケティングは私たちの重要なパートナーだ。

　現代のプロダクトマーケティングマネジャーは、製品開発チームにとって市場の代弁者である。ポジショニングや、メッセージング、成功する市場参入プランを教えてくれる。プロダクトマーケティングマネジャーは販売チャネルに深く関わっており、自分たちの能力や限界、そして現在の競争上の問題点をよく知っている。

　プロダクトマーケティングの性質は、ビジネスの種類や製品を市場に投入する方法によって少し変わってくる。ビジネス向けの製品を作り、直販チームやルート販売組織で売っている場合は、製品が占めるべき市場のポジショニングをはっきりさせることが極めて重要であり不可欠になる。もちろん、効果的な販売を可能にするデジタル資産やコンテンツ資産、販売ツール、販売チーム向けのトレーニングなどのメッセージングが重要なことは言うまでもない。

　企業に販売部門があって、プロダクトマーケティングパートナーがいない場合には、この役割はプロダクトマネジャーであるあなたに降りかかる可能性が高い。これだけで軽くフルタイムの仕事になる。販売部門のコストを考えると、現実にはその役割を無視するという選択肢はない。だが、あなたが販売部門の手助けをするために1日を費やすなら、彼らが売る製品はいったい誰が考え出すのだろうか？

　企業が顧客に直接販売している場合は、製品に関するすべての仕事がうまく市場での差別化につながることで、マーケティングチームはクリックとブランドに注力することが容易になる。これはあらゆる企業の長

期的展望にとって重要なことだが、一方で、製品開発チームのすべての仕事の重みが増すということでもある。

　一緒に仕事をするプロダクトマーケティングマネジャーを確保できればそれに勝ることはない。そして、あなたが市場への理解を深め、プロダクトマーケティング担当の同僚が製品開発を理解して、それぞれが成功することは、間違いなく時間をかける価値がある。

　製品発見と市場投入の過程には多くの重要なやりとりが存在する。だから、プロダクトマーケティング担当の同僚との間に強い絆を作り、それを維持するためには、努力を惜しんではいけない。たとえば、製品開発チームが市場を代表するのに十分な人数から良い反応を得ていることが確認できたときだ。こうした製品への初期の反応に基づいて、メッセージングしたり市場開拓プランを決定したりすることが、また重要になるのだ。

　断っておくが、ここで私が話しているのは、プロダクトマーケティングの役割の現代的定義についてである。プロダクトマーケティングが製品を定義する責任を持ち、プロダクトマネジメントが主にエンジニアと協力して製品を開発する責任を負っていた古いモデルの話ではない。

　強い味方であるプロダクトマーケティングパートナーを持ったからといって、成功する製品を開発するプロダクトマネジャーの責任が小さくなるわけではない。プロダクトマーケティングマネジャーとプロダクトマネジャーの最も良い関係は、それぞれの役割を理解しながらも、お互いがお互いの成功にとって欠かせないことがわかっている関係である。

CHAPTER 14

サポートスタッフ

PART II 成功するための組織と人 —— 製品開発チーム

　ここまで、プロダクトマネジャーの役割について述べてきた。また、毎日緊密に連携して仕事をする、デザイナー、エンジニア、プロダクトマーケティングマネジャーの役割について解説した。

　だが、ほかにも一緒に仕事をするサポートスタッフがいる。多くの場合、彼らは1つの開発チームに専従するのではなく、ほかのいくつかの製品開発チームも担当している。

　ただし、あなたの開発チームにはこれから説明するような役割の人がいないかもしれない。あなたが働いている組織の規模と形態次第だろう。小さなスタートアップ企業であればまずそうした人はいないので、その仕事はプロダクトマネジャーがカバーしなければならない。しかし、あなたの会社にそういった役割の人がいくらかでもいるなら、その存在理由と、何よりもどうすれば最大限に活用できるかを理解しておこう。

ユーザーリサーチャー

　どうやって製品を発見するかについて話をすればすぐにわかると思うが、私たちは継続的に2種類の学習と実験を素早く実行し続けている。学習の1つは定性的なものであり、もう1つは定量的なものである。

　特に定性的な学習については、解決すべき問題を理解しようとする創造的研究と、ソリューションがどれだけうまく問題を解決するかを評価しようとする評価的研究がある。

　ユーザーリサーチャーはこの定性的手法の訓練を受けている（あわせて定量的手法の訓練を受けている人もいる）。ユーザーリサーチャーは、適切な種類のユーザーを見つけ、適切なテストを作り、個々のユーザーや顧客とのコミュニケーションから最大限のことを学ぶ手助けをしてくれる。

　ユーザーリサーチャーが提供してくれる真に価値あるものを活用する鍵は、学習は共同学習でなければならないと常に意識することである。理解の瞬間を一緒に体験する必要があるのだ。これについては製品発見の原理を取り上げるときに詳しく説明する。あなたにはユーザーリサーチが教えてくれるものを正しく理解してもらいたいので、学習をユーザーリサーチャーに任せてレポートを出させるようなことはしてほしくない。

　企業にユーザーリサーチャーがいない場合、普通はプロダクトデザイナーがその責任を負う。

データアナリスト

　同様に、定量的学習のため、データアナリストは開発チームが適切な分析データを集めるのをサポートし、データのプライバシーに関する制限を管理し、データを分析し、ライブデータテストの計画を立て、その結果を解釈し説明してくれる。

データアナリストはビジネスインテリジェンス（BI）アナリストと呼ばれることもある。BIアナリストは、ビジネスにおいて収集され、分析・報告されるべきデータの専門家である。データアナリストとは親しくなっておこう。今日の製品開発の仕事の大半はデータ主導なので、データアナリストはあなたや組織にとって本当の金脈になり得る。

　特に、大きなコンシューマー向け企業のような大量のデータを持つ企業では、データアナリストは特定の製品開発チーム専属のフルタイムの仕事であることもある。そういうケースでは、データアナリストはプロダクトマネジャーやプロダクトデザイナーのそばで仕事をすることになる。

　企業にデータアナリストがいないときは、この役割はプロダクトマネジャーが担うのが普通だ。この場合、データの海に深く潜り、自分たちの状況を理解して適切な判断を下すまでかなりの時間がかかることを覚悟しておく必要がある。

テスト自動化エンジニア

　テスト自動化エンジニアは製品のテストを自動化するためのプログラムを書く。テスト自動化エンジニアは、旧式な手作業の品質保証（QA）担当者の大部分に取って代わった。

　現在は、エンジニアがソフトウェアとこうした自動化テストの両方を書く責任を持つことが可能だ。それならば、おそらく多くのテスト自動化エンジニアは必要ない。だが、ほとんどの企業では混合方式をとっている。エンジニアが自動化テストの一部（たとえばユニットレベルのテスト）を書き、テスト自動化エンジニアは高度な自動化テストを書くのだ。

　企業がどちらのモデルを使うかは、通常はエンジニアリングのリーダーの方針による。それでかまわない。避けなければならないのは、企業にテストエンジニアがいなくて、エンジニアたちもテストをせず、品質

テストはプロダクトマネジャーがやるだろうと当てにされている状況だ。

　プロダクトマネジャーは、市場への投入の前に（受け入れテストの時点で）、製品が全体的に期待どおりであることを確認したいはずだが、自分が品質テストをおこなうことを当てにされている状況ではとても自信を持ってリリースできたものではない。自信を持ってリリースするのに必要なレベルのテストの自動化は重要な大仕事だ。複雑な製品では、それぞれの製品開発チームに多数のテストエンジニアが専属することも珍しくない。

CHAPTER 15

プロフィール

Googleの
ジェーン・マニング

PART II 成功するための組織と人 —— 製品開発チーム

　GoogleのAdWordsのことは聞いたことがあるだろう。Google帝国の原動力になっているのが、この製品だということも知っているかもしれない。AdWordsは開始されてから16年になるが、この１年だけでもゆうに600億ドルを超える収益を上げている。

　だが、ほとんどの人はこの業界を定義するような製品がどうやって生まれたかは知らないのではないだろうか。特に、このアイデアがもう少しで廃案になるところだったとは知らないだろう。

　2000年、AdWordsプロジェクトにとって最大の難関は、開発に着手する合意を形成することだった。核となるアイデアはラリー・ペイジの支持を得ていたが、すぐに広告販売チームとエンジニアリングチームの両方から激しい抵抗を受けた。

　若いエンジニアリングマネジャーだったジェーン・マニングは、このプロジェクトを始動させるプロダクトマネジャーを務めるように依頼された。

オミッド・コーデスタニが率いる新しい販売チームは幸先良く広告ビジネスを展開していた。有名なブランド企業にキーワードを売って、検索結果の一番上に表示されるようにしたのだ。検索結果には「広告」と表示されたが、それでも非常に目立つものだった。他社の検索結果でのやり方とほぼ同じスタイルで、以前オミッドが働いていたNetscapeもそうだった。セルフサービス広告プラットフォームというAdWordsのアイデアは、販売チームが自ら努力して売っているものの価値を減少させる（カニバリゼーション［共食い］と呼ばれる）のではないかと彼らを心配させた。

　そして、関連性の高い検索結果を出すことに懸命に取り組んできたエンジニアたちは、当然のように、ユーザーが検索結果の邪魔になる広告に混乱し、いらいらすることをひどく心配した。

　ジェーンはこうした人々の一人ひとりと話し合い、懸念をよく理解しようとした。単純に広告に不快感を表す者もいたし、カニバリゼーションを心配する者もいた。そしてユーザーが不満を持つ可能性を心配する者もいた。

　ジェーンはそうした制約や懸念を理解すると、販売チームやエンジニアの懸念に応えると同時に、彼女が考えた無数の小企業が以前よりはるかに効果的な広告手段を得られるソリューションを主張するのに必要な情報を集めた。またジェーンは、Googleの創業メンバーの1人であり最も尊敬されているエンジニア、ジョルジュ・ハリックを説得してそのアイデアの可能性を理解してもらった。ハリックはほかのエンジニアを取り込むのを手伝った。

　彼女たちが結論として打ち出した製品ソリューションは、「AdWordsが生成した広告を検索結果の横に表示する」というものだった。そうすれば、検索結果の一番上に表示される販売チームが販売した広告と混同されることがない。

　また、支払われた金額だけに基づいた決まった位置決めではなく、1インプレッションに支払われる価格に対して広告の効果（クリックスル

一率）を掛けるという式を使って表示位置を決めることにした。そうすれば最も効果の高い広告、つまりユーザーと関連する可能性が最も高い広告が一番上に表示され、最も悪い広告は、高い値段で売られていたとしても、まったく表示されない可能性が高くなる。

このソリューションによって販売チームは明確な差別化ができるようになり、オーガニック検索でも有料検索でも検索結果の品質が保証されることになった。

ジェーンは製品発見の仕事を先導し、AdWordsの最初の仕様を書いた。その後はエンジニアと協力して製品を作り、実用化した。AdWordsは桁違いの成功を収めた。

しかし、これは製品を作らせない、もっともらしい理由が常に数多くあることを示す例でもある。成功した製品の陰には必ずジェーンのような人物がいて、反対意見の一つひとつを克服するために努力しているのだ。反対が技術的なものであれビジネス上のものであれ、あるいはほかのどんなものであっても乗り越えるのである。

ジェーンは子どもを産むために一時仕事を休んだが、今はまたGoogleに戻ってYouTubeの開発チームを助けている。

スケールアップに必要な人々

概要

　たいていの企業は、成長するにつれて優秀なスタッフの採用に力を注ぐ必要があることをわかっているが、企業が成長し拡大するとき、ほかにどんな変化が重要なのかは必ずしも理解していない。

　リーダーの役割はどう変わるのか？　開発チームの数が増えたとき、製品の全体像を把握し続けるためにはどうしたらいいのか？　開発チームが担っているのが全体のごく一部であるとき、どうすればチームに権限が与えられ自律性があると感じ続けさせることができるのか？　すべての権限を持っている唯一の人間がCEOであるとき、どうすれば説明責任を負うように働きかけられるのか？　依存関係の急増にどう対処すればいいのか？

　これらの問題は、優れた製品開発組織はどうやってスケールアップできるのかを説明するところで取り上げる。

CHAPTER
16

リーダーの役割

PART Ⅱ　成功するための組織と人 ── スケールアップに必要な人々

　すべてのIT企業においてリーダーの最も重要な仕事は、優秀な人材を採用し、育成し、維持することである。しかし、IT企業の中でも製品開発企業では、リーダーの役割は人材開発を通り越して、私たちが製品の全体像の把握と呼ぶ領域までを含む。

　スタートアップ企業では、おおよそ1つか2つの製品開発チームしかないので、誰であっても製品の全体像を頭に入れておくのはそれほど難しくない。だが企業が成長して、製品の規模が大きくなり製品開発チームの数が増えると、これはたちまち困難になる。

　成長に伴う最大の難題の1つは、すべての製品がどのように組み合わさるのかを把握することである。全体像を見ることは開発チームという点と点を結びつけることだと考える人もいる。

　次に、製品の全体像を把握するための3つの重要な要素について説明しよう。

プロダクトマネジメントのリーダー

　システム全体がうまく調和していることをビジネスの観点（製品のビジョン、戦略、機能、ビジネスルール、ビジネスロジック）からホリスティックな視点で確認するためには、プロダクトマネジメント組織のリーダー（製品開発VP、製品開発担当取締役）、または主席プロダクトマネジャーが必要だ。

　この担当者はさまざまなプロダクトマネジャーと製品開発チームの仕事を定期的に調査し、競合を特定して解消する手助けをしなければならない。

　規模が大きな組織に対しては、これを一般社員（たとえば主席プロダクトマネジャー）の役割にする企業もあるが、はっきりさせておきたいのは、これは（通常は取締役レベルの管理職に相当する）非常に上級の役割だということだ。その製品開発のトップはプロダクトマネジャーたちがスキルを高めることに責任を持っており、専任の主席プロダクトマネジャーは、不可欠なリソースとして、すべてのプロダクトマネジャー、プロダクトデザイナー、エンジニア、テスト自動化スタッフが利用でき、製品そのものに集中できる。

　主席プロダクトマネジャーを使う場合は、その役割の重要性とその人の責任を誰もが理解できるように、製品開発トップの直属にしなければならない。

　製品開発のトップが担うにせよ主席プロダクトマネジャーが担うにせよ、大きく複雑なビジネスシステム、特に多くのレガシーシステムを持つ企業にとって、この役割は必須の重要な役割である。

プロダクトデザインのリーダー

　企業で最も重要な役割の1つを担っているのは、ホリスティックなユーザーエクスペリエンスの責任を請け負う人である。そうしたリーダー

はシステム全体のユーザーエクスペリエンスを効果的で一貫性があるものにしなければならない。この役割を担うのはプロダクトデザインチームのリーダーであることもあるし、デザイン担当のマネジャーや取締役、そのリーダーに直属する主席デザイナーの場合もある。いずれにせよ、それはホリスティックなプロダクトデザインに精通した人でなければならない。

そこには極めて多くの対話や相互依存があり、ビジネスとユーザーとカスタマージャーニーに関する非常に多くの組織的な知識が必要だ。だから、やがてユーザーの前に現れる製品が出来上がっていく過程をすべて、少なくとも1人の人間が注意深く見ていなければならない。個々のプロダクトマネジャーやデザイナーが頭の中でこうしたすべてのことをできると思ってはいけない。

技術組織のリーダー

最後に、技術の観点からシステム全体がうまく調和しているかについて、ホリスティックな確認をするために（よくCTOとかエンジニアリングVPという肩書がつく）技術組織のリーダーがいる。実際は、この役割の人はしばしばエンジニアリングマネジャーや取締役と、ソフトウェアアーキテクトの両方あるいは片方のグループに支援されている。

CTO、マネジャー、アーキテクトは、システムの実現を全体から把握する責任を持っている。そうした人々はすべてのソフトウェアのアーキテクチャーとシステムデザインをチェックしていなければならない。そのシステムが自分のスタッフが開発したものでもベンダーがデザインしたものでも同じだ。また、技術組織のリーダーは技術的負債を管理するための明確な戦略を持っていなければならない。

繰り返すが、これは、大規模で複雑なビジネスシステム、特に多くのレガシーシステムを持つ企業には絶対に不可欠な役割だ。そして技術組織のリーダーは、組織の中で良く目立ち、組織内の誰もが助けを求められるように配置されるべきだ（通常は技術部門のトップの直下）。

［ホリスティックな視点を持ったリーダーシップの役割］

　企業が大きくなればなるほど、これら3つの役割は重要になり、その不在が明確になることが多い。もし製品やサイトが、6つぐらいの異なる外部のデザイン会社によって作られ、ユーザーモデルに一貫性がなく、ユーザビリティーが低いように感じられたら、その企業にはおそらくデザインの責任者や主席デザイナーがいないのだ。

　もし、プロダクトマネジャーが自らの判断の意味するところを理解していなかったり、開発者にコードを見てシステムが実際にどのように動作しているのかを教えてくれるように頻繁に依頼したりするためにプロジェクトが滞っているなら、たぶん主席プロダクトマネジャーがいないのだ。

　そしてもしソフトウェアが盛大に絡み合った巨大なスパゲッティーのようになり、少しの変更をするのにも永遠のような時間がかかるのならば、おそらく重大な技術的負債に苦しんでいるのだ。

　もしそうした人々の1人がバスにひかれたり会社を辞めたりしたら、一体どうしたら良いのだろうかと考えるかもしれない。何よりもまず、そうした人々を失ってはいけない。辞めたいと思ったり、もっとお金を稼ぐためにマネジャーになりたいと考えたりする理由を与えないように気を配らなければならない。

　2番目に、いつでもこうした人々をたくさん育てるように努めるべきだ。リーダーたちは、それぞれ、彼らの右腕となる人を少なくとも1人は育てていなければいけない。学習は一晩でできるものではないので、こうした人々はめったにいない貴重な存在となる。

　企業の中にはこの解決策として、すべてを把握できる程度にシステムを何らかの形で文書化することだと考えるところもある。組織のメンバーすべてが、主席デザイナー、主席プロダクトマネジャー、ソフトウェアアーキテクトに聞いた場合と同じ答えを得られるようにしようというのだ。

私はこれを実現しようと懸命に努力した企業をいくつか知っているが、成功した例を見たことはない。システムは常にすごい速度で複雑化し、規模を拡大しているので、文書化が追いつかないのである。結局のところ、ソフトウェアの現状（どうしてそうなっているかという根拠や経緯ではなく）を正確に把握したいのであればソースコードの中を見るしかない。

　最後に1つ注意がある。ホリスティックな視野を持ったこれら3人のリーダー、つまり製品開発のトップ、デザインのトップ、技術のトップは、それぞれ明らかに重要だが、その真価はお互いの連携の中で発揮される。だから、私はこの3人を極めて近くに置くこと、できれば同じオフィスに置くことを推奨する。

CHAPTER

17

製品開発の
トップの役割

この章は3種類の特別な読者に向けたものである。

1. あなたがCEOかエグゼクティブリクルーターで、製品開発のリーダーを探しているならば、この章はどんな人物を探すべきかを深く理解するのに役立つだろう。
2. あなたが現在、製品開発組織のリーダーならば、この章を成功への鍵にしてほしい。
3. あなたがいつか製品開発組織のリーダーになりたいと思っているなら、この章にはあなたが身に付けるべきスキルが率直に書かれている。

この章では、製品開発のトップを製品開発VPと呼ぶ。しかし肩書はプロダクトマネジメント担当取締役やチーフプロダクトオフィサー（CPO）などさまざまである。肩書が何であれ、ここでは企業や事業部

門において製品開発の最上位の役割を指している。

組織的には、この役割は通常、プロダクトマネジャーやプロダクトデザイナー、ときにはデータアナリストを管理し、多くの場合CEOに直属する。例外はあるが、重要なのはこの役割がCTOやマーケティングVPと同格だということだ。

はっきり言っておくが、これは難しい役割であり、うまく成し遂げるのは困難である。だが、それに成功する人は企業に劇的な変化をもたらす。優秀な製品開発リーダーは高い評価を受け、転身して自分の企業を立ち上げることも少なくない。実際、最も有能なベンチャーキャピタリストの中には、優秀な製品開発リーダーとして実績を残した起業家にしか投資しない人もいる。

行動特性

製品開発リーダーにふさわしいのは特に鍵となる4つの行動特性が実証された人材である。(1) チーム開発、(2) 製品ビジョン、(3) 実行力、(4) 製品文化の4つだ。

● チーム開発

すべての製品開発VPにとって唯一の最も重要な責任は、プロダクトマネジャーとデザイナーから成る強力な開発チームを作り上げることである。これは、求人活動、トレーニング、継続的なコーチングを最優先することを意味する。優秀な人材を育成するためには、優れた製品を開発するのとは違ったスキルが必要になることを理解しておこう。ほかの能力が優れた多くのプロダクトマネジャーやデザイナーが組織のリーダーになれないのはそのためである。

一番してはいけないことの1つは、能力のない人を選んで昇進させ、リーダーの地位に就けることだ。当たり前のことに思えるだろうが、ど

れだけ多くの取締役が次のような弁解を口にしているかを知れば驚くはずだ。「確かにこの人物はあまり優秀じゃないが、周りとうまくやっているし、ステークホルダーたちにも気に入られているみたいだ。だから彼を製品開発のリーダーにして、足りない部分をカバーする有能な一般社員を雇おうと思う」。しかし、どうすればこの能力のない人間が有能な開発チームの育成に貢献できるというのだろうか？　そして、そのことは組織にどんなメッセージを伝えるだろうか？

この地位には、人材を育成する能力において確かな実績がある人物を雇う必要がある。その人物は、潜在的な才能を見つけて採用し、一緒に積極的に仕事を続ける中で弱点を克服させ、長所を引き出してきた経歴を持っていなければならない。

● 製品ビジョンと製品戦略

製品ビジョンは企業の原動力となり、企業に活力を与え、浮き沈みを超えて企業を支えるものである。この説明はすんなりと耳に入るだろうが、注意しなければならない。なぜなら、2つの極めて異なる状況で、2つのまったく違うタイプの製品開発リーダーが必要だからだ。

1. 製品に関して明確なビジョンを持ったCEOや創業者がいる状況
2. 製品に関して明確なビジョンを持った人物がいない状況。通常、創業者がいなくなっている状況

製品ビジョンと製品戦略に関して、遭遇するかもしれない非常に悪い状況が2つある。

1つ目は、製品とビジョンに非常に優れたCEOが、製品開発VPを採用することを望んでいて（より多くの場合は取締役会が製品開発VPを雇うように強く勧めていて）、自分のイメージする人物、少なくとも自分のような明確なビジョンを持った人物を雇うべきだと考えている状況である。その結果、すぐに衝突が起き、製品開発VPは短命に終わるこ

とがほとんどだ。もしこのポジションがくるくる入れ替わるようなら、今言ったようなことが起きている可能性が高い。

2つ目は、CEOにビジョンの能力がないのに、自分がイメージする人物を雇おうとする状況だ。この場合、衝突は起きない（人間関係は非常にうまくいくことが多い）が、ビジョンに関しては深刻な空白が生まれる。その結果、製品開発チームにいらだちが生じ、会社中の士気が落ち、たいていイノベーションが起こらなくなる。

ここで重要なのは、製品開発VPはCEOを補完する必要があるということだ。強力なビジョンを持ったCEOがいる場合、非常に有能な候補者がいても、製品開発VPの地位に就きたがらないことが多い。自分の仕事が主にCEOのビジョンを実行することだけになるとわかっているからである。

不幸にも起きてしまう状況の1つは、明確なビジョンを持った創業者のCEOの下で、実行力のある堅実なパートナーが製品開発をおこなっていたにもかかわらず、結局、創業者が会社を去ってしまうケースである。そうなると未来へのビジョンを提供してくれる人がいなくなって企業は苦境に陥る。普通、未来への明確なビジョンを描くことは製品開発VPがすぐに肩代わりできるようなものではなく、たとえできたとしても、ほかの社員は、新しい製品開発のリーダーを進んで受け入れないかもしれない。だから私は、創業者たちがほかの誰かをCEOに就かせたいと望んでも、多くの場合において彼らが企業に残ることを望む。

自分は強力なビジョンを持ったリーダーだと思い込んでいるCEOがいて、ほかの社員はそうでないことを知っている場合には、特別な能力を持った製品開発のリーダーが必要だ。強力なビジョンを持っているだけではなく、ビジョンはすべてCEOのアイデアだとCEOに思い込ませる能力と意志を持っている人物である。

● **実行力**

どこからビジョンがやってこようと、製品のアイデアを顧客の手に届

けられなければ、世界中のすべての素晴らしいビジョンもほとんど意味がない。物事を実現する方法を知っていて、その能力が完璧に実証されている製品開発リーダーが必要とされる。

　確実に、迅速に、かつ効率よく実行できる開発チームの能力には、多くの見地が寄与している。製品開発リーダーは、近代的なプロダクトプランニング、顧客の発見、製品の発見、製品開発プロセスについての専門家でなければならない。また、一定のサイズの組織の中で、どうすればその一部として、効果的に仕事ができるかという実行力も求められる。

　大きな組織になればなるほど、製品開発リーダーが実績に裏付けられた優れたスキルを持つことが重要になる。特にステークホルダーの管理と組織内のエバンジェリズムにおいてはそれが顕著だ。製品開発リーダーは企業に活気と動機を与え、全員を同じ方向に進ませる力を持っていなければならない。

● 製品文化

　"良い"製品開発組織は、有能な開発チーム、明確なビジョン、一貫した実行力を持っている。"偉大な"製品開発組織には確固とした製品文化という次元が加わる。

　確固とした製品文化とは、開発チームが持続的で迅速なテストと学習の重要性を理解していることを意味する。偉大な開発チームは、学習のためには失敗が必要だが、それを早く済ませてリスクを低減する必要があることを理解している。彼らは、絶えずイノベーションを続ける必要性を理解している。彼らは素晴らしい製品は真の協力の成果だと知っている。彼らはデザイナーとエンジニアを尊敬し、高く評価している。彼らは強い動機づけを持った製品開発チームの力を理解している。

　有能な製品開発VPは確固とした製品文化の重要性を理解し、製品文化に関する自分の経験から実例を示すことができ、製品文化を企業に根付かせるための具体的なプランを持っている。

● **経験**

専門領域での経験などのような必要とされる経験の量は、それぞれの企業や業種によって異なる。しかし最低限、確かな技術的経歴と、当該ビジネスや市場における経済や力学への理解をあわせ持った人物を探そう。

● **化学反応**

最後になるがぜひ言っておくべきだろう。今まで書いてきたことだけではまだ十分ではない。もう1つ大事なことがある。製品開発リーダーは、重要な取締役、特にCEOやCTOと個人レベルでうまくやっていくことができなければならない。誰でもそうした個人のつながりがないと気持ちよく仕事ができないだろう。つきあいの中には、少なくともCEOとCTO、そしてできればマーケティングやデザインのリーダーも入れた長時間のディナーを設定しよう。心を開いて私的な時間を共有するのだ。

COLUMN
グループプロダクトマネジャーの役割

　大きな製品開発組織には特に有用だと思える役割が存在する。その役割はグループプロダクトマネジャーという肩書を持ち、通常GPMと呼ばれる。

　GPMは複合的な役割だ。一般社員としての側面と、第1レベルの人の管理者としての側面を持っている。GPMはすでにプロダクトマネジャーとして実績がある（通常、上級プロダクトマネジャーという肩書の人がなる）ので、もっと大きな責任を負えるという考え方だ。

　一般的に、プロダクトマネジャーには2つのキャリアパスがある。

　1つは一般社員のままでいるという方法だ。一般社員は十分な能力があれば主席プロダクトマネジャーにまでなれる。それは一般社員でありながらロックスター並みの実力者で、最も困難な製品開発作業に取り組む意志と能力を持った存在である。主席プロダクトマネジャーは非常に高く評価されている役割であり、取締役やVPと同じような待遇を受けていることが多い。

　もう1つの道は、プロダクトマネジャーたちが効率的に機能するための管理者（最も一般的な肩書はプロダクトマネジメント担当取締役である）になるという方法だ。そうなれば、何人かの（通常は3ないし10人の）プロダクトマネジャーが直属の部下に付くことになる。プロダクトマネジメント担当取締役は実際には2つのことに責任を持つ。第1は自分が抱えるプロダクトマネジャー全員を力強く有能な状態にしておくことである。第2は製品ビジョンと製品戦略に責任を持ち、多くの開発チームの製品開発作業の間で、点と点を結びつけることだ。これはまた製品のホリスティックな視点とも呼ばれる。

　だが、多くの有能な上級プロダクトマネジャーは、これからどちらに進むのが望ましいことなのか、よくわかっていない。そんなときGPM

は両方の世界の醍醐味(だいごみ)を味わえる素晴らしい方法である。

実際には、GPMは1つの製品開発チームのプロダクトマネジャーを務めるのに加えて、少数（通常は1ないし3人）のプロダクトマネジャーの育成とコーチングに責任を負う。

プロダクトマネジメント担当取締役が、多くの異なる分野にわたって仕事をするプロダクトマネジャーたちを担当するのに対して、GPMモデルは緊密な協力関係にある製品開発チームをサポートするように作られている。

例を挙げたほうが話は早いだろう。

あなたの会社は成長期のマーケットプレイス企業で、およそ10の製品開発チームがあるとしよう。この10のチームは3つのタイプに分けられる。プラットフォーム／共通サービスグループと、マーケットプレイスの両端を担う（例：買い手と売り手、乗客とドライバー、ホストとゲスト）それぞれのグループだ。

そして、製品開発VPが1人と、3つのグループをそれぞれ担当する3人のGPMがいる。たとえば、買い手側のGPM、売り手側のGPM、プラットフォームサービスのGPMである。

ここで、買い手側のGPMの役割に踏み込んでみよう。買い手側の体験を構成する製品開発チームが3つあるとする。買い手側のGPMは3つのうち1つの開発チームのプロダクトマネジャーを務め、ほかの2つの開発チームにはそれぞれGPMの部下であるプロダクトマネジャーが付くということだ。

この体制がいいのは、複数の製品開発チームが異なる側面に取り組んでいたとしても、買い手側は実際に1つのシームレスなソリューションを必要としているからである。それを確かなものにするためにGPMはほかのプロダクトマネジャーと緊密に連携して仕事をするのだ。

この役割は、1人ないし3人程度のプロダクトマネジャーに対する指導と育成の責務に加えて、自分自身の製品開発チームを主導するという立場に立つことから、しばしばプレーヤーコーチと呼ばれる。

GPMの中には、プロダクトマネジメント担当の取締役やVPに進む人もいれば、主席プロダクトマネジャーに進む人もいる。また、自分自身の製品開発チームと一緒に現場で仕事をしながら、コーチングを通じてほかの開発チームやプロダクトマネジャーに影響を与えることができるというバランスが気に入って、GPMの立場にとどまることを選ぶ人もいる。

CHAPTER 18

技術部門の
トップの役割

PART **II** 成功するための組織と人 ── スケールアップに必要な人々

　どんなに素晴らしい製品のアイデアでも、実際に作って市場に出さなければただのアイデアに終わる。だから、プロダクトマネジャーとエンジニアリング組織との関係は非常に重要なのだ。

　この章ではエンジニアリング組織のリーダーについて述べる。幸いにも、この章の執筆に関しては、シリコンバレーで最も成功したCTOの1人であるチャック・ガイガーの協力が得られた。

　何度も言ってきたように、プロダクトマネジャーがエンジニアリング部門のリーダーと良好な仕事上の関係を持っているなら、それは素晴らしいことだ。そうでないなら厳しい日々が待っている。優れた技術組織を形作っているのは何なのかを深く理解してもらおうと考えて、私たちはこの概要を書くことにした。

　初めに、どんな組織について話をしているのかをはっきりさせておこう。それは、アーキテクチャー、エンジニアリング、品質、サイト運営、サイトのセキュリティー、リリース管理、そして通常、市場投入のマネ

ジメントに責任を持つ組織である。このグループは企業の製品やサービスを作り、運用する責任を負っている。

肩書はさまざまだが、よくあるのがエンジニアリングVP、あるいは最高技術責任者（CTO）である。この章では組織のトップをCTOと呼ぶことにするが、あなたの会社で使っている肩書に読み替えてもらってかまわない。

しかし、よく問題になる1つの肩書がある。最高情報責任者（CIO）だ。CIOの役割はCTOの役割とはまったく異なる。実際、もしあなたの会社の技術組織がCIOの下に置かれているなら、それは、Chapter 6「製品開発が失敗する根本的原因」で説明した多くの病状への警鐘である。

偉大なCTOの特徴は、ビジネスと製品の戦略的イネーブラーとして、技術を求めて絶えず努力する姿勢である。技術的な障害を取り除くことや、ビジネスと製品開発リーダーのために、技術による実現可能性という枠組みを拡大することが最も重要な目標である。

その目標を達成するためにCTOには6つの重要な責任が与えられている。ここではその責任を優先順位にしたがって取り上げ、それぞれが通常どのように評価されるのかを見ていく。

組織

従業員のスキルの向上に全力を傾ける強力なマネジメントチームによって、優れた組織を作り上げる。通常、その有効性は、すべての従業員の育成計画、定着率、製品開発・技術組織全体とそのマネジャーに対する他部門からの評価によって測られる。

リーダーシップ

企業の全体的な戦略的方向性とリーダーシップにおいて技術部門を代表し、ほかの企業幹部とともに、企業の進路、M&A活動、作る／買う

／提携するに関する決定を助ける。

市場投入

　技術組織が、高品質な製品を、迅速に、確実に、繰り返し、市場に送り出せるようにする。市場投入を評価する基準はいくつかあり、リリース手段の一貫性とリリースの頻度、市場投入または発表されたソフトウェアの品質や信頼性などが含まれる。迅速な市場投入を阻む主な障害は技術的負債であることが多い。企業が管理できるレベルに技術的負債を抑制し、製品を市場投入し、他社と競争する能力がそれによって阻害されないようにするのがCTOの責任である。これについては後で述べる。

アーキテクチャー

　企業が競争し成長するのに必要な、機能性、拡張性、信頼性、セキュリティー、性能を、提供できるアーキテクチャーを確実に持つようにする。製品ラインが多様な企業や、垂直的な事業組織を持つ企業では、CTOは結合力のある技術戦略のリーダーになり、部分ではなく全体を見る必要がある。CTOは企業全体の技術戦略の指揮者なのだ。アーキテクチャーの評価基準はビジネスによって異なるが、一般的には、インフラが絶えず監視され、ビジネスの成長に合わせて拡張されていることを確認しようとする。また、インフラやアーキテクチャーに起因して、顧客に影響を与える機能停止がどれだけ発生したかも計測される。

製品発見

　上級エンジニアリングスタッフのメンバーが製品発見全体に積極的に参加し、重要な貢献ができるようにする。エンジニアやアーキテクトがソフトウェアを書くだけのために使われているならば、本来スタッフか

ら得るべき価値のごく一部しか得られていないと言える。エンジニアリング組織が製品の発見に加わるように（その時間や仕事の範囲に）目を光らせ、エンジニアリング組織の参加によって起きたイノベーションの頻度を確認しなければならない。

エバンジェリズム

　CTOには企業のエンジニアリング組織を代表する広報担当者の役割があり、開発者、提携企業、顧客とのコミュニティでリーダーシップを発揮する。このタイプのリーダーシップは、大学連携／人材採用プログラムを企画することや、開発者のコミュニティで1年間にいくつのイベントのスポンサーになったりイベントに参加したりしたかで評価される。

　プロダクトマネジャーとして、エンジニアリング組織のリーダーとランチに行って、エンジニアが何を最大の課題だと思っているかを聞いたり、製品開発サイドからどんな支援ができるかについて話し合うようにしよう。お互いが助け合うためにできることは何でも、全体として真に効果的な製品開発組織を作るのに大いに役立ち、成功する製品を発見して市場投入することができるだろう。

CHAPTER
19

デリバリーマネジャーの役割

PART Ⅱ 成功するための組織と人 —— スケールアップに必要な人々

　成長期企業やエンタープライズ企業では、多くのプロダクトマネジャーが、プロジェクトマネジメントの仕事に費やす時間が多すぎると愚痴をこぼしている。結果として、本来の製品開発の責任、つまり作る価値のある製品をエンジニアが作れるようにする仕事に従事する時間がほとんどなくなるのだ。

　デリバリーマネジャーというのは特別な種類のプロジェクトマネジャーであり、インペディメントとも呼ばれる障害を開発チームから取り除くことを任務としている。こうした障害はほかの製品開発チームであることもあるし、製品開発とは関係ない部門であることもある。彼らは1日のうちに、マーケティング部門に該当者を見つけ出して決断や承認を迫り、ほかの開発チームのデリバリーマネジャーと協力して鍵となる依存関係の優先順位付けをおこない、プロダクトデザイナーを説得してフロントエンド開発者のためにいくつかのビジュアルアセットを作らせるなどして、ほかの1ダースもの似たような障害にまた対処するのだ。

こうしたデリバリーマネジャーは、通常（もし開発チームにその役割が存在するなら）スクラムマスターでもある。デリバリーマネジャーは、お尻をむち打つのではなく、邪魔な障害物を取り除くことで、開発チームがより迅速に仕事をできるように支援する。

　こうした人々はプロジェクトマネジャーや、ときにはプログラムマネジャーという肩書だったりする。その場合は、古いプログラムマネジメントにおける意味でこう呼ばれているのか、それとも私がここに書いたような定義がされているのか確認する必要がある。

　企業に、デリバリーマネジャーに該当する役職がなければ、この役割は通常プロダクトマネジャーとエンジニアリングマネジャーが担うことになる。繰り返すが、組織が小規模ならそれでかまわないし、利点さえある。だが、少なくとも5ないし10の製品開発チームを抱えるぐらい組織が大きければ、この役割の重要性はずっと高くなる。

CHAPTER
20

製品開発チームを構成する原則

PART **II** 成功するための組織と人 ── スケールアップに必要な人々

　スケールアップしようとするすべての製品開発組織が直面する最も難しい問題の１つは、製品づくりの仕事をどうやって各チームに分配するかということである。

　製品づくりの仕事を分ける必要性は製品開発チームが２、３になると生じ始め、その数が25から50、そして100を超える規模になると、企業が迅速に動くための能力の中で、大きな割合を占める要因となる。それはまた、開発チームが何か意味のあることのために権限を与えられ責任を負っていると感じるのと同時に、それら単体よりも全体として意味を持つ、組織の大きなビジョンに貢献していると感じさせるための重要な要因となる。

　もしあなたの組織の規模がすでに大きくなっているなら、私が言っていることをよくわかってもらえるだろう。

　この問題が難しいのは決まった正解がないからである。だから、優れた製品企業は、多くの意見や事実を検討し、さまざまな選択肢について

議論した上で判断するのだ。

　私は多くの製品開発組織や技術組織がこの選択肢を考えるときに一緒に仕事をしてきたが、時間をかけて問題をうまく解決する様子を何度も見てきた。

　製品開発チームを構成するレシピを欲しがる人が多いのはわかっているが、私はレシピはないと常に言ってきた。あるのはいくつかの重要な基本指針だ。肝心なのはその基本指針を理解し、個別の状況に応じて選択肢に重みをつけることである。

1. 投資戦略との連携

    継続的な投資戦略をそのまま反映して製品開発チームを編成している企業が多いことは注目に値する。それらの企業は一定の開発チームを持っているが、それは、これまでずっとそれらのチームを持っていたからである。しかし、私たちは当然、未来にも投資する必要がある。私たちは、すでに役割を終えた製品を徐々に廃止できるし、売れ筋製品への投資を減らして、将来の収益と成長のための投資を増やすこともよくある。時間とリスクを軸に投資を広げるための考え方は無限にある。マッキンゼーのスリーホライズンモデルを好む人もいるし、ポートフォリオ管理アプローチを好む人もいる。肝心なのは自分の投資戦略を持つことだ。そして製品開発チームの構成は投資戦略を反映したものでなければならない。

2. 依存関係を最小化する

    1つの大きな目標は依存関係を最小化することだ。これによって開発チームはもっと速く動けるようになり、より大きな自律性を感じられる。依存関係を完全に排除することはできないが、依存を減らし、最小化するように努めることはできる。また、依存関係は時間がたつにつれて変わっていくものだ。だから継続的に確認し、どうしたら減らせるかを常に自問しよう。

3. オーナーシップと自律性

    覚えておいてほしいのだが、製品開発チームの最も重要な特徴は、傭兵のチームではなく使命感で動く伝道師のチームが求められていることだ。このことが導くのはオーナーシップや自律性の意識である。開発チームは権限を与えられていると感じるべきだし、製品提供の重要な部分に責任を負っていると感じるべきである。これが想像以上に難しいのは、大きなシステムは必ずしもそんなに簡単に切り分けられないからである。一定の相互依存があればオーナーシップの感覚は少しずつ削り取られていく。だが、私たちはオーナーシップを最大化するように努力しなければならない。

4. レバレッジを最大化する

    組織が大きくなるにつれて、私たちはしばしば共通のニーズに気づき、業務を集約する重要性が高まるのを感じる。それはスピードと信頼性を向上させるためである。私たちはすべての開発チームに、すでにあるものを一から作り直す、車輪の再発明のような無駄をしてほしくない。だが業務を集約することは依存関係を作ることでもあり、自律性とぶつかる可能性があることも心に留めておいてもらいたい。

5. 製品ビジョンと製品戦略

    製品ビジョンは私たちが組織として目指している場所を記述しており、製品戦略はそこへ行くための主要なマイルストーンを記述している。古い大企業の多くは、もはや現実に直結するビジョンや戦略を持っていないが、これが肝心なところだ。いったん自分たちのビジョンや戦略を持ったら、それらを実現するのに適切な開発チームが構成されていることを確かめよう。

6. 開発チームの規模

    これは極めて現実的な原則だ。通常1つの製品開発チームの最小のサイズは、2人のエンジニアと1人のプロダクトマネジャーである。そして開発チームがユーザー向けの技術に責任を持ってい

る場合は、加えて1人のプロダクトデザイナーが必要になる。それより少ないとしたら、製品開発チームに最小限必要な人数を下回っていると考えられる。一方で、1人のプロダクトマネジャーとプロダクトデザイナーが、10人ないし12人を超えるエンジニアたちに、良い製品を作るための十分な仕事を与え続けるのは極めて難しい。また、改めて強調しておくが、それぞれの製品開発チームにただ1人のプロダクトマネジャーがいるようにすることが肝心だ。

7. アーキテクチャーとの連携

実際、多くの組織にとって、製品開発チームを構成する上での主な指針はアーキテクチャーだ。多くは製品ビジョンからスタートし、そのビジョンを実現するアーキテクチャー上の方針を決め、その方針にしたがって開発チームを構成するだろう。

順序が逆だと思うかもしれないが、事実、これにはいくつかのもっともな理由がある。アーキテクチャーが技術を動かし、技術がスキルセットを動かす。私たちはすべての開発チームがアーキテクチャー上のどの層にでも取り組めるフルスタックのチームであることを望むが、現実にそうなる場合は少ない。エンジニアは皆、異なる技術の中で育つ。特定の技術に特化したいと考えるエンジニアもいるし（事実、たいていの人は専門家になるために何年もの歳月を費やすことになる）、必要な技術を習得するために、まだ何年もかかるエンジニアもいる。アーキテクチャーはすぐには変わらないのだ。

新しい開発チームを構成するときに企業がアーキテクチャーに注意を払わないことはよくあるし、その誤りはいくつかのパターンで現れる。第1に、開発チームが絶えずアーキテクチャーと闘っているように感じる。第2に、開発チーム間の相互依存関係が不均衡に思える。第3に、前の2つが原因になって物事の動きが遅くなり、開発チームは自律的に仕事をしていると感じにくくなる。

特に、大きな企業では、ほかの製品開発チームに共通のサービスを提供するチームが1つかそれ以上できることが多い。そうしたチームはしばしば、共通サービスチーム、コアサービスチーム、プラットフォームチームなどと呼ばれるが、彼らも基本的にはアーキテクチャーを反映している。これは極めて効果が大きいレバレッジなので、多くの企業がこういうタイプのチームを拡大している。しかし、それはまた配置が難しいタイプのチームでもある。こうしたチームはほかのチームを有効に動かすためにあるので、ほかのすべてのチームと（設計上）依存関係にあるからである。こうした共通サービスチームには、必ず、有能で技術力の高いプロダクトマネジャー（しばしばプラットフォームプロダクトマネジャーと呼ばれる）をつけよう。

8. ユーザーや顧客との連携

   ユーザーや顧客との連携は製品開発にも開発チームにも現実的に大きな利益がある。たとえば、あなたの会社が買い手側と売り手側の両方を含めたマーケットプレイスを提供している場合、買い手に的を絞ったチームと売り手に的を絞ったチームを作ることにはいくつもの利点がある。それぞれの製品開発チームがあらゆる種類の顧客について学ぼうとするのではなく、自分たちが対象にする種類の顧客について深く掘り下げることができる。だが、マーケットプレイス企業でさえ、必ず、すべての開発チームに共通基盤や集約業務を提供するチームをいくつか持っている。これはまさにアーキテクチャーを反映したものだ。重要なのは、両方の種類のチームを持つことにまったく問題はないし、よくあるということだ。

9. ビジネスとの連携

   大きな企業は、複数の事業分野を抱えているが、同時に製品開発のための共通基盤を持っていることが多い。もし技術が事業ごとに完全に独立しているなら、製品開発チームを構成するときに、

それらの事業を基本的に別の企業であるかのように扱うだろう。しかし、ほとんどの場合はそうではない。複数の事業分野があっても、すべては共通で、しばしば統合された基盤の上に作られる。これは顧客の種類による構成によく似ているが、重要な違いがある。私たちの事業部門の構造は人為的に作られたものだ。別の事業部門が実際に同じ顧客に販売していることはよくある。だから、事業部門による構成には有利な点があるが、通常は優先順位がほかの要素よりも後になる。

10. 構成は動く標的である

    製品開発組織の最適な構成は動く標的だと知っておこう。組織が求めるものは時間とともに変化すべきだし、実際に変化するだろう。2、3カ月ごとに再編成が必要になることはないだろうが、1年ごとぐらいに開発チームの構成を見直すことには意味がある。よく企業に説明しなければならないのだが、開発チームを構成する完璧な方法はない。製品開発組織をあることに関して最適化しようとすれば、必ずほかのことが犠牲になるのだ。だから、製品開発や技術においてほとんどのことがそうであるように、開発チームの編成にはトレードオフと選択がついて回る。あなたが組織を改善しようとする際に、ここに書いた指針が役に立てば幸いである。

COLUMN
スケールアップにおける自律性

　一流のIT企業のほとんどは、私がここに書いたような、権限を持ち、献身的で粘り強く、職能横断型で、協力的な製品開発チームモデルに飛びつき、そのことで非常に多くの恩恵を受けたと私は思っている。

　結果がすべてを物語っているが、その恩恵の大部分は、開発チームが、自らの運命を握っていると強く感じたときの高いモチベーションと本当の意味の責任感にある。

　多くのリーダーが、権限を持った自律的な開発チームを持っていると言うが、そのチームの中には、自分たちはそれほど権限を与えられているとも自律的だとも感じないと不満をもらす人々がいる。私は、そういうときはいつも、開発チームが決定できないことは何なのか、どういうところで制約を感じているのか詳しく知ろうとする。

　私が聞いた答えのほとんどは、結局、次の2つのどちらかに当てはまる。

1. 第1のケースでは、実はまだチームが経営陣に信頼されておらず、経営陣は開発チームに大きな自由を与えることに抵抗を感じている。
2. 第2のケースでは、リーダーたちが基盤の一部と見なしてきたものを開発チームが変えたがっている。

　一般に、ほとんどの開発チームは、自分たちが最も良いと考えることをするために大きく開かれている領域と、すべてのチームが共有する共通基盤に含まれる領域があることに納得するだろう。

　後者の1つの例としては、普通はそれぞれの開発チームが独自のソフトウェア構成管理（SCM）ツールを選べないことが挙げられる。エン

ジニアリングチームがGitHubを標準としていれば、普通それは基盤の一部だと考えられる。たとえあるチームがどうしても別のツールを使いたいと思っても、それを認めてしまえば組織にかかるトータルコストは得られる利益をはるかに上回るだろう。

　これはわかりやすい例だが、それほどはっきりしないものもほかに数多くある。

　たとえば、それぞれの開発チームが独自のやり方でテストの自動化にアプローチしていいだろうか？　開発チームが使いたいプログラミング言語を自由に選んでいいだろうか？　ユーザーインターフェースのフレームワークはどうだろうか？　ブラウザーの互換性についてはどうだろう？　オフラインサポートのような高価な機能はどうだろう？　開発チームが使いたいと思うアジャイル開発の手法はどうだろうか？　そして、すべての開発チームがいくつもの全社的な製品構想を本当にサポートする必要があるのだろうか？

　製品開発には頻繁にあることだが、物事は結局トレードオフなのだ。この場合で言えば、開発チームの自律性と基盤の活用の間のトレードオフである。

　ここで正直に言うが、私は自律的で権限を持った開発チームという中心概念をとても大切にしている一方、レバレッジの効く基盤への投資という考え方にもすごく引かれている。つまり、すべての開発チームが、ほかの方法よりもずっと速く、驚くような製品や体験を作るために活用できる強力な基盤を構築するということだ。

　はっきり言って、私はこの問いに唯一の答えがあるとは考えていない。最適解は、企業や開発チームによっても違うはずだ。だからその最適解はやはり企業文化から導き出されるものなのだ。

　ここで、考慮すべき重要な要素を挙げておこう。

開発チームのスキルレベル

　開発チームのスキルには大まかに3つのレベルがある。（1）Aチー

ム——適切な判断をすることを任されている、経験を積んだチーム。（2）Bチーム——意図は正しいが、多くの状況で適切な判断をするために必要な経験がなく、何らかの手助けが必要になる可能性があるチーム。（3）Cチーム——自分たちが何を知らないのかさえまだわかっていない可能性がある未熟なチーム。こうした開発チームは、かなり指導しないと、意図せず重大な問題を起こす可能性がある。

スピードの重要性

　レバレッジの主要な議論テーマの1つはスピードである。論理的に考えると、開発チームは同僚が作ったものの上に積み上げていくべきで、すでにあるものを再度作るために時間を使うべきではない。しかし、ときには開発チームが自律性の名の下に、重複する可能性のある開発をしたり、開発がゆっくりとしか進まないことがあっても、それらはチームの活力を維持するためのコストとして受け入れ、認めることもある。そうでない場合においては、ビジネスの成功の可能性は、このスピードというレバレッジに大きく依存する。

統合の重要性

　一部の企業では、ポートフォリオは、関連はあっても一つひとつがほとんど独立した製品の集合体であり、そこでは統合やレバレッジの重要性は低い。ほかの企業では、ポートフォリオは高度に統合された製品群の集合体であり、その開発には統合化されたレバレッジが重要な意味を持つ。これは詰まるところ、開発チームは、特定のソリューションのために最適化すべきなのか、企業全体のために最適化すべきなのかという問題である。

イノベーションの源泉

　将来のイノベーションの主な源泉が基盤のレベルで必要ならば、開発チームが基本コンポーネントを見直すといった、より大きな自由が必要

になるだろう。イノベーションの主な源泉が、ソリューションのレベルにあると期待されるならば、企業はできるだけ基盤に手をつけないようにさせ、アプリケーションレベルのイノベーションに創造力を集中させる必要がある。

企業の規模とロケーション

　自律性に関する難しい問題の多くは規模が原因で生じる。企業が成長するにつれて、特に開発チームの所在地が分散していくと、レバレッジは重要になると同時に困難になる。企業の中にはこの問題にセンターオブエクセレンス（CoE）という考え方で対処しようとするところもある。その場合、レバレッジは、物理的に同じ場所にある開発チームを中心としたものになる。また、ホリスティックな役割を強化しようとする企業もあるし、プロセスを追加する企業もある。

企業の文化

　開発チームの文化において、自律性対レバレッジという問題に注力することが果たす役割を認識することは重要である。その枠組みの中で、企業がレバレッジを強く押し進めれば進めるほど、開発チームは自分たちに与えられた自律性が少しずつ削り取られるように感じる可能性がある。これはBやCのレベルのチームには受け入れられるかもしれないが、Aレベルのチームにとっては大きな問題になる。

技術の成熟

　しばしば問題になるのは、時期尚早に共通基盤の標準化をおこなおうとすることだ。時期尚早というのは、設計通りにレバレッジを提供できるかどうかという意味で、その基盤は実戦に対する準備ができていないということだ。基盤の準備ができる前にレバレッジを強く押し進めると、その基盤を頼りにしている開発チームに深刻な打撃を与える可能性がある。いつ崩れるかわからないトランプの家を作っているようなものだ。

ビジネスにとっての重要性

基盤がしっかりしているとすれば、その基盤を利用しない開発チームにはより多くのリスクが生じる可能性がある。これが問題にならない分野もあるが、ビジネスにとって重要な製品開発や構想においては、どの戦いを選ぶべきかという問題になる。

説明責任のレベル

もう1つの要素は、権限委譲と自律性に付随する説明責任のレベルである。もし説明責任がなく、特に有能なAチームを持っていないような場合は、開発チームがこうしたトレードオフに悩む理由はほとんどない。あなたのほうがトレードオフについて開発チームに考えてほしくなるはずだ。結果とリスクを完全に理解している強力な開発チームが、それでもなお基盤の主要な要素を取り替える必要があると主張するならば、私はそのチームに味方するだろう。

ご覧のとおり、自律性と基盤利用の間のトレードオフには考慮すべきことがたくさんある。だが私が見るかぎり、こうした話題についてオープンに議論すれば、ほとんどの開発チームは合理的に考えられる。ときには、いくつかの影響について鍵となる2～3の質問をすることで、開発チームがこのトレードオフに関してさらに良い判断をするように導ける。

もし、開発チームがこれに関して間違った判断しかできないようならば、チームメンバーの経験のレベルを考慮する必要があるかもしれないし、多くの場合、そういった開発チームはビジネスの文脈全体が見えていないのだ。

重要な文脈は次の2つのことを含んでいる。

1. 総合的な製品ビジョン
2. それぞれの開発チームに割り当てられた具体的なビジネ人上の目標

この2つの重要な話題については以降の章で詳しく述べる。もしリーダーがこの2つの重要な文脈を明確に説明できなければ問題が起きる。そして隙間が生まれることで、開発チームが何を決められ、何を決められないかがあやふやになってしまう。

　リーダーは開発チームに、製品ビジョンとチーム固有のビジネス上の目標を文脈の一部として伝えるが、割り当てられた問題を実際にどうやって解決するかについては何も教えないことに注意してほしい。開発チームはそこでこそ自律性や適応力を発揮するのである。

CHAPTER
21

プロフィール

Adobeの
リー・ヒックマン

スタートアップ企業やさらに小さな企業にとって最も必要なものは、しばしば、優秀な製品開発チームと、製品重視の強力なCEOあるいはプロダクトマネジャーである。だが、大きな企業では、通常それ以上のものが必要になる。それは、最も良い意味での強力な製品開発のリーダーシップであり、有無を言わせない製品ビジョンと製品戦略を提供することである。

私たちの業界で間違いなく最も難しい課題の1つは、経済的成功を収めた大規模な企業で劇的な変化を起こそうとすることである。その企業が極めて困難な状況にあり、大きな痛みを感じている場合は、いろいろな意味でやりやすい。痛みを変革の動機として活かせるからである。

もちろん、偉大な企業は、他人にかき回される前に、自らを1度破壊してしまおうとするものだ。Amazonや、Netflix、Google、Facebookなどと、規模が大きくてもゆっくりと衰退していく無数の企業との違いは、まさにそこにある。製品開発のリーダーシップが違うのだ。

2011年、リー・ヒックマンはAdobeのCreative Suiteの製品開発を指揮していた。リーはそれまでにAdobeで数年をかけ、デスクトップ用のCreative Suiteによって大きなビジネスの成功を生んだ。年間のライセンス収入はおよそ20億ドルに上った。

だが、リーは市場が変化していることに気づき、Adobeには変革が必要だと考えた。従来のデスクトップを中心にした毎年アップグレードするモデルから、デザイナーが今使っているすべてのデバイス、つまり多くのフォームファクターのタブレットやスマートフォンをサポートする、サブスクリプションベースのモデルに移行すべきだと考えたのだ。

もっと大きく言うと、長い目で見れば顧客にとって不利益な方向、そしてAdobeにとっても良くない方向に、アップグレードモデルが引っ張っていくことをリーはわかっていた。だが、この規模の変革は極めて難しかった。Creative Suiteからの収益は、Adobeの年間収益、約40億ドルのほぼ半分を占めていたからだ。

法人という体のあらゆる骨と筋肉が収益を守るために動くところを想像してほしい。そのため、この規模の変革は企業をコンフォートゾーンからはるか外側に押し出すことを意味する。財務、法務、マーケティング、販売、技術など、社内に手つかずで残される部門はほとんどないだろう。

不安は当然浮かんでくる。

財務部門のスタッフは、ライセンスモデルからサブスクリプションモデルに移行することが収益に与える影響をひどく心配した。

エンジニアリングチームは、2年ごとのリリーストレインモデルから切れ目のない開発とデプロイに移行すること、特に同時に品質も保証することができるのかを心配した。また、サービスの可用性に対する責任がはるかに重くなることを懸念した。

販売サイドは、この移行によってCreative Suite製品の売り方が変わらざるを得ないと考えた。膨大な販売代理店チャネルを通すのではなく、Adobeが顧客と直接的な関係を持つことになるのだ。Adobeの多くの社

員はこの変化におおむね期待を寄せたが、販売部門はリスクが高いことを知っていた。うまくいかなかった場合、おそらく販売チャネルは許容せず、もとの販売方法に戻すのは困難だからだ。

　その上、ソフトウェアの所有がアクセス権のレンタルに変わることによる顧客と販売スタッフの感情的な変化も軽視することはできなかった。

　既存のCreative Suiteの100万人を超える顧客について、リーは技術採用曲線が示すものを理解していたし、顧客基盤の一部がこうした規模の変化に強い抵抗を示すことも理解していた。彼女は、新しいCreative Cloudがより優れているかどうかだけではなく、本質的に異なるものであることを理解していた。顧客の中にはこの変化を理解するのにほかの人々よりも時間を必要とする人がいることも予測していた。

　また、Creative Suiteは、名前が示すとおり15の主要なアプリケーションと、多くの小さなユーティリティーを含んだ一組の統合アプリケーションであることに注目してほしい。だからこの変化は、1つの製品だけが変わるのではなく、一組のアプリケーションすべてが変わらなければならないことを意味した。そうなるとリスクと複雑さが劇的に増す。この規模の製品の改変に、進んで取り組む企業がほとんどないのは不思議ではない。

　リーは自分と開発チームの前に困難な仕事が待っていることをわかっていた。彼女は、それらの相互に関連する部品が平行して動作できるようにするには、単なる部品の寄せ集めを超えるものとして、新しい基盤の説得力のあるビジョンを明確に提示する必要があることをわかっていた。

　Adobeの当時のCTOだったケビン・リンチとともに、リーはこの新しい基盤の力を示す説得力のあるプロトタイプを作り、それを使って経営幹部や製品開発チームを呼び集めた。

　それからリーは、会社中のリーダーやステークホルダーとひっきりなしにコミュニケーションを取るという、マラソンを走るような困難なキャンペーンを始めた。リーにとってコミュニケーションは、いくら取っ

ても取りすぎということはなかった。次々に繰り出すプロトタイプを見て、製品がもたらす新たな未来に人々は心を躍らせ続けた。

　Creative Cloudの途方もない成功のおかげで、Adobeは、本書の執筆時点でほかのどの企業よりも速く10億ドルを超える経常収益を生み出した。AdobeはデスクトップベースのCreative Suiteの新たなリリースを打ち切り、新しい基盤にイノベーションを集中させた。今では900万人を超えるプロのクリエーターがCreative Cloudを契約し、それを頼りにしている。Adobeの時価総額が改革前の3倍を超えたのは、大部分がこの移行のおかげだ。現在の企業価値はおよそ600億ドルに上る。

　多額の収益が危機にさらされている大企業が、生き残るためだけでなく、繁栄するために必要な変革をためらうのは容易に想像できる。リーは、こうした不安やさらに多くの問題に、明確で説得力のあるビジョンと戦略、さらに多くのステークホルダーとの率直で粘り強いコミュニケーションによって正面から取り組んだ。

　リーは、巨大なエンタープライズ企業において大規模で有意義な変革を起こした製品開発リーダーの中で、私が知るかぎり最も印象的で、超人的な例の1人である。この変革を成し遂げるために休むことなく尽力したリーのような人間がいなければ、Adobeが今の地位にいなかったことには疑問の余地がない。

　そしてうれしいことに、リーは現在、Silicon Valley Product Groupのパートナーとして、ほかの組織が現代の製品開発で変革を遂げるのを手伝っている。

PART III

成功するための製品

第2部では人に注目し、優れた製品開発チームの構成と役割を考察した。第3部では、製品開発チームが取り組むべきことを決める方法について探っていく。

製品開発ロードマップ

概要

　強力な製品開発チームができたら、今度は次のような基本的な問いに答える必要が生じる。

　「私たちの製品開発チームは、何に取り組むべきだろうか？」

　ほとんどの企業（特に、Chapter 6「製品開発が失敗する根本的原因」で述べたような企業）では、その問いに頭を悩ませる必要はない。チームは通常、取り組むべきことを製品開発ロードマップの形で伝えられるからである。

　本書の重要なテーマの1つは、アウトプットではなくアウトカムに焦点を当てることだ。よくある製品開発ロードマップはアウトプットに関するものであることに注意してほしい。しかし、優れたチームに求められるのは業績を出すことだ。

　製品開発の世界では、おおよそ製品開発ロードマップについて同じ定義を持っているが、多少バリエーションもある。私は製品開発ロードマップを、「チームが取り組むように求められている機能やプロジェクトの優先順位リスト」と定義している。こうした製品開発ロードマップは四半期ベースで作成されることが多いが、3カ月ごとに繰り返されることもあるし、年間のロードマップを作る企業もある。

　製品開発ロードマップは、経営陣から下りてくる（通常、「ステークホルダー主導型ロードマップ」と呼ばれる）場合もあるし、プロダクトマネジャーがつくることもある。ロードマップにはバグとか最適化といった細かなことは含まれず、要求される機能、プロジェクト、よくイニシアチブと呼ばれる複数のチームによる大きな取り組みが含まれているのが普通だ。そして、それぞれの項目には納期や、少なくとも作業時間

が含まれていることが多い。

　社内の多くの部門が製品開発組織の仕事を必要としていることを経営陣は知っている。だが、必要とされるすべての仕事を実現できるだけのスタッフがそろっているのはまれである。だから経営陣は限られた資源をめぐる争いを調整するのだ。そういう組織では、ステークホルダー主導型ロードマップが特に多く使われている。

　経営陣には製品開発ロードマップを使いたがるもっともな理由がある。

- 第1に、経営陣は、製品開発チームが最も価値のある仕事に優先して取り組んでいることを確認したい。
- 第2に、経営陣は事業の運営を担っており、そのためには計画が必要となる。経営陣は、マーケティングプログラムや、販売担当者の雇用、パートナーとの依存関係などを調整できるように、いつになったら主要な機能が使えるようになるのかを知りたい。

これらはもっともな要求だ。しかし、通常のロードマップは、製品開発組織によく見られる浪費と失敗の根本的原因になっている。

　製品開発ロードマップがどうしてそんなに問題になるのかを掘り下げ、代替手段を考えよう。

CHAPTER
22

製品開発ロードマップの問題点

最善を尽くしても、多くの場合において製品開発ロードマップは残念な結果で終わる。私はその理由を、製品開発に関する2つの不都合な真実と呼んでいる。

第1の不都合な真実は、製品開発のアイデアの半分以上はうまくいかないことである。製品のアイデアが成功しない理由はたくさんある。

顧客が開発側ほどそのアイデアに心を動かされず、製品を選んだり買ったりしてくれないこともある（価値の欠如）。これは最もよくある状況だ。

顧客が製品を使いたいと思って試してみても、あまりにも操作が複雑なので製品の価値よりも煩(わずら)わしさが上回り、同じ結果になることもある。ユーザーが使わないのだ（ユーザビリティーの欠如）。

市場に出ていれば顧客が気に入ったかもしれないのに、製品の開発が当初の想定よりもはるかに複雑なことがわかり、市場投入するための時間や資金がなくなることもある（実現可能性の欠如）。

また、重大な法律的、金銭的、あるいはビジネス上の制約に直面して、発売早々そのソリューションの提案が阻まれることもある（事業実現性の欠如）。
　それほどひどい状況ではない場合にも、第2の不都合な真実がある。アイデアに価値があり、ユーザビリティーや、実現可能性や、事業実現性があると証明されたとしても、それだけでは不十分なのだ。通常、そのアイデアを実現し、経営陣が望む事業期待値が得られるレベルまでもっていくには、数回の繰り返しが必要になる。そのための時間は、しばしばタイム・トゥ・マネーと呼ばれる。
　私の経験では、決してこれらの不都合な真実から逃れることはできない。私はいくつもの本当に非凡な製品開発チームと一緒に仕事をする機会を得たが、そうしたチームがほかと違ったのは、不都合な真実への対処の仕方だった。
　能力のないチームは、与えられたロードマップにしたがって、毎月毎月ただこつこつと仕事をする。やがて何か不具合が起きたら、まずその機能を要求したステークホルダーのせいにし、ロードマップにイテレーションを追加するか、今度は問題を解決できるだろうと期待して設計のやり直しや別の機能セットを提案する。
　十分な時間と資金があればやがては目的を達成するだろうが、それも経営陣の忍耐力が尽きなければという（まずあり得ない）大前提付きだ。
　対照的に、有能な製品開発チームは不都合な真実を理解し、否定するのではなく受け入れる。有能なチームは（アイデアがどこで生まれたのかに関係なく）即座にリスクに取り組めるし、有効なソリューションに向けて迅速にイテレーションを実行する。これこそが製品発見のあるべき姿だ。そして、製品発見が製品開発組織の最も重要な行動特性だと私が考える理由である。
　このようにもし私たちが、数週間とか数カ月ではなく数時間か数日のうちに、アイデアのプロトタイプを作り、ユーザー、顧客、エンジニア、ビジネスステークホルダーに向けてテストができるなら、新たな力が生

まれ、何よりも重要なことに、結果が変わるだろう。

　問題となるのはロードマップに記されたアイデアのリストではないということを指摘しておくべきだろう。アイデアだけならば大した害はない。本当に問題なのは、「ロードマップ」と題された文書にアイデアのリストを書いた途端、どれだけ多くの免責事項が書かれていても、会社中の人々がそれらの項目を約束事項として理解してしまうことである。問題の核心はそこなのだ。なぜなら、製品が本質的な問題を解決しないにもかかわらず、その製品を作って市場投入することの責任を製品開発チームが負わされてしまうからである。

　誤解しないでほしい。市場投入を指定された日時でおこなう責任が発生する場合も確かにある。そうしたケースをできるだけ減らそうとしても、完全になくすことは難しい。だが、私たちはハイインテグリティーコミットメント（誠実性の高いコミットメント）と呼ばれるものを作る必要がある。その詳細については後で述べるが、今、理解してほしい重要な点は、私たちは本質的な問題を解決する必要があるということだ。ただ機能を提供すればいいのではない。

CHAPTER
23

ロードマップに
代わるもの

　この章では製品開発ロードマップに代わるものについて述べる。これは大きなテーマであり、製品開発ロードマップを超えて、製品文化、士気、権限委譲、自律性、イノベーションといった問題にも触れることになる。だが、ここでは基本的なことにとどめ、詳細は次章以降で説明したい。

　ただ、いきなり代替手段について話す前に、ロードマップは2つの目的にかなっていたから長い間存在してきたし、それらの目的を満たす必要性は今でもあるという事実に目を向ける必要がある。

- 第1の目的は、各チームが最も事業価値の高い項目に真っ先に取り組んでいることを確認したいという経営陣の要望に応えることである。
- 第2の目的は、経営陣は事業をうまく進めるために期日のあるコミットメントをする必要があるため（期日を信用している企業はもう

ほとんどないが)、ロードマップを使ってコミットメントを高めたいという経営陣の要望に応えることである。

だから、ロードマップに代わるものが多くの企業で受け入れられるためには、こうした要望に今以上にうまく応えるものでなければならない。

本書が前提にしている権限のある製品開発チームは、割り当てられた特定のビジネス問題を解決する最善の方法を自ら見つけ出す能力を持っている。だがそのためには、現代のツールや技術を身につけた有能な人々がいるだけではだめだ。製品開発チームは、ビジネスにおける脈絡をつかんでいなければならない。つまり、企業がどこへ向かっているかを確実に把握し、大きな目標に対して自分のチームがどのように貢献するのが望ましいのかを理解しなければならないのだ。

IT企業においては、ビジネスにおける脈絡は主に、次に挙げる2つの要素から構成される。

1. **製品のビジョンと戦略**。これによって、組織が全体として成し遂げようとするビジョンと、そのビジョンを実現するためのプランが明らかになる。それぞれの製品開発チームは集中する分野（たとえば買い手チームと売り手チーム）を持っているが、すべてのチームは一体となって製品のビジョンを実現しなければならない。
2. **ビジネスの目標**。これによって、個々の製品開発チームが優先すべきビジネスの目標が明らかになる。

ビジネスの目標の背後にある考え方は非常にシンプルだ。つまり、達成してもらいたいこととその結果の評価方法をチームに伝えた上で、問題を解決する最も良い方法を考え出させるのだ。

ビジネスの目標と測定できる主要な結果の例について考えてみよう。現在、新しい顧客が製品を使い始めるまで30日かかっているとしよう。だが、効率的にスケールアップするためにはそれを3時間以内に縮める

必要があると経営陣は考えている。

　いくつもの製品開発チームにとって、これは良いビジネスの目標の例となるだろう。「新規顧客が製品を使い始めるまでの時間を劇的に短縮する」ことが目標である。そして、測定できる主要な結果の１つは、たとえば「新規顧客が製品を使い始めるまでの平均時間が３時間未満」になるだろう。

　製品ビジョンと製品戦略、そしてビジネスの目標については、これから後の章で詳しく説明する。今は次のことを強調しておきたい。すべての製品開発チームが、自分たちの仕事が大きな組織全体にどんなふうに貢献しているか、また、企業が今、チームに集中してほしいことは何なのかを理解することが重要である。

　先ほど私は、古いタイプのロードマップを推進する２つの目的があるのを認識する必要があり、その第１は最も事業価値の高い項目に真っ先に取り組んでほしいという欲求だと書いた。

　今、私が説明している例では、それぞれの製品開発チームに取り組むべき具体的なビジネスの目標を与えるのは経営陣の責任である。第１の目的と違うのは、今は経営陣が製品のアイデアよりも業績を優先していることだ。逆に、ずいぶん皮肉なことだが、私たちのほうが時々、業績を重視するように経営陣を説得する必要が出てきたりする。

　ロードマップを推進する第２の目的は、ときおり厳しい期日を約束する必要性だ。私たちはこれに対応するのにハイインテグリティーコミットメント（誠実性の高いコミットメント）という概念を用いる。期日や特別な成果物を約束する必要がある状況で使う概念だ。

　この仕事のやり方にはいくつかの利点がある。

・第１に、自分たちが最適だと考えるやり方で自由に問題を解決できるので、チームのモチベーションがいっそう高くなる。やはり伝道師と傭兵の問題である。その上、チームはこうした問題を解決するのに最善の体制になるように構成されている。

- 第2に、チームの責任は、要求された機能やプロジェクトを引き渡すだけでは終わらない。その機能が（主要な結果として測れる形で）ビジネス上の問題を解決しなければならないのだ。解決できないなら、チームは解決に向けて別のアプローチを考える必要がある。
- 第3に、ソリューションのアイデアを誰が考えたかや、その人がどれだけ頭がいいかに関係なく、最初のアプローチはうまくいかないことが多い。自分たちのチームには当てはまらないと強がらず、そうなる可能性を受け入れよう。

重要なのはアウトプットではなくアウトカムである。

ごく少数だが、製品開発ロードマップの位置付けを変えて、そこに含まれる項目それぞれを、解決できるかどうか不明な機能やプロジェクトではなく、解決すべきビジネス上の問題によって記述する開発チームがある。このようなロードマップはアウトカムベースのロードマップと呼ばれる。

そんなロードマップを見ると私はとてもうれしくなる。その製品開発チームが、機能をビルドするだけのチームから、ビジネス上の問題を解決するチームにステップアップしているのがわかるからだ。アウトカムベースのロードマップを使うことは、OKRシステムのようなビジネス目標ベースのシステムを使うことと本質的に同じである。異なるのはコンテンツではなくフォーマットだ。

ただし、アウトカムベースのロードマップには、本当に期日に制約がある製品だけではなく、すべての製品に締め切り日を設定する傾向があり、チームの文化やモチベーションに影響を与える可能性がある。

COLUMN
ハイインテグリティーコミットメント

　たいていのアジャイルチームでは、（何をいつ市場に出そうとしているのかを知っているかのように）「コミットメント」という言葉を口にしただけで、身もだえから否認までのさまざまな反応が返ってくる。
　それは、（採用計画を立て、マーケティングプログラムに支出し、共同経営で、特定の期日や成果物に基づく契約を結んで）ビジネスを動かそうとする経営幹部やステークホルダーと、期日や成果物を約束するのに当然抵抗がある製品開発チームとの絶え間ない闘いである。開発チームが抵抗を感じるのは、何を引き渡す必要があるのかを理解できていない場合や、納品はうまくいくにしても、求められているビジネスの成果を理解していない場合、そして、まだソリューションを見つけられていないために実際にコストがどれくらいになるかわからない場合である。
　これらすべての根底にあるのは、製品開発チームが身をもって学んだ教訓である。つまり、アイデアの多くは期待した結果につながらないし、ものになるアイデアは、ビジネスとして成功と見なせる段階までたどり着くのに、イテレーションを何度も積み重ねる必要があるということだ。
　カスタムソフトウェア環境では、企業がそのソフトウェアに満足するまで（あるいは諦めるまで）イテレーションを続けることができるが、製品企業でそれはあり得ない。
　誤解しないでほしいのだが、今書いたのは、従来のロードマップの危険性について私がどう感じているかだ。優れた製品企業はこうしたコミットメントを最小化する。だが、企業を効率的に運営するためには、必要なコミットメントがいくつか常に存在する。
　では、どうすればいいのか？
　鍵になるのは、コミットメントのあらゆる悩みの根本原因が、その時期にあるのを理解することである。あまりにも早すぎるのだ。それは、

私たちがその義務を果たせるかどうかがわかる前であり、もっと困ったことに、私たちが提供するものが顧客の問題を解決できるかがわかる前なのである。

持続的な製品発見と市場投入のモデルでは、時間と資金を費やして製品品質のものを作る前にこうした問いに答えることが製品発見の最も重要な役割である。

だから、コミットメントのやり方はちょっとしたギブアンドテイクを伴う。

必要なソリューションを探すために製品発見の時間がもう少しほしいと、経営幹部やほかのステークホルダーに頼み込むべきである。私たちには、そのソリューションが、必要な価値とユーザビリティーを持っていることを顧客とともに確認したり、エンジニアとともに実現可能性を確認したり、ステークホルダーとともにビジネスにおいての実現可能性を確認したり、検証をする時間が必要なのだ。

いったんビジネスでうまくいくソリューションを考え出したら、いつ市場投入できるかや、どんなビジネスの成果が期待できるかについて、確かな情報に基づいた誠実性の高いコミットメントをすることができる。

約束の期日を決める場合には、デリバリーマネジャーが重要な役割を果たすことに注意してほしい。製品を作って市場投入するのに２週間しかかからないとエンジニアが考えても、チームがすでにほかの仕事で手一杯で、１カ月先でないとその仕事に取りかかれないとしたらどうだろうか？ デリバリーマネジャーがいれば、そうしたコミットメントと依存関係を調整してくれる。

だから、そのような譲歩はとてもわかりやすいはずだ。製品開発チームはコミットメントされる前に製品を発見する少しの時間がほしいと頼み、そして発見の後に、期日や納品に関するコミットメントを進んで受け入れるようにする。そうすれば仲間たちも効率的に仕事ができる。

繰り返すが、優れた企業でもこの種のコミットメントは最小化されるものの、無くなることはない。重要なのは、その組織が抵抗なくハイイ

ンテグリティーコミットメントを固め、それを会社に説明することができ、頻繁ではないにしても、そのようなコミットメントがあれば、会社は安心して製品開発チームに市場投入を任せることができるということだ。

製品ビジョン

概要

　このセクションでは、説得力があって人を魅了する製品ビジョンと、製品ビジョンを現実化する上で製品戦略の役割がどれほど重要かについて述べる。

CHAPTER 24

製品ビジョンと製品戦略

製品ビジョン

　製品ビジョンは、だいたい2年から5年ぐらいの間に実現しようと考える未来を描いたものである。ただし、ハードウェアやデバイス中心の企業では、その期間が通常5年から10年になる。

　これは、企業のミッションステートメント（企業理念）とは違うことに注意してほしい。ミッションステートメントの例を挙げると、「世界中の情報を整理する」、「世界をもっとオープンにつなげる」、「誰もが、いつでも、どこでも、何でも買えるようにする」などだ。ミッションステートメントはわかりやすいが、それを実現するプランについては何も語っていない。それを語るのが製品ビジョンの役割である。

　また、製品ビジョンは決して仕様書ではない。ストーリーボードや、ホワイトペーパーのような文書、ビジョンタイプと呼ばれる特別な種類のプロトタイプなどの形をとった、説得力のある未来像である。

その主な目的は、ビジョンを伝え、製品開発チーム（そしてステークホルダー、投資家、パートナー、および将来の顧客）がそのビジョンの実現を手伝いたくなるように動機づけることだ。

うまくいけば、製品ビジョンは最も効果的な人材募集ツールの1つになるし、チームのメンバーが毎日働きに来る動機づけにもなる。有能なエンジニアは刺激的なビジョンに引き寄せられる。何か意味のあることに取り組みたいからだ。

ビジョンはある程度テストできるが、私たちが製品発見でおこなっている具体的なソリューションのテストとは違う。実際、ビジョンを受け入れるときには、論理を超えた思い切りが必要だ。そのビジョンを現実化する方法がわかっていなかったり、現実化できるかどうかさえわかっていない場合が多いからである。だが、そうしたソリューションを発見するのには数年かかることを思い出してほしい。この段階では、そのビジョンには追求する価値があると信じるべきだ。

製品戦略

製品開発で得られるあらゆる教訓の中で最も基本的な1つは、すべての人を同時に喜ばせようとすれば、ほぼ確実に誰も喜ばせられないということだ。だから一番してはいけないのは、製品ビジョンを実現するための製品をリリースしようとして、何年もかかる途方もなく大きな試みに取りかかることである。

製品戦略とは、製品ビジョンを現実化する途上で提供を計画している製品あるいはリリースの一連の出来事のことである。

ここでは「製品やリリース」という言葉を広い意味で使っている。それは同じ製品の異なるバージョンだったり、異なる製品または関連する製品のシリーズだったり、そのほかの重要なマイルストーンの集合だったりする。

ほとんどの種類のビジネスにおいて、開発チームはプロダクト・マー

ケット・フィットを交えて製品戦略を構築するといい。これには多くのバリエーションがある（言ってしまえば製品戦略のための戦略さえある）。

　ビジネス向け企業では、それぞれのプロダクト・マーケット・フィットごとに、異なるバーティカルマーケット（たとえば金融サービス、製造業、自動車など）に焦点を当てるようにする。

　消費者向け企業では、しばしば、異なる顧客やユーザーのペルソナを中心にそれぞれのプロダクト・マーケット・フィットを構築する。たとえば教育関連サービスならば、まず高校生、次に大学生、その次にすでに就職していて新しいスキルを学びたいと思っている人々をターゲットにした戦略があるだろう。

　ときには製品戦略が地理に基づいていることもある。その場合は意図した順序にしたがって世界のさまざまな地域に取り組む。

　また、論理的かつ重要な順序に並べられた鍵となるマイルストーンのセットを達成していく製品戦略もある。たとえば、「最初に、eコマースアプリケーションを作っている開発者に評価とレビューの機能を提供する。次に、それを使うことで生成されたデータを利用してプロダクトへの消費者心理のデータベースを作成する。そして、そのデータベースを利用して、さらに進んだ製品の提案をおこなう」といったものだ。

　すべての人にとって理想となる製品戦略へのアプローチ方法は1つもないし、製品開発を別の順序でやっていたら状況がどうなっていたかは決してわからない。製品開発を1つのターゲット市場に絞り込むと決めたことが何よりの収穫だと、私は開発チームに言っている。だからほかのチームも、私たちが今、製造業市場に取り組んでいるのがわかると、そういう顧客の事で私たちの頭がいっぱいであることがわかるだろう。開発チームの目標は、製造業の顧客を成功させるために、現実に提供可能な最小の製品を考え出すことである。思いついたアイデアの中で、ほかの種類の顧客や市場にふさわしいものは、将来の検討材料として取っておこう。

製品戦略は、ビジネスの原動力となる製品を市場投入できる可能性を著しく高めると同時に、製品開発の仕事を販売やマーケティングの組織と整合させるツールを与えてくれる。

開発チームは、自分たちがプロダクト・マーケット・フィットを証明した市場で、販売組織が製品を売ってくれることを期待する。（通常は初期のリファレンスカスタマーの集団を開拓することで）新しい市場に対するプロダクト・マーケット・フィットが確認できたらすぐに、販売チームに市場に出て行って、できるだけ多くの新規顧客を獲得してほしいのだ。

ここで、製品開発チームにコンテキストを与えるという概念に戻ろう。

製品開発チームが、権限を与えられ、最低限の自律性を持って行動するためには、よりこの広い文脈を深く理解しなければならない。その文脈の出発点が明確で説得力のある製品ビジョンであり、そのビジョンを達成する道筋が製品戦略である。

製品開発チームが増えれば増えるほど、それぞれのチームが適切な選択をできるように、ビジョンと戦略を統一することがますます重要になる。

念のために言っておくが、これは、すべての製品開発チームが独自の製品ビジョンを持たなければならないという意味ではない。それは的外れだ。製品ビジョンを持つのはあくまで組織であり、その組織のすべての製品開発チームは製品ビジョンの現実化に努力するのである。

もちろん、非常に大きな組織では、ミッションステートメントは企業全体に適用されるが、個々の事業部門も独自の製品ビジョンや製品戦略を持つことが多い。

ビジョンと戦略の違いは、優れたリーダーシップと優れたマネジメントの違いに似ている。リーダーシップが心を奮い立たせ、方向性を決めるのに対し、マネジメントは目的地に到達するのを助けてくれる。

最も重要なのは、製品ビジョンは心を奮い立たせるものであるべきであり、製品戦略は焦点の定まったものでなければならないということだ。

COLUMN
市場の優先順位を決める

　市場の優先順位を決めるという意味において上に書いたことは、市場に優先順位を付け、1度のリリースにつき1つのマーケットに焦点を絞ると言うことだ。ただ、どうやって優先順位を付けるかについてはまだ触れていない。それをするための決め手というものはないが、判断材料になる3つの重要な情報がある。

・第1の要素は市場の規模であり、通常、獲得可能な最大の市場規模（TAM）と呼ばれるものだ。すべての条件が同じなら、小さな市場よりも大きな市場のほうが好まれる。だが、もちろん条件は同じではない。一番大きな市場が2年の製品開発期間を必要とし、いくぶん規模は小さいが後で述べるタイム・トゥ・マーケット（製品を市場に投入するまでの時間）がはるかに短い重要な市場がいくつかある場合、CEOや販売のトップ以下全員は、小さな市場の1つに早く製品を投入するほうを選ぶだろう。
・第2の要素は流通に関連するもので、ゴー・トゥ・マーケット（GTM）と呼ばれる。市場によって必要な販売チャネルが異なり、市場開拓戦略が異なる。ここでも、たとえ市場が大きくても、その市場が新たな販売チャネルを必要とするなら、誰もが、多少小さくても既存の販売チャネルが活用できる市場のほうを選ぶだろう。
・第3の要素は、どれだけ時間がかかるかの（非常に大まかな）推定であり、先ほど述べたタイム・トゥ・マーケット（TTM）と呼ばれるものである。

　これらは、市場の優先順位を決めるときに通常使われる3つの主要な要素だが、ほかにも重要な要素はある。多くの場合に望ましいのは、製

品開発のトップと、技術のトップ、プロダクトマーケティングのトップが同じテーブルについて、こうしたさまざまな要素のバランスを取りながら製品戦略を考え出すことである。

PART Ⅲ 成功するための製品 ── 製品ビジョン

CHAPTER 25

製品ビジョンの原則

効果的な製品ビジョンを考え出すための10の重要な原則をここに挙げる。

1. **WHYから始める**。これはサイモン・シネックが製品ビジョンの重要性について書いた名著『WHYから始めよ！』と、たまたま同じ名前になった。ここで言いたいことのポイントは、製品ビジョンを使って製品開発チームの目的をはっきりさせよう、ということだ。すべてはそこから始まる。
2. **解決策ではなく問題に恋をする**。多くの人によって、さまざまな形で何度も言われてきた言葉だから、どこかで聞いたことがあるだろう。核心を突いているし、非常に多くの製品開発者が必死で取り組んでいることだ。
3. **臆病にならずに大きな視野でビジョンを考える**。これまで、到底野心的とは言えない製品ビジョンを数限りなく見てきた。半年か

1年ほどで片づくような、誰の心も揺さぶらないビジョンだ。
4. **チームを混乱させることを恐れない。あなたがしなくても誰かがそうする**。顧客のためにたえず新しい価値を生み出すことより、今持っているものを守ることに必死になる企業があまりにも多すぎる。
5. **製品ビジョンは人の心を揺さぶらなければならない**。製品開発チームは傭兵のチームではなく伝道師のチームであるべきだということを忘れないでほしい。組織に伝道師のような情熱を吹き込むのは、ほかの何よりも製品ビジョンである。自分たちが興奮できるものを考え出そう。どうすればユーザーや顧客を本当に助けられるかに情熱を傾ければ、製品ビジョンを意味あるものにできるだろう。
6. **関連性があり意味のあるトレンドを見つけ出し、取り入れる**。あまりに多くの企業が、あまりにも長い間、重要なトレンドを無視している。重要なトレンドを見つけ出すのはそんなに難しくない。難しいのは、新しくより良い方法で顧客の問題を解決するために、どうすればそのトレンドを製品に活用できるかを組織に理解してもらうことである。
7. **パック*がある場所ではなく、パックが向かっているところに滑って行く**。製品ビジョンの重要な要素の1つは、製品ビジョンの中で時間軸で変化するものと、変化しないものを見極めることだ。製品ビジョンの中には、物事がどれほど速く変化するかについてひどく楽観的で非現実的なものがあり、他方あまりにも保守的なものもある。これはたいてい、優れた製品ビジョンを作る上で最も難しい側面である。
8. **ビジョンには頑固で、ディテールには柔軟でいる**。このジェフ・ベゾスの言葉は極めて重要だ。非常に多くの開発チームが早々と製品ビジョンを諦めてしまう。これは通常、ビジョンピボットと

---

*アイスホッケーで使われるパックのこと

PART Ⅲ　成功するための製品 ── 製品ビジョン

呼ばれるが、ほとんどの場合、能力の低い製品開発組織の証拠である。頑固でいることは決して簡単ではないので、心構えをしておこう。だが同時に、ディテールに執着しないように注意しよう。望ましい目的地にたどり着くためには、コースを調整しなければならないこともしばしばある。それはディスカバリーピボットと呼ばれるが、何も問題はない。

9. **どんな製品ビジョンも信じて賭けることだと考える。** もし、あるビジョンが本当に検証できたとすれば、そのビジョンはおそらく野心的なものではない。見極めるには数年かかるだろう。だから、自分たちが取り組んでいることには意味があると確信しよう。そして、製品開発チームには、その問題に同じような情熱を持っていて、ビジョンの実現のために数年間よろこんで仕事をしてくれる人を採用しよう。

10. **絶え間なく、粘り強く説得して回る。** 製品ビジョンの説明や売り込みに関しては、コミュニケーションの取りすぎということはない。特に、大きな組織では絶え間ない説得の必要性から逃れられない。社内のあらゆるセクションの人々が、不意に見聞きすることに不安になったりおびえたりするのを目にするだろう。その人たちの恐怖心がほかの人たちに伝染する前に素早く説得して安心させよう。

CHAPTER
26

製品戦略の原則

先に述べたように、製品戦略へのアプローチは数多くあるが、優れた戦略は次の5つの原則を共有している。

1. **1度につき1つのターゲット市場やペルソナに集中する。** 1つのリリースだけですべての人をよろこばせようとしてはいけない。1つのリリースごとに1つの新しいターゲット市場や1つの新しいペルソナに焦点を絞る。その製品がほかの市場やペルソナにも役立ちそうだと思っても、一定の人に愛されることを優先するのが大切である。
2. **製品戦略はビジネス戦略と整合する必要がある。** 製品ビジョンは組織を動かす原動力だが、組織は究極のところビジネス戦略を実現するソリューションを考え出すためにある。だから、たとえば、ビジネス戦略に収益化戦略やビジネスモデルの変更が含まれていれば、製品戦略はそれと整合する必要がある。

3. **製品戦略は販売戦略やゴー・トゥ・マーケット戦略と連携する必要がある。**同様に、新しい販売やマーケティングのチャネルができたら、製品戦略を確実にその新しいチャネルと整合させる必要がある。新しい販売チャネルやゴー・トゥ・マーケット戦略は製品に大きな影響を与える可能性があるからだ。
4. **ライバルではなく、顧客のことだけを考える。**あまりにも多くの企業が、手ごわいライバルに出会うとすぐに製品戦略を忘れてしまう。企業は動転し、気がつけばライバルがすることを追いかけ、もはや顧客に集中しなくなっている。市場を無視することはできないが、ライバル企業が原因で顧客が離れていくことはめったにないと覚えておこう。顧客が離れていくのは私たちが顧客のことを考えず、大切にしなくなったときだ。
5. **組織全体で戦略についてコミュニケーションを取る。**これはビジョンの伝道の一環である。今私たちが焦点を合わせている顧客や、今後注力が予定されている顧客を、社内の重要なビジネスパートナー全員が知っていることが重要である。特に、販売、マーケティング、財務、サービスの各部門とは足並みをそろえよう。

CHAPTER
27

製品理念

PART Ⅲ　成功するための製品　──　製品ビジョン

　私は常に、一連の製品理念によって、製品ビジョンと製品戦略を補完したいと考えている。

　製品ビジョンが製品開発チームの作りたい未来を説明し、そのビジョンを実現する道筋を説明するのが製品戦略だが、製品理念は作りたい製品の特質を取り扱うものだ。

　ただし製品理念は製品の特徴のリストではないし、個別の製品リリースと結びつけられてもいない。製品理念は、製品ライン全体を考慮した製品ビジョンと整合したものだ。

　優れた製品理念によって製品に魅力的な特徴が生まれることもあるが、もっと大きいのは、企業と製品開発チームの価値観への影響である。

　たとえば、創業期のeBayで、私たちは買い手と売り手の関係に関する製品理念が必要だと気づいた。収益のほとんどは売り手から入ってきたので、私たちは売り手をよろこばせる方法を懸命に見つけようとしたが、すぐに、売り手がeBayを好むのは買い手を提供してくれるからだ

とわかった。それに気づいたことで次のような重要な理念が生まれた。「買い手と売り手のニーズがぶつかる場合は、買い手のニーズを優先する。なぜなら、それこそが売り手のために私たちができる最も重要なことだからだ」

　これがまさに製品理念である。マーケットプレイスをデザインし製作する上で、こういった理念がどれほど役に立つか、それを頭に置いておくだけでどれだけ多くの問題が解決できるか、容易に想像できるだろう。

　製品理念を公表するかどうかは製品開発の目的による。多くの場合、製品理念は製品開発チームのためのツールにすぎない。だが場合によっては、ユーザー、顧客、パートナー、サプライヤー、投資家、そして従業員に対して、自分たちの信念を明確に表明するために役立つこともある。

製品の目標

[## 概要]

　私が、エンジニアとしてのキャリアを全盛期のHPでスタートできたのはものすごく幸運だった。当時のHPは、絶え間なくイノベーションを現実化できるIT企業の中で最も成功し、かつそれを維持している例として知られていた。

　HPのThe HP Wayと呼ばれる社内エンジニアリングマネジメントトレーニングプログラムの一環として、私はMBO（management by objectives：目標による管理）という、ビジネスの目標に基づいたシステムを学んだ。

　デビッド・パッカードは言った。「これ以上にHewlett-Packardの成功に貢献した〈ツール〉はない。〈MBO〉は支配による管理とまったく反対のものだ」

　長年の間に、MBOシステムはいくつもの企業で洗練され、改良されていった。中でも、Intelの伝説であるアンディ・グローブの果たした役割は大きかった。現在、私たちが最もよく使っているビジネスの目標管理システムはOKR（objectives and key results：目標と主要な結果）システムとして知られている。

　この手法は、ジョン・ドーアによってIntelから創業間もないGoogleに持ち込まれた。デビッド・パッカードがHPの成功の大半はMBOのおかげだと言ってから20年後、ラリー・ペイジもGoogleの成功におけるOKRプロセスの重要性について、デビッドと本質的に同じことを言った。

　その基本理念は明快で、2つの基本原則に基づいている。

1．1つ目は、私が初版で言及した、有名なジョージ・パットン将軍からの引用にわかりやすく要約されている。「どうやるかを指示してはならない。何をすべきかを指示すればいい。そうすれば、彼らの創意工夫に驚かされるだろう」
2．2つ目は、「パフォーマンスは結果で測る」というHPの当時のスローガンに集約されている。製品開発チームは望む機能を何でもリリースできるが、それがビジネスの根本的な問題を解決できなければ、実際には何も解決したことにならない、という考え方である。

第1の原則は、基本的に最良の仕事ができるように、人々にどのように権限を与え、動機づけるかという問題であり、第2の原則はどうすれば意味のある形で進捗を測れるかの問題である。

時間とともに、私たちの業界は大きく様変わりしたが、これら2つの基本的なマネジメントの原則は、依然として、最も優れたハイテク企業や開発チームがどう活動すべきかを示す基礎となっている。

こうしたビジネスの目標を管理する上で有効なシステムやツールはいくつかあるが、本書ではOKRシステムに焦点を当てる。成功している主要なハイテク企業はそのシステムを何年も使ってきた。OKRはある種の転換点を越えたようで、今やせきを切ったように世界中に広がりつつある。

チームの目標という概念はわかりやすいことだと考えるかもしれないが、この概念を製品開発チームや組織内で制度化する方法は数多くあり、組織がその真価を知るまでに半年から1年ぐらいかかることもある。

CHAPTER
28

OKR 手法

目標と主要な結果（OKR）手法は、管理、集中、そして整合のためのツールである。ほかのツールと同様にOKRにも多くの使い方がある。製品開発組織のチームでこのツールを使うときに頭に置いておくべき重要な点は次のようなものだ。

1. 目標（Objective）は定性的なものでなければならない。主要な結果（Key Results）は定量的で、測定可能である必要がある。
2. 主要な結果は、アウトプットやタスクではなく、ビジネスの成果として測れるものでなければならない。
3. 企業のほかの部門ではOKRの使い方が少し違うかもしれないが、プロダクトマネジメント、デザイン、技術の各組織では、組織の目標とそれぞれの製品開発チームの目標に焦点を絞らなければならない。それぞれの製品開発チームの目標が達成されることで、組織の目標が達成されるように組み立てられるべきだ。個人の目

標や機能的チームの目標が、その焦点をぼけさせたり混乱させるようなことがあってはならない。
4. 目標の見直しをするのに、自分の組織にとって良いサイクルを見つける（組織の目標は1年ごと、開発チームの目標は四半期ごとに見直している企業が多い）。
5. 組織と開発チームの目標と主要な結果は、数を少なく保つ（目標も、主要な結果も1つから3つにするのが普通）。
6. すべての製品開発チームが目標に対して、どれだけ積極的に近づけたかを確認することが重要である（通常は毎週）。
7. 目標は開発チームがおこなう細かいことまでカバーしなくてもいいが、開発チームが達成すべきことは含んでいなければならない。
8. 開発チームが何らかの形で目標の達成に責任を感じていることが重要である。明らかに失敗したときは、何人かの同僚や管理職とともに事後分析や見直しをするべきである。
9. 主要な結果をどうやって評価して数値化するかについて、組織として合意を形成する。これにはさまざまな方法がある一方で、それぞれの企業文化が反映される。重要なのは組織を通じた一貫性である。そうすれば開発チームはお互いに頼れる時期がわかるようになるからだ。一般的には、実質的な進展がまったくなかった場合のスコアを（0から1.0のスケールで）0と定義し、達成できると考えたものの最低限の進展があれば0.3、最低限を超え、ここまでやりたいと思ったことが達成できたら0.7、人々が期待していたものをはるかに超え、自他ともに驚くような異例の結果が出た場合に1.0と評価する。
10. 主要な結果が実際、通常の目標ではなく、（前に述べた）ハイインテグリティーコミットメントである場合には、それをはっきりと確実に示すための方法を確立すべきだ。言い方を変えれば、通常、主要な結果として0.7のスコアを目指すだろうが、ハイインテグリティーコミットメントの場合は特別で、結果は0か1しか

ない。約束したものを出荷できたかできなかったかのどちらかなのだ。

11. それぞれの製品開発チームが取り組んでいる目標と、現在の進捗状況が（製品開発組織と技術組織全体に）はっきり見えるようにしておこう。

12. 上級管理職（CEOや経営チーム）は、組織の目標と主要な結果に責任を持たなければならない。製品開発と技術部門のトップは、製品開発チームの目標に責任を持つ（そして製品開発チームが結果として組織の目標を達成できるようにする）。各製品開発チームは、割り当てられたそれぞれの目標について、主要な結果を提案する責任を持つ。OKRを各チームや組織に対して設定するにあたって、四半期ごとに再調整をおこなうことが通常の方法である。

CHAPTER

29

製品開発チームの目標

　OKR手法は規模を問わず、特にテクノロジー製品開発組織で目覚ましい成功を収めてきた。そして、開発チームや組織が実現能力の向上に取り組む中で、いくつかの重要な教訓を得てきた。

　OKRは非常に適用範囲が広いツールで、組織の中のどんな人でも、どんな役割にでも使えるし、私生活においてさえ利用できる。だが、あらゆるツールと同様、特に効果的な使い方がある。

　私は、本書のいたるところで製品開発チームの重要性を強調している。覚えていると思うが、製品開発チームは職能横断型のプロフェッショナルの集団であり、普通は1人のプロダクトマネジャー、1人のプロダクトデザイナー、少数のエンジニアで構成される。それに加えて、データアナリスト、ユーザーリサーチャー、テスト自動化エンジニアなど、特別なスキルを持った人が参加する場合もある。

　あわせて思い出してほしいのは、それぞれの開発チームが、通常では企業の製品提供やテクノロジーの重要な部分に責任を負っているという

ことだ。たとえば、ドライバーのためのモバイルアプリに責任を持つ開発チームもあれば、乗客のためのモバイルアプリに責任を持つ開発チームや、確実な支払い処理に責任を持つ開発チームもある。

肝心なのは、こうしたさまざまなスキルセットを持つ人々が、企業の異なった役割の部門に所属しながら、一日中、それも毎日、職能横断型のチームのメンバーと隣同士に座って働き、ビジネス上、もしくは技術的に困難な問題を解決しようと努めることである。

大規模な組織では、こうした職能横断型の製品開発チームが20から50ほどあり、それぞれが異なる分野に責任を持ち、取り組むべき目標を持っていることも珍しくない。

OKRシステムを使っている企業では、製品開発チームが解決を求められる問題は製品開発チームのOKRを通じて伝えられ、確認される。OKRはまた、各開発チームが確実に会社の目標に沿って活動するためにも役立つ。

さらに、組織がスケールアップすると、各製品開発チームが、どんなふうにより大きな組織に貢献しているのか、どうすればチームの枠を超えて仕事を調整し、仕事の重複が避けられるかを把握するのが難しくなるので、OKRというツールの必要性はますます高まる。

これを理解することが非常に重要なのは、組織がOKRをスタートさせるときには、機能によって分けられている各部門が、その機能組織のために独自のOKRを作ろうとする傾向があるからである。たとえば、デザイン部門はレスポンシブデザインへの移行に関連する目標を持とうとするし、エンジニアリング部門はアーキテクチャーの拡張性と性能の向上に関連する目標を持とうとし、品質管理部門はテストとリリースの自動化に関連する目標を持とうとする。

問題なのは、このように機能で分けられた部門それぞれのメンバーが、職能横断型の製品開発チームのメンバーであることだ。製品開発チームはビジネスに関連する目標（たとえば、顧客獲得コストを下げる、1日のアクティブユーザー数を増やす、新規顧客を獲得するまでの時間を短

くするなど）を持つが、チームの各メンバーはそれぞれの機能組織の管理職から降りてくる一連の目標を持っている可能性がある。

エンジニアがプラットフォームの再構築に、デザイナーがレスポンシブデザインへの移行に、QAが設備の一新に、時間を使うように言われたらどうだろうか？　これらは価値のある仕事かもしれないが、職能横断型の開発チームが作られた目的である、ビジネスの問題を解決する可能性は低くなる。

こうしたケースでは、往々にして製品開発チームのメンバーが何に時間を使えばいいのか悩む。その結果、リーダーから一般社員までが同じように、混乱し、いらだち、失望することになる。

しかし、こうした事態は簡単に避けられる。

OKRを製品開発組織に導入すれば、製品開発チームに与えられたOKRだけに集中することが重要になる。

すなわち、機能組織や個人に与えられたOKRがみんなを混乱させないようにする必要がある。

個人の関心を製品開発チームの目標に集中させるのだ。もしほかの（デザイン、エンジニアリング、品質保証などの）機能組織が（レスポンシブデザイン、技術的負債、テストの自動化などの）もっと大きな目標を持っている場合は、リーダーたちでほかのビジネス目標とともに議論し、優先順位を付け、それから関連する製品開発チームの目標に取り入れるべきである。

断っておくが、機能組織の管理職が自分たちの組織に関連する個別の目標を持つことには何ら問題がない。その人たちは普通、製品開発チームの仕事をしていないので、葛藤を抱えていないからである。

たとえば、UXデザインのトップはレスポンシブデザインに移行する戦略に責任を持っているかもしれない。エンジニアリングのトップは技術的負債の管理に関する戦略を遂行する責任を持っているだろうし、QAのトップはテストの自動化ツールの選択に責任を持っているだろう。

また、（個別のエンジニア、デザイナー、プロダクトマネジャーなど

の）一般社員が、（特定の技術に関する知識を向上させるなど）個人的成長に関わる少数の目標を持つことも、通常は大きな問題ではない。これは、個人が製品開発チームの一員としての責務に影響を与えるような負担を強いられることがないことが、前提になっている。もちろん、製品チームの一員として役割を果たすことが、最も重要な責務だからだ。

重要なのは、製品開発組織におけるOKRは、職能横断型の製品開発チームから企業や事業部門レベルへと昇華していく必要があることだ。

製品のスケールアップ

概要

　ここまで、製品ビジョン、製品戦略、ビジネスの目標について述べてきた。実のところ、スタートアップのアーリーステージではこうしたものがなくても何とかやっていける。わずかな初期の顧客のニーズに焦点を絞ることで驚くような成長ができるのだ。

　しかし、規模が拡大すると、ビジョンとビジネス上の目標を必要とする文脈は深刻なまでに増大する。

　有用な仕事をする少数の開発チームとエンジニアを維持するのはそれほど難しくないが、中規模や、特に大規模な組織から良い結果を得るのは非常に困難だ。

　また、企業がスケールアップするまでにもともとの共同創業者がいなくなり、ぽっかりと穴があいてしまう可能性も考えられる。開発チームにはビジョンとビジネス上の目標が必要だ。この文脈がなければ、開発チームが適切な判断をし、良い仕事をすることは不可能に近い。

　この問題は、主に士気の減退、イノベーションの欠如、スピードの低下として現れる。

CHAPTER
30

製品目標の
スケールアップ

PART Ⅲ 成功するための製品 ── 製品のスケールアップ

　OKRシステムは非常に拡張性が高い。効率的なスケールアップには、仕事を管理し調整するためのある種のツールが不可欠だと私は考えるが、多くの企業がOKRの利用の拡大に苦労しているのもまた事実である。
　この章では、OKRシステムを大規模に使うときに必要となる変更点に光を当てる。覚えていてほしいのは、ここでは製品開発と技術（プロダクトマネジメント、ユーザーエクスペリエンスデザイン、エンジニアリング）組織について話しているということだ。そして、今から説明するテクニックはどんな規模の組織にも使えるが、特に成長期とエンタープライズ期の組織に焦点を絞っている。

1. スタートアップ企業や小規模な組織では、基本的にほかの人たちが何をしているのか、そしてなぜ、それをしているのかを誰もが理解しているので、どの製品開発チームも自分たちの目標と主要な結果を自然に提案できる。いくつかの調整や交渉をして、その

上で人々は仕事に取りかかる。より大きな組織では、製品開発チームはもっと助けが必要になるものだ。

真っ先に必要になるのは、組織レベルの目標をはっきりと理解することだ。たとえば、企業にとっての最大の目標が、顧客生涯価値（CLV）を高めることと、世界展開することだとしよう。そして25ぐらいの製品開発チームがあるとする。そのままだと、すべての製品開発チームが両方の組織目標を考える可能性が高いので、賢明な組織ならば当然、どの開発チームがどの目標を追求するかを決めるだろう。どちらか1つの目標に集中するチームがあり、両方の目標に貢献するチームがあり、どちらの目標をも超えた重要な仕事に取り組むチームもあるはずだ。

リーダーたち（特に製品開発部門のトップ、技術部門のトップ、デザイン部門のトップ）は企業の目標について議論し、どのチームがどの目標を追求するのが最も適切かを考える必要がある。

2. さらに、スケールアップするにしたがって、かなり多くの製品開発チームがほかの製品開発チームのサポートに回るのが普通だ。こうしたチームはしばしばプラットフォームプロダクトチームとかシェアドサービスプロダクトチームと呼ばれる。それらは非常にレバレッジが効くのだが、顧客に直接働きかけないという点でほかのチームとは少し異なる。通常は、よりハイレベルのソリューション中心の製品開発チームを通じて、間接的に顧客の役に立つのだ。こうしたプラットフォームチームは、ほとんど、あるいはすべてのハイレベルな製品開発チームから要望を受け、製品開発チームが成功するのを助けるのである。だが、この場合においてもリーダーたちは、これらのチームが目標をうまく整合させるのを助け、依存関係を整理し、利害を調整するのを手伝う必要がある。

3. 製品開発チームがそれぞれの目標を決めたら、次は非常に重要な調整プロセスが待っている。リーダーシップチームは製品開発チ

ームから提案された主要な結果（Key Results）を見てギャップを特定し、そのギャップを埋めるための調整が必要なものを手当てする（たとえば、さらに別のチームの支援を要請したり、仕事の優先順位を見直す）。
4. スケールアップするにつれて、どの製品開発チームがどの目標に取り組んでいて、どれくらい進んでいるかを把握するのが難しくなる。今は、組織で目標の可視化を支援するさまざまなオンラインツールがある。だがそうしたツールがあっても、チームを結ぶ手助けとしてのマネジメントに頼る必要がある。
5. 組織が大きくなればなるほど、必要なハイインテグリティーコミットメントのリストは長くなり、より積極的に管理され確認される必要性が高まる。そうした依存関係と開発チームのコミットメントを確認し管理する上で重要な役割を果たすのがデリバリーマネジャーである。
6. 多くのエンタープライズ規模の組織には、基本的に複数の事業部門がある。その場合には、企業レベルのOKRが存在すると考えられるが、事業部門レベルのOKRもあり、製品開発チームはその中に包含される。

　要約すれば、スケールアップ時にOKRを使うときはリーダーシップとマネジメントに大きな負担がかかるが、リーダーやマネジャーは、組織が本当に整合していることを確認しなければならないし、すべての製品開発チームが、それぞれ組織全体に溶け込んでいく方法を知っていて、自分たちが何に貢献するために存在するのかを理解していることも確認しなければならない。

CHAPTER
31

製品に関する
エバンジェリズム

　製品に関するエバンジェリズムは、何年か前にガイ・カワサキが言ったように「夢を売ること」だ。エバンジェリズムは人々が未来を想像するのを手伝い、人々にその未来を創造するエネルギーを与える。

　もしあなたが、スタートアップの創業者や、CEO、製品開発部門のトップならば、エバンジェリズムはあなたの仕事の非常に大きな部分を占めるので、得意にならなければ、強力な開発チームのメンバーを集めるのに苦労するだろう。

　もしあなたがプロダクトマネジャー、特に大企業のプロダクトマネジャーで、エバンジェリズムが不得意ならば、あなたの製品開発の努力は日の目を見る前に失敗する可能性が極めて大きい。たとえ製品を何とか出荷できたとしても、ほかの無数の大企業の努力と同じ道をたどり、実を結ばないだろう。

　傭兵ではなく伝道師のチームを作ることがどれほど大切かについてこれまで話してきたが、エバンジェリズムは、これを実現するための鍵と

なる責務である。この責務は、基本的にプロダクトマネジャーが背負うことになる。

あなたが提案しようとしているものの価値を、自分の開発チーム、同僚、ステークホルダー、経営幹部、出資者たちに伝えるのに役立つテクニックがいくつかある。次に挙げるのは、プロダクトマネジャーが夢を売るための私からのアドバイス、トップ10だ。

1. **プロタイプを使う。**多くの人にとって、木の間から森を見るのはとても難しい。手元にたくさんのユーザーストーリーしかないならば、全体を見渡して物事がどんなふうにまとまっているのか（あるいは、そもそもまとまっているかどうか）を把握するのは難しいだろう。プロトタイプを使えば、森と木の両方がはっきり見えるようになる。
2. **悩みを共有する。**あなたが取り組んでいる顧客の悩みを開発チームに知らせよう。そのために、私は顧客を訪問するときや顧客とのミーティングには、好んでエンジニアを連れて行く。多くの人にとって、悩みを理解するには悩みを直接聞く（または体験する）のが一番である。
3. **ビジョンを共有する。**自分が、製品ビジョンや、製品戦略、製品理念を明確に理解していることを確認しよう。自分の仕事がそのビジョンにどれだけ貢献し、どれだけその理念に忠実であるかをみんなに見せよう。
4. **学習したことを惜しみなく共有する。**ユーザーテストや顧客訪問のあとは、必ず学習したことを共有しよう。うまくいったことだけではなく、問題も共有するのだ。チームのみんなにソリューションを考え出すために必要としている情報を提供しよう。
5. **成果を惜しみなく共有する。**開発チームが、製品はプロダクトマネジャーのものではなく、自分たちのものだと思えるようにしよう。しかしながら、製品がうまくいかなかったときは、自ら進ん

で失敗の責任を引き受け、失敗からも学べるのだということをチームのみんなに示そう。そのことであなたは尊敬されるだろう。

6. **優れたデモをおこなう方法を学ぶ**。これは顧客や主要な幹部に対して使える、特に重要なスキルだ。私たちはその人たちに製品の操作方法を教えるのでも、ユーザーテストをしようとしているのでもない。自分たちが作っているものの価値をわかってもらおうとするのだ。デモはトレーニングでもテストでもない。デモは説得のためのツールである。この能力は是が非でも磨く必要がある。

7. **常に学習に励む**。あなたの開発チームやステークホルダーは、あなたが内容をよく理解して話していると思えば、それだけあなたに従うようになる。ユーザーや顧客について誰もが認める専門家になろう。また、競争相手や関連するトレンドを含む市場について、紛れもない専門家になろう。

8. **心からワクワクする**。もしあなたが自分の製品に心がときめかないなら、それを正す必要がある。あなたが取り組んでいることか、あなたの役割を変えてみよう。

9. **熱意の見せ方を学ぶ**。プロダクトマネジャーが心を躍らせることもあるはずだが、多くの場合、周りには熱意が伝わらず、気まずそうに見えたりする。これは非常に大きな問題である。あくまで正直であるべきだが、あなたが心からワクワクしていると周りの人に伝わるようにしよう。熱意は本当に伝染する。

10. **チームと一緒に時間を過ごす**。もしあなたが開発チームのデザイナーやエンジニアと顔を合わせることに十分な時間を使っていないとすると、メンバーはあなたの目に宿る熱意を見ることができない。開発チームが同じ場所にいない場合は、少なくとも2、3カ月に1回は努力して会いに行き、顔を合わせるようにしよう。開発チームの一人ひとりと個人的な時間を過ごせば、相手のモチベーションのレベルが大きく変わり、結果としてチームのスピードが大きく向上する。これは時間をかける価値のあることだ。

会社が中規模から大規模であれば、プロダクトマーケティング部門が、顧客や販売部門に対するエバンジェリストの役割を果たすのが普通だ。それでも、大きな取引やパートナーシップを結ぶ際には応援を求められるかもしれない。だが、あなたのエバンジェリズムは開発チームに集中させる必要がある。なぜなら、あなたが顧客のためにできる最善のことは、素晴らしい製品を提供することだからである。

CHAPTER
32

プロフィール

BBCの
アレックス・プレスランド

　正直に言うと、私はBBCが大好きだ。BBCは100年近い歴史を持つが、比較的早い時期にITやインターネットを取り入れた。BBCは多数の素晴らしい製品開発者を生み出し、今ではその多くがヨーロッパの内外に広がっている。

　iPhoneがデビューする4年前の2003年、BBCの若いプロダクトマネジャー、アレックス・プレスランドは、ある製品開発のリーダーの仕事を終えた。それによってBBCは世界で初めてコンテンツを複数の媒体に配信する組織の1つになった。BBCのほとんどの職員はこの出来事の重要性がわからず、良いこととさえ思わなかったが、アレックスはこの実装技術を使えば、予期しなかった新しい方法で、情報を届けるエリアを拡大できると考えていた。情報が届くエリアの拡大はBBCの大きな使命の1つだったのだ。

　アレックスはIPベースのコンテンツ配信技術の可能性を理解していたので、この技術を利用する新しく有益な方法を探し始めた。彼女はまず、

従来のBBCの放送メディア（家や車で視聴するテレビやラジオ）を利用できないイギリスの人々に目を向けた。

　彼女がそうした可能性の初期の用途としてすぐに思いついたのは、多くの町の中心街にある、ビデオを映せる広告用大型電子ディスプレイだった。だが彼女は、そうした場所で流されるコンテンツは、視聴する文脈や観衆は大きく違うにも関わらず、家のテレビで見られるものと変わらないことに気がついた。

　そこでアレックスはある一連の実験を提案した。編集チームに頼んで個別の場所と観衆に合った特別なコンテンツを作ってもらい、オーディエンスへのリーチとエンゲージメントを測ろうというのだ。

　これは今では当たり前のこととして聞こえるが、当時のBBCの放送ジャーナリズム文化にとってまったく肌の合わないものだった。BBCをこの方向へ推進しようとすると、多くの障害が立ちはだかった。最大の障害は編集部門と法務部門だった。

　編集部門はコンテンツは1つの文脈を前提として制作され、配信されるべきだと考えていた。アレックスのモデルはBBCの編集文化の核心に踏み込むものだったので、彼女は苦労して編集部門を説得し、なぜそれがBBCと視聴者の双方にとって大きな利益になるのかを理解してもらわなければならなかった。

　法務部門はIP対応デバイスを通した配信の経験がなかった。改定や再交渉が必要になるコンテンツのライセンス契約書の山を想像してみてほしい。

　それでもアレックスは、実験の結果と初期の成功を基に、自分が「屋外BBC」と呼ぶ新しい製品ビジョンと製品戦略をBBCのリーダーたちに提案する自信を得た。

　注目すべきなのは、彼女がこれを一般社員のプロダクトマネジャーとしておこなったことである。

　この仕事は、最終的には、コンテンツの放送からコンテンツの配信へというBBCの大きな転換の原動力になった。そしてBBCが情報を届け

PART Ⅲ　成功するための製品　――　製品のスケールアップ

るエリアを劇的に変え、時をおかずしてBBCのモバイルへの取り組みの基盤になった。現在、世界中で毎週5000万人以上が、BBCのモバイル配信に依存している。

　これは、単に問題の解決にITを利用したという話ではない。意志の力がどれだけ大きなことを実現したかについての物語でもある。大きなエンタープライズ企業で根本的な変革を起こすのは決して簡単ではないが、それをどう実現するかが、有能なプロダクトマネジャーが考え出すべき課題である。

　アレックスはBBCを離れたあと、いくつかのIT企業やメディア企業で輝かしいキャリアを歩み、今はニューヨークでプロダクトリーダーをしている。

PART IV

成功するための
プロセス

第2部では製品開発チームについて詳しく述べ、第3部ではそれぞれの開発チームが集中すべきことをどうやって決めるかについて掘り下げた。第4部では製品開発チームがどのように仕事をするかを説明する。そこで扱うのは、成功する製品を発見し市場に投入するために繰り返し使われてきた、テクニック、活動、ベストプラクティスだ。

　第4部には「成功するためのプロセス」というタイトルをつけたが、成功するプロセスは1つしかないという意味でないことはすぐにわかるだろう。より正確に言えば、それはテクニックと、マインドセットと、文化のコンビネーションを意味している。

　特に詳しく踏み込むのは製品発見のテクニックについてである。本書が焦点を当てているのはプロダクトマネジャーであり、プロダクトマネジャーの一番大きな責任は製品の発見だからだ。

　プロダクトマネジャーは、時間の大部分を、製品開発チーム、主要なステークホルダー、顧客とともに仕事をすることに使わなければならないし、顧客に愛され、ビジネスに貢献するソリューションを発見しなければならない。

　さらに、覚えていてほしいのが、プロダクトマネジャーとプロダクトデザイナーは、市場投入活動の間にエンジニアから出る質問にいつでも確実に答えられるようにしておく必要があるということだ。こうした市場投入に関する質問に答えるための時間は、通常、1日におよそ30分から1時間である。

製品の発見

概要

　製品開発チームの多くは、かなり困難な問題の解決に取り組んでいて、そのソリューションを実現するためには、多くの場合、最終的に相当複雑なシステムが必要になる。ほとんどの開発チームが取り組まなければならない非常に重要な課題は2つある。

　第1は、必要とされるカスタマーソリューションを、細部も含めて発見することである。それには、同じソリューションを必要とする顧客が十分にいること（需要）の確認から、顧客とビジネスの双方に役立つソリューションを考え出すまでのあらゆるプロセスが含まれる。

　難しいのは、ソリューションを顧客の数だけ特別に考えるのではなく、多くの顧客に有効な1つのソリューションを考え出す必要があることだ。そのためには、多くのアイデアをテストしなければいけないが、コストをかけずに迅速におこなう必要がある。

　第2は、信頼する価値があると顧客が思える、頑強で拡張性の高い実装を確実に出荷する必要があることだ。開発チームは自信を持ってリリースできなければならない。100%の信頼がないのにリリースし、あとは祈るだけというようなやり方はすべきではない。

　だから、私たちは速く学習する必要があり、なおかつ自信を持ってリリースする必要があるのだ。

　これら2つの困難な目標は相反すると考える人が多いのは理解できる。私たちは大急ぎで事を進め、何がうまくいき、何がうまくいかないのかを見極めなければならない。その一方で、ピーク時の対応の準備ができておらず、顧客に損害を与えたり自社のブランドにダメージを与えたりするリスクがあるものはリリースしたくない。

私は製品開発チームと話すことに多くの時間を費やしている。ときには、開発チームに呼ばれ、もっと積極的に顧客と連絡を取り、アイデアに関して早期のフィードバックをもらうように彼らの背中を押すこともある。また、その数分後には、拡張性、フォールトトレランス、信頼性、性能、安全性に優れたソフトウェアをリリースすることに関して、自分たちの水準を妥協しないように言い聞かせることもある。

　この問題は別の面からも捉えられる。多くの開発チームが、必要最小限の製品（MVP）というコンセプトにしばしば嘆きをもらすが、その理由は、それを早く顧客に見せてフィードバックを貰い、学びたいという思いが強い一方で、勇んで顧客のところに行くと、その製品と称するものがブランドと会社の看板に泥を塗っているのではないかと感じるからだ。いったいどうすればこれが売り物として発売できるのだろう、と頭を抱えてしまうのだ。

　このセクションでは、強力な開発チームが発見における迅速な学習と、市場投入にあたって安定した信頼のできるリリースを構築するという2つの目標を、どうやって同時に実現するかを明らかにする。

　ほとんどの製品開発チームは、迅速な実験と発見という第1の目標よりも、信頼できるソフトウェアを出荷するという第2の目標を達成するほうに、はるかに優れたセンスを発揮する。継続的デリバリーは高度なデリバリーテクニックの良い例であり、複雑なシステムに一連の小さな変更を徐々に加えていくことの重要性を理解している開発チームでよく見られるテクニックだ。

　私たちが何かに「製品」「製品レベルの品質」「製品化された」「実稼働中の」という言葉を使うことで混乱を招く理由の1つは、本質的に何を意味しているかが希薄であることにある。

　私は、製品という言葉を、それによってビジネスができる状態を意味するときだけに使うよう常に心がけている。すなわち、必要とされるレベルのスケーラビリティと性能を持っていることを意味する。製品には、一連の強力な自動リグレッションテストが用意されており、必要な分析

を収集することができること。また国際化されており、必要に応じてローカライズできること、そして保守をしていくことが可能であること。その上で、製品はブランドの使命と一貫性がある。そして何より重要なのは、製品とは開発チームが自信を持ってリリースできるものであることだ。

これは簡単ではないし、エンジニアが開発しているときに最も多くの時間を費やすところである。だから、その努力を無駄にしないようにと懸命になるのだ。

顧客が必要としているソリューションはこれだという確信が持てない時点で、プロダクトマネジャーがこれらすべての作業をおこなうのは、製品の失敗につながる道であり、大きな無駄である。だから、製品発見の目的は、エンジニアにリリースできる品質の製品の開発を依頼しても、それが無駄な努力にならないことを何らかの根拠によって確認することである。製品発見に非常に多くの異なるテクニックがあるのはそのためだ。

私たちは、ユーザーや顧客をより深く理解するためのテクニックを持っているし、製品のアイデアを定性的および定量的に検証するためのテクニックも持っている。そして、実は、ほとんどのテクニックは開発者に時間を要求しない（これは重要なことだ。なぜなら、私たちは、製品を市場に投入するにあたって、製品レベルの品質を持つソフトウェアの作成をするために、どれだけの時間と労力をつぎこむ必要があるのかを良くわかっているからである）。

効率的な製品発見の重要な鍵は、簡易的な実験結果をとりあえず開発に持ち込むのではなく、顧客と対話する機会を得ることである。

もしアーリーステージのスタートアップ企業で、顧客がいないときは、これはもちろん現実的な問題ではない（し、製品レベルの品質を持つソフトウェアを作ろうとするのは時期尚早だろう）。

しかしほとんどの場合は、実際の顧客と収益が絡んでくるので、顧客との対話は十分に考慮しなければならない。このセクションのあとのほうでは、大きなエンタープライズ企業において、信頼のおけるやり方で

PART IV 成功するためのプロセス ── 製品の発見

迅速な実験を可能にするテクニックを紹介する。

　ここでは秘訣だけ教えておこう。偉大な製品を発見したいなら、早期に、かつ頻繁に、アイデアを実際のユーザーや顧客に提示することが必須である。

　もし偉大な製品を市場投入したいなら、エンジニアリングのベストプラクティスを引き出し、エンジニアの心配を無視しないようにすべきである。

CHAPTER
33

製品発見の原則

製品発見の目的は次の重要なリスクに対処することである。

- 顧客はこれを買ったり、これを使うことを選んでくれるだろうか？（価値のリスク）
- ユーザーはこれの使い方がわかるだろうか？（ユーザビリティーのリスク）
- 私たちはこれを作れるだろうか？（実現可能性のリスク）
- このソリューションは私たちのビジネスに貢献するだろうか？（事業実現性のリスク）

これらの問いに、ただプロダクトマネジャーが意見を述べるだけでは十分な答えとは言えない。私たちはエビデンスを集める必要がある。

どうやって製品を発見するかに関しては、その仕事の方法を推進する一連の基本原則がある。その原則を理解すれば、今どのように仕事をす

ればいいかだけでなく、将来、新しいテクニックが現れたときに、そのテクニックをすんなりと取り入れる方法もわかるだろう。

1. 何を作るべきか教えてくれるように顧客（あるいは経営幹部やステークホルダー）に頼むことはできない。
   顧客には何が可能なのかわからないし、IT製品に関しては、何が本当にほしいのかは実物を見るまで誰にもわからない。顧客や経営幹部が間違っていると言いたいわけではない。私たちが出荷したソリューションが根本的な問題を解決するようにするのは私たちの仕事だという意味である。これはおそらく、現代のあらゆる製品において最も基本的な原則である。歴史的に見ても、IT業界のイノベーションの大部分に関して、顧客は、今愛用しているものが最初は1つの可能性でしかなかったとは考えない。こういうことは時間とともに明らかになるのだ。
2. 最も重要なことは、説得力のある価値を確立することである。
   すべて難しいことばかりだが、中でも顧客が最終的に買ったり使ったりすることを選んでくれるのに必要な価値を生み出すことが一番難しい。ユーザビリティーや性能を改善することでしばらくの間はしのげるが、中心的価値がなければ、実質的に何も生んでいないのと同じだ。ほとんどの場合、私たちは発見に使う時間の大部分を中心的価値の確立に注ぐ必要がある。
3. エンジニアリングと同じように難しく重要だが、優れたユーザーエクスペリエンスを考え出すのはそれ以上に困難であることが多く、さらに製品の成功には欠かせない。
   製品開発チームには必ずエンジニアがいるが、必要なデザインスキルをどの開発チームも持っているとは限らないし、たとえ持っていたとしても、そのスキルが本来必要とされる使われ方をしているかどうかはわからない。
4. 機能、デザイン、技術は、本質的に絡み合っている。古いウォー

ターフォールモデルでは、市場によって機能（つまり要求事項）が決まり、機能によってデザインが決まり、デザインによって実装が決まっていた。

現在では、機能がテクノロジーを決めるのと同じくらい、テクノロジーが機能を決めていること（実現していること）を私たちは知っている。そして、テクノロジーがデザインを決めていること（実現していること）、デザインが機能を決めていること（実現していること）もわかっている。両方の例を知りたければスマートフォンを見るだけで無数に見つかるだろう。肝心なのは、これら3つすべてが完全に絡み合っていることだ。このことは、プロダクトマネジャー、プロダクトデザイナー、テックリードが物理的に隣同士に座ることを強く勧める唯一最大の理由である。

5. アイデアの多くはうまくいかないものだし、うまくいくものも何回かのイテレーションが必要になると予期する。

マーク・アンドリーセンの言葉を借りると、「最も重要なのは、何が知り得ないかを知ることだ」。どのアイデアが顧客の役に立ち、どのアイデアが役に立たないかを前もって知ることはできない。だから私たちは、アイデアの、ほとんどではないにせよ多くはうまくいかないというマインドセットを持って発見に臨むのだ。アイデアがうまくいかない理由で最もよくあるのは価値の問題だが、デザインが複雑すぎたり、開発するのにとんでもない時間がかかったり、法的な問題やプライバシー上の問題が生じたりすることもある。重要なのは、根本的な問題を解決するために必要ならば、進んでさまざまな方法を試してみることだ。

6. アイデアの妥当性は実際のユーザーや顧客で立証しなければならない。

製品開発において最も陥りやすいワナの1つは、製品に対する顧客の反応を予測できると思い込んでしまうことである。それは顧客調査や経験に基づいて出した判断かもしれないが、今日ではよ

くわかっているように、どんな場合でも、実際のユーザーや顧客でアイデアの妥当性を検証しなければならない。これは、本物の製品を開発するために時間や費用を費やす前におこなう必要がある。あとではいけない。

7. 製品発見の目標は、できる限り迅速に、コストをかけずにアイデアの妥当性を立証することである。

   製品発見において何よりも重要なのはスピードである。スピードがあれば多くのアイデアが試せるし、見込みのあるアイデアを見つけるために多様なアプローチを試みることもできる。アイデアにも製品にもさまざまな種類があり、対処しなければならないリスクも（価値のリスク、ユーザビリティーのリスク、実現可能性のリスク、事業実現性のリスクなど）さまざまである。だから、多様な状況に対応できる幅広いテクニックを持っていなければならない。

8. 製品発見の間に、アイデアの実現可能性を立証する必要がある。あとではだめだ。

   スプリントプランニングの際に開発者たちが初めてアイデアを知るようでは、すでに失敗である。実現可能性は、開発を決めたあとではなく、決める前に確認する必要がある。そうすれば、結局、多くの無駄な時間を減らせるだけでなく、エンジニアの見解を早めに得ることがソリューションの改善につながる傾向があることがわかっており、共同学習をうまくおこなうためにも実現可能性を立証しておくことが不可欠である。

9. 製品発見の間に、アイデアの事業実現性を立証する必要がある。あとではだめだ。

   実現可能性と同様、時間と費用をかけて製品を開発する前に、開発するソリューションがビジネスのニーズに合致するのを確認することが極めて重要である。事業実現性には、財務部門、マーケティング部門（ブランドとゴー・トゥ・マーケットに関する検

討)、販売部門、法務部門、事業開発部門、そして上級管理職による検討が必要である。製品が開発されたあとで、プロダクトマネジャーがビジネスの本質的側面を理解していなかったのがわかることほど、メンバーの士気とプロダクトマネジャーへの信頼を裏切ることはない。

10. 共同学習が大切である。

    傭兵ではなく伝道師のチームを作る上で1つの鍵となるのは、チームが一緒に学習することである。チームは顧客の悩みを一緒に受けとめ、アイデアがうまくいったり失敗したりするのをともに経験して、何が重要で、何をすべきなのかという文脈を全員が理解するのだ。

    ほかのこともすべてこれらの基本原則に基づいている。

COLUMN
倫理―それを作ってもいいのか？―

　製品発見は一般的に、価値、ユーザビリティー、実現可能性、事業実現性に関するリスクに取り組むことである。だが場合によっては、もう1つのリスクが伴うことがある。倫理である。

　これが慎重に扱うべき話題だということはわかっているし、説教っぽく聞こえるのも偉そうに聞こえるのもまったく嫌なのだが、個人的には、一緒に仕事をする開発チームに、「それを作ってもいいのか？」という問いについても考えるように勧めている。

　これは法律に関わる問題と思われるかもしれないが、ほとんどの場合は倫理の問題であって、法的問題ではない。たとえその製品が倫理以外の面では特定のビジネスの目標を達成するのに貢献するとしても、作れる技術があるというだけで、それを作ってもいいということにはならない。

　もっと一般化すると、私たちのテクノロジーとデザインのスキルはビジネスの目標（たとえば、契約や、成長、収益化など）に合ったソリューションを考え出すためのものだが、結果的にユーザーや環境に害を及ぼす可能性があるということだ。

　だから、私はソリューションの倫理的意味も考えるように製品開発チームに勧めている。重大な倫理的リスクが見つかったときは、良くない結果を生み出すことなく、問題を解決できる別のソリューションがないかどうか、探ってみるべきだ。

　最後になるが、倫理問題を上級管理職に提起するときに頭に置いておくべき非常に重要な注意がある。プロダクトマネジャーは、自分のビジネスについて、特に組織がどうやって利益を得ているかについてしっかりと頭に入れておく必要がある。議論には適切な判断力をもって慎重に臨まなければならない。プロダクトマネジャーは組織を監視するための

存在ではなく、問題を見つけて、解決策となり得るものを提案するためにいるのだ。

COLUMN
製品発見のイテレーション

　ほとんどの製品開発チームはイテレーションを市場投入の活動だと考えている。リリースを毎週おこなうなら、1週間単位でイテレーションを考える。

　だが、製品発見の中にもイテレーションという概念はある。製品発見におけるイテレーションは、少なくとも1つの新しいアイデアやアプローチを試してみることだと、大まかに定義できる。確かに、アイデアはさまざまな形と規模でもたらされ、あるものはほかのものよりリスクが大きかったりするが、製品発見の目標は、市場投入でおこなうよりもはるかに迅速に、かつ低コストでイテレーションを実行することである。

　頼もしいことに、現代の製品発見テクニックをマスターした開発チームは、大体1週間に10〜20イテレーションというオーダーでテストができる。すごく多いように聞こえるかもしれないが、現代の製品発見テクニックを使えば少しも難しくないことがすぐにわかるだろう。

　それに、多くのイテレーションは、プロダクトマネジャー、デザイナー、テックリードの手の中で終わってしまう。プロトタイプを実際に作っているときに問題が明らかになり、それによってプロダクトマネジャーの考えが変わることはしばしばある。経験から言うと、製品発見でのイテレーションは、市場投入でのイテレーションと比べて、少なくとも1桁、時間と労力が少なくて済む。

CHAPTER
34

発見のテクニックの概要

　製品発見のテクニックに完璧な分類法はない。テクニックの中には多くの異なった状況で役立つものがあるからである。それでも、製品発見の中で、私が個人的にも使っていて、有用なことがわかっている主要なテクニックを以下で紹介しよう。

[発見のフレーミングテクニック]

　フレーミングテクニックを使うと、製品発見の間に取り組まなければならない潜在的な問題を素早く特定できる。ソリューションの候補を渡されたら、製品開発チームは解決すべき潜在的な問題を明確にする必要がある。リスクを探り出し、時間を集中的に使う意味がある事柄を特定しなければならない。また、自分たちの仕事がほかの開発チームの仕事とどのように適合しているかを、確実に理解する必要がある。

発見のプランニングテクニック

製品発見の取り組みを通して役に立ち、大きな問題を特定し、その仕事にどう立ち向かうか計画を立てるのを助けてくれるテクニックがいくつかある。それらについてここで説明する。

発見のアイディエーションテクニック

もちろん、アイデアを考え出すにはいくつもの方法がある。だが、最も重要な問題に集中できるようにするという観点から、アイデアの源として良いものがある。アイディエーションテクニックは、製品開発チームが集中している問題に的を絞って、有望なソリューションを数多く提供してくれるようにデザインされている。

発見のプロトタイピングテクニック

通常、私たちが頼りにしている製品発見のツールはプロトタイプである。4種類の主要なプロトタイプを紹介し、それぞれが何に一番適しているかを解説する。

発見のテストテクニック

製品発見の大部分はアイデアを迅速に試すことである。基本的には良いアイデアと悪いアイデアを見分けるのだ。ここで良いアイデアというのは、顧客が購入し、顧客に使い方がわかり、開発チームに開発する時間とスキルとテクノロジーがあり、ビジネスのさまざまな側面に貢献するような形で、根本的な問題を解決するアイデアのことをいう。

たいていのアイデアはそれほど多くのリスクを伴わないと理解しておくことが大事である。ほとんどのアイデアは単純明快だ。たとえリスク

があるとしても1つの分野に限られる。法務部門が潜在的なプライバシーの問題を懸念するといったことだ。

だがときには、もっと難しい問題に取り組まなければならず、ほとんどあるいはすべての分野で重大なリスクを抱える可能性もある。

要するに、発見のやり方としては、必要があるものだけを検証し、それぞれの状況に合ったテクニックを選択するということだ。

実現可能性をテストする

このテクニックは、エンジニアが不安要因を見つけた分野に対処するためにデザインされている。テストされるソリューションには、開発チームが使ったことのない何らかの技術が必要になるかもしれない。また、規模や性能の重大な問題があるかもしれないし、評価が必要なサードパーティー製の部品が絡んでいる可能性もある。

ユーザビリティーをテストする

このテクニックは、プロダクトデザイナーが不安要因を見つけた分野に対処するためにデザインされている。製品の多くには複雑なワークフローがあるので、デザイナーはインタラクションデザインがユーザーに理解できるものであり、混乱を招きかねないものは特定され、すでに取り除かれていることを確認する必要がある。

価値をテストする

製品発見の時間のほとんどは、価値の立証または顧客にとっての価値の向上に費やされる。それが新製品であれば、顧客が適正な価格で購入し、今まで使っていた製品から乗り換えてくれるようにする必要がある。それが既存の製品の改良版で、開発チームが（新しい機能や新しいデザ

インを採用して）改善しようとしているならば、顧客はすでに製品を購入しているわけだから、新しい機能やデザインを確実に選んでもらう必要がある。

事業実現性をテストする

　残念だが、顧客が気に入り、使いやすく、エンジニアが出荷できる製品やソリューションを作るだけでは十分ではない。製品は私たちのビジネスにも貢献しなければならないのだ。それが実現性があるということである。つまり、製品を開発して供給するコストや、製品をマーケティングして販売するコストをまかなえるという意味だ。製品は販売部門が売れるものでなければならない。それはまた、ソリューションが事業開発部門や法務部門の利益になることも意味している。さらに、ソリューションは企業のブランドプロミスに合っている必要がある。このテクニックは、こうしたリスクを立証するためにある。

トランスフォーメーションのテクニック

　組織の仕事のやり方を、今日のやり方からこうあるべきという形に変えるために、すでに役に立つことが立証されているテクニックがある。
　おわかりのように、必要とされるテクニックは広範囲に及ぶ。定量的なテクニックもあれば、定性的なテクニックもある。証明（あるいは少なくとも統計的に有意な結果）を集めるようにデザインされているテクニックもあるし、証拠を集めるようにデザインされているテクニックもある。すべてのテクニックに共通する目的は、私たちが迅速に学習するのを助けることだ。
　はっきり言って、ここで紹介するテクニックは、私が、現代のすべての製品開発チームに必須だと考えるものである。おそらく、これから1、2年の間に、あなたはそれぞれのテクニックを少なくとも数回は使うこ

とになるだろう。言うまでもないが、特定の種類の製品や状況に基づいた有益なテクニックはほかにもたくさんあるし、新しいテクニックは常に生まれ続けている。だが、これらはあなたにとって頼りになるテクニックだ。

発見のフレーミングテクニック

概要

　製品発見の仕事の大半には多くのフレーミングやプランニングは必要ない。必要なのは特定の問題に1つのソリューションを考え出すことであり、これは単純明快なことが多いので、すぐに市場投入に進むことができる。

　だが、多くの努力を費やしても明らかにそうはいかず、何らかのフレーミングや真の問題解決が極めて重要になる場合がある。大規模なプロジェクトや、特にイニシアチブ（多くの開発チームにまたがるプロジェクト）は、典型的な例である。

　このセクションでは、整合性を確保し、主要なリスクを特定するためには、製品発見をどのようにフレーミングすればいいかを考える。

　その際に実際の目標となるのは次の2つである。

1. 第1は、目的の明確化と整合性という点において、開発チーム全員が確実に同じ立場に立つようにすることである。特に、自分たちが集中すべきビジネスの目標と、顧客のために解決しようとしている具体的な問題、その問題をどのユーザーや顧客のために解決しようとしているのか、そして何をもって成功というのかについて合意を形成する必要がある。これらは、製品開発チームの目標（Objective）と主要な結果（Key results）に直接結びつけられなければならない。

2. 第2の目的は、製品発見の仕事の中で取り組まなければならない大きなリスクを特定することである。私が見るところ、ほとんどの開発チームは、最も取り組みやすいタイプのリスクに引き寄せ

られる傾向がある。

　よく見かける2つの例は、先走ってすぐに技術のリスク、中でも性能や規模のリスクに取り組もうとする開発チームと、ユーザビリティーのリスクに的を絞る開発チームである。彼らは、それぞれのリスクに対応することが、ワークフローの複雑化を伴うことを理解している。だからそれが心配になって先走り、すぐにそのリスクに取り組みたくなってしまうのだ。
　両方とも妥当なリスクだが、私の経験では、概して取り組みやすいリスクである。
　私たちは価値のリスクも考慮しなくてはならない。顧客はこの特定の問題を解決したいと思っているだろうか？　私たちが提案したソリューションは、今使っているものから乗り換えたいと人々に思わせるほど優れているだろうか？　そうした問いかけをする必要がある。
　そして、しばしば厄介なビジネスのリスクがある。このリスクに関しては、製品発見の仕事の中で考え出したソリューションが、企業のほかの部門にも関係してくることを確認しなければならない。一般的な例を次に挙げておこう。

・財務上のリスク——このソリューションを開発する資金的な裏付けがあるか？
・事業開発のリスク——このソリューションはパートナーに貢献するか？
・マーケティングのリスク——このソリューションは企業ブランドに合っているか？
・販売のリスク——販売チームはこのソリューションを売る態勢が整っているか？
・法的リスク——これは、法律やコンプライアンスの観点から、開発してもいいものか？

・倫理的リスク——このソリューションは倫理的に開発してもいいものだろうか？

たいてい、私たちはこうした側面から懸念を持たないだろうが、懸念が生じたときは積極的に取り組まなければならない。

プロダクトマネジャーと、デザイナー、テックリードが、これらのどの分野にも重大なリスクはないと考えたら、市場投入に進むのが普通だ。ただし、ときには、結果として、開発チームが間違っていたとわかることもある。しかし、開発チームが臆病になって、すべての仮定をテストするよりはそのほうがいい。

製品発見のための時間と、検証テクニックは、重大なリスクがあるとわかっている状況や、開発チームのメンバーの意見が一致しない状況で使うのが望ましい。

市場機会を評価する方法はたくさんある。厳密な分析を要求する企業もあるし、製品開発チームの判断に任せる企業もある。

このセクションでは、私のお気に入りのテクニックを3つ紹介しよう。それぞれ、規模の違う取り組みに使うものだ。

1. 市場機会評価は、製品開発の大部分をカバーするように設計されている。これは簡単な最適化から中規模プロジェクトの機能まで、製品開発の多岐にわたる。
2. カスタマーレターは、より大きなプロジェクトや構想を意図したものだ。そこには、しばしば多様な目標があり、それにあわせた複雑なアウトカムが期待される。
3. スタートアップキャンバスは、まったく新しい製品ラインを作る場合や、新しいビジネスを始めるときのためにある。

これらのテクニックは1つしか使えないわけではない。たとえば、市場機会評価とカスタマーレターの両方を使えば便利な場合もある。

COLUMN
問題vsソリューション

　あらゆるフレーミングテクニックには根本的なテーマが潜んでいる。それは、根底にある問題よりもソリューションの観点から考えたり話したりしたがるのが人間の性質だということだ。これは特にユーザーや顧客に当てはまるが、自分のビジネスのステークホルダーや、ほかの企業の経営幹部についても言える。そして自分の胸に聞いてみれば、製品開発者自身にもしばしば当てはまるのがわかるだろう。

　この問題がスタートアップ企業の創業者に当てはまることはよく知られている。創業者たちは、資金を獲得して見込みのあるソリューションを追求しようと決めるまで、何年とまではいかないが何カ月もソリューションに頭を悩ませるのだ。

　だが、この業界で最も重要な教訓の1つは、ソリューションではなく問題に恋をする、ということである。

　これがなぜそれほど重要なのか？　たいてい、最初に考えたソリューションでは問題を解決できないからである。少なくとも、ビジネスを成功させる形では解決できない。根本的な問題を解決するソリューションを見つけるまで、普通は何回か異なったアプローチを試さなければならない。

　これは、典型的な製品ロードマップに問題があることの、もう1つの理由だ。ロードマップは機能やプロジェクトのリストであり、それぞれの機能やプロジェクトはソリューションになる見込みがあるにすぎない。その機能で問題が解決されると考えたり、そのソリューションとなる機能はロードマップには載らないと信じる人がいるが、間違っている可能性が非常に高い。その人たちが悪いわけではない。その段階では、ソリューションがロードマップに載るかどうか知りようがないだけだ。

　しかし、見込みのあるソリューションの背後には本当の問題が潜んで

いる可能性が高い。隠れている問題を探り出し、私たちが出荷するソリューションがどんなものであれ、そのソリューションで根底にある問題を確実に解決することが、製品開発組織におけるプロダクトマネジャーの仕事である。

　解決すべき問題をフレーミングし、そのフレーミングを開発チームに伝えるという、わずかな時間が、結果に劇的な違いを生む可能性があるのだ。

PART IV　成功するためのプロセス ── 発見のフレーミングテクニック

CHAPTER 35

市場機会評価の
テクニック

　市場機会評価は極めてシンプルなテクニックだが、多くの時間と労力を省ける。

　その方法は、これから取りかかる製品発見の仕事に関して4つの鍵となる質問に答えるというものだ。

1. この仕事はどんなビジネスの目標を達成しようとしているのか？（ビジネスの目標：Objective）
2. 何をもって成功とするか？（主要な結果：Key results）
3. この仕事は顧客のどんな問題を解決するのか？（顧客の問題：Customer problem）
4. どんな種類の顧客をターゲットにするか？（ターゲット市場：Target market）

ビジネスの目標

　この第1の問いは、開発チームに割り当てられた目標の1つ以上に対応しなければならない。たとえば、成長の問題に焦点を当てたり、新規顧客を取り込むのにかかる時間を短縮したり、毎月の他社製品への乗り換え率を下げたりすることを求められているなら、割り当てられた問題の少なくとも1つを解決することをはっきりさせたい。

主要な結果

　私たちは最初の段階で成功の評価基準を知りたいと思う。たとえば、他社製品への乗り換えを減らそうとしている場合、1％の改善は優秀と見なされるのだろうか、それとも時間の無駄と考えられるのだろうか？第2の問いは、製品開発チームに割り当てられた主要な結果の少なくとも1つに対応しなければならない。

顧客の問題

　言うまでもなく、私たちがすることはすべて、何らかの意味で自分たちの会社に利益をもたらすことを意図したものであり、会社のためにならないことなら手を出すことはないだろう。一方で、私たちは顧客に焦点を絞り続けたいと思っている。第3の問いは顧客のために解決したい問題を明確にするものだ。私たちは時々、内部のユーザーを助けるために仕事をすることがあり、その場合はどうなのだと問われるかもしれない。だが、その場合でも、私たちは仕事を最終的な顧客の利益に結びつけようとする。

ターゲット市場

多くの製品開発の仕事が失敗するのは、すべての人を喜ばせようとして、結局、誰も喜ばせられないからである。第4の問いは、その仕事で一番の受益者と考えられているのが誰なのかを製品開発チームに確認させることが狙いだ。通常、それは特定の種類のユーザーや顧客である。ユーザーのペルソナや顧客のペルソナ、特定のターゲット市場、特定のジョブ、などと言ってもいいかもしれない。

ある市場機会を評価するときに、その機会の性質に応じてほかの要素を考慮したくなるかもしれないが、私はこの4つの質問を必要最小限の要素だと考えている。プロダクトマネジャーは、製品発見の仕事に飛び込む前に、製品開発チームの全員がこの4つの問いの答えを理解していることを確認する必要がある。

これらの質問に答えることはプロダクトマネジャーの責任であり、答えを得るのには、通常、2、3分しかかからない。だが、そのあとで、プロダクトマネジャーは、製品開発チームと主要なステークホルダーの間で答えを共有し、みんなが確実に同じ考えを持っているようにする必要がある。

1つ重要な補足がある。時々、CEOやほかの上級管理職が、普段の製品開発の仕事のレベルを超えたやってもらいたい仕事があると言うことがある。ときには、パートナーシップのサポートといった特別な製品開発の仕事をする戦略的理由があることを認識しておこう。そうしたことが頻繁に起こるのなら問題は別だが、普通はまれである。そのような仕事については、あまり考えすぎる必要はない。開発チームにできるだけ多くの文脈を伝えるだけでいい。これら4つの質問の意味合いは変わらないはずだ。

CHAPTER
36

カスタマーレターの
テクニック

PART **IV** 成功するためのプロセス ── 発見のフレーミングテクニック

　小規模で典型的な仕事の場合は市場機会評価で十分である。だが、規模の大きい仕事に取りかかる場合には、多様な理由や、解決すべき顧客の問題や、取り組まなければならないビジネスの目標がある。価値を効果的に伝えるためには、前の章で挙げた4つの質問以上のものが必要になるだろう。

　この規模の仕事の典型的な例はデザインの見直しである。デザインの見直しには複数の目標があることが多く、現在の顧客の体験を改善しつつ、新規顧客にとってもさらに優れたものにすることの両方が求められることもある。

　私が好きな、ITを基盤にした製品企業の1つはAmazonである。Amazonは、いくつかの破壊的なものを含むイノベーションを絶えず実行し、スケールアップしてもイノベーションが続けられることを証明してきた。私が見るところ、今も続いているAmazonの製品の成功には、リーダーシップ、人材、文化など多くの理由があるが、中でも際立って

いるのは顧客を大切にする誠実な情熱である。だが、Amazonが製品を開発する方法の中心となっているのはいくつかのテクニックであり、その1つはワーキングバックワードプロセスと呼ばれている。製品開発を架空のプレスリリースから始めるというものだ。

この手法では、プロダクトマネジャーが、製品が発売されたときのプレスリリースはこんなふうになるという想像上のプレスリリースを書き、開発チームに先行して仕事のフレームを作るのである。それはどのように顧客の生活を向上させるのか？ 顧客にとっての実際の利益は何か？ プレスリリースは誰でも見たことがあるだろうが、唯一違う点は、まったく想像の産物だということだ。私たちが作り出したい未来の状態を描いているのである。

製品開発チームにとって、顧客の利益を考慮せず、自分たちが開発しようと考えているすべての機能の一覧表にすぐに取り掛かるのは非常に魅力的だ。ワーキングバックワードプロセスは、この誘惑に対抗し、開発チームをアウトプットではなくアウトカムに集中させることを意図している。

このプレスリリースを実際に読むのは製品開発チームであり、関連するチームや影響を受けるチームとリーダーたちである。これは素晴らしいエバンジェリズムのテクニックだ。プレスリリースを読んでもその価値がわからない人がいたら、プロダクトマネジャーはもっと知恵を絞るか、その取り組みを考え直すべきだろう。

このテクニックが需要を評価するテクニックだと考える人もいる（もし開発チームが胸を躍らせないなら、それは実行する価値がない）。だがそれは、現実の顧客ではなく、自分の仲間にとっての需要や価値を検証しているだけだ。だから、私はこのテクニックを、何よりもフレーミングテクニックの1つだと考える。

ともかく、長らくAmazonに勤め、2、3年前にNordstromに移ったウォーカー・ロックハートは、Nordstromでさらに磨きをかけられ、洗練されたこのテクニックのバリエーションを私に教えてくれた。

今、私がここで紹介するアイデアは、プレスリリースの形で利点を伝えるのではなく、明確に定義された製品のユーザー、もしくは顧客が書いたとする、仮想的なカスタマーレターの形で記述するというものだ。

　製品に感動し、とても喜んでいる顧客からCEOに送られたカスタマーレターを読めば、顧客がなぜそんなに新製品や改良品に満足し、感謝しているかがわかる。手紙には、その製品によって顧客の生活がどんなふうに変わり向上したかが書かれている。また、カスタマーレターには、製品がどのようにビジネスに貢献したかを説明するCEOから製品開発チームへのお祝いのメッセージが含まれる。

　おわかりだと思うが、このカスタマーレターのバリエーションはAmazonの仮想プレスリリースと非常によく似ていて、ほぼ同じ考え方を促すように意図されている。プレスリリースバージョンには顧客の声も含まれるのだ。

　私がプレスリリーススタイルよりもカスタマーレターのバリエーションのほうをずっと好むのには2つの理由がある。第1に、プレスリリースの形式は少し古くさい。プレスリリースは、IT業界では昔のような役割を果たさなくなっていて、誰もなじみがない。第2に、カスタマーレターのほうが顧客の現在の悩みへの共感を生む効果がはるかに高いし、自分たちの仕事がどのように顧客の生活に役に立ちうるかを開発チームにより明確に印象づけられる。

　私は本物のカスタマーレターも大好きだ。読むとものすごく意欲が湧く。そして重要なのは、カスタマーレターは、たとえ製品に批判的なものであっても、開発チームが心の底から問題を理解するのに役立ち、解決策を見つけなければという気持ちにさせてくれることだ。

CHAPTER

37

スタートアップキャンバスの
テクニック

　ここまで、新機能の追加といった比較的規模の小さな仕事や、デザインの見直しのような中規模から大規模な仕事のためのテクニックを見てきた。製品開発チームが実際に取り組む仕事の大部分はこうしたものである。

　しかし、もっと包括的なフレーミングテクニックが必要になるような特に困難な状況もある。アーリーステージのスタートアップ企業で、新しいビジネスの原動力となる新製品を考え出そうとしている場合や、エンタープライズ規模の企業で働く人が、その企業にとってすべてがまったく新しいビジネスチャンスに、取り組んでほしいと頼まれた場合である。

　言い換えれば、既存の製品を改良するのではなく、完全に新しい製品を発明するように求められている状況だ。

　こうした状況では、もっと広範なリスクを抱えることになる。バリュープロポジションを立証することや、収益をあげる方法、製品を市場に

出し顧客に販売するための計画、製品を製造し販売するのにかかるコスト、業績を追跡するための尺度を考えることなどだ。市場がビジネスを維持するために十分な規模があるかどうか見極める必要があるのは言うまでもない。

何十年もの間、人々は分厚い事業計画書を作り、これらの項目と、それにどうやって取り組むのかに重きを置いてきた。しかし、私を含む多くの人が、古い事業計画書は役立つどころか害を及ぼすことのほうが多い理由をいくつも挙げてきた。

スタートアップキャンバスと、それによく似たビジネスモデルキャンバス、リーンキャンバスは、こうしたリスクを早期に見つけ出し、開発チームに前もって取り組ませるための軽量なツールである。

私は旧式な事業計画書よりもスタートアップキャンバスのほうがずっと好みだ。だが同時に、多くのスタートアップの開発チームが依然としてキャンバスに多くの時間を使い、人々が買いたくなるソリューションを発見するという、ささいだが厄介な問題を先延ばしにし続けるのも見てきた（「最大のリスク」のコラムを参照）。

キャンバスは、規模の大小に関わらず、どんな製品の変更にも使えるが、既存の製品やビジネスがあれば、キャンバスの大部分は変わらず、ただ複製されるだけだということにすぐ気づくだろう。すでに販売や流通のモデルはある。収益化戦略のモデルもある。明確なコスト構造もある。主に取り組むのは、同じソリューションで、より多くの価値を生み出すことだ。そういう場合には、前に書いたフレーミングテクニックの1つを参考にするほうが合理的だろう。

ただし、スタートアップキャンバスはもっと簡単な仕事にも使える。特に、新しいプロダクトマネジャーがいる場合だ。スタートアップキャンバスを使えば、新しいプロダクトマネジャーは製品の全体像を的確に把握することができるし、主にビジネスのどういう分野に影響を与えるのかを理解することが容易になる。

COLUMN
最大のリスク

　スタートアップキャンバスに関して私が好きな点の1つは、スタートアップ企業や既存のビジネスにおいての重要な新製品が直面する主要な仮定や大きなリスクに、すぐに光を当ててくれることだ。これはいいことである。最大のリスクにこそ真っ先に取り組まなければならない。少なくともそれがセオリーである。

　実際、私は、最大のリスクではなく2番目のリスクに焦点を当てる起業家やプロダクトリーダーを大勢見てきた。

　そういう状況の原因の1つは、リスクが主観的であり定量化が難しいことだと思っている。だから、それぞれの観点次第で、ある要素を2番目のリスクだと思う人もいれば、それを最大のリスクだと考える人もいる。

　しかし多くの場合、最大の理由は、自分がよく知っていて、コントロールできると思う分野に注目するのが人間の性質だということだ。

　仮にスタートアップの創業者が、おそらくMBAとしてのトレーニングを受けたビジネス界出身の人物だとしよう。その人は、優れたビジネスモデルを考え出すことに関するリスクを敏感に察知するだろう。そして、しばしば独自のバリュープロポジションや、価格設定、販売ルート、コストに着目する。これらはすべて現実のリスクであり、事業実現性の評価の一部である。

　だが、おそらく私はその人たちを集めて、それらは現実のリスクだが、現段階ではほとんど机上の空論だと説明しなければならない。そのあと自分の経験を基に、スタートアップ企業や新製品が失敗する原因が何なのかを指摘する。

　たぶんあなたは、私が市場リスクのことを言っていると思っているだろう。つまり、新しい製品は、顧客がそれほど気にしていない問題を解

決することに焦点を当てているのではないかということだ。これは確かに現実的なリスクだし、取り組みの失敗に一定の責任を負っているが、多くの場合、最も重大なリスクではない。

ここで2つの補足説明をしておく必要がある。

第1に、私が出会う開発チームの大部分は、まったく新しい問題を解決しようとしていないと言わざるを得ない。それらの開発チームが取り組んでいるのは、長い実績のある市場の、長年にわたる問題なのだ。スタートアップ企業や新製品に関して違うのは、問題を解決するアプローチ（ソリューション）である。ほとんどの場合、新たに使えるようになった技術を利用して、革新的な方法で問題を解決しているからである。そうしたケースはますます増えている。

第2に、市場が本当に新しいならば、現在私たちが持っている需要を検証するためのテクニックは、これまでで最も優れたものだ。もし、これらのテクニックを使っていないのなら、危険な道を進んでいると言える。これは重大なミスだ。テクニックには時間や費用の面で大したコストがかからないのだから、使わないことの言い訳ができない。

私は、製品開発の仕事が直面している最大のリスクのほとんどは価値のリスクだと思っている。スタートアップキャンバスでは、価値のリスクは、顧客に対して説得力のあるソリューションを発見するソリューションリスクの下に表示される。顧客が買ったり使ったりすることを選んでくれるソリューションである。

これは一般的に非常に難しいが、新製品に乗り換えさせるためには、製品が同じ機能を持つ（機能同等性とも呼ばれる）だけではだめで、明確かつ大幅に優れていなければならないことを理解してほしい。これは高いハードルだ。

しかし、これまでにキャンバスを作ったことがあれば、キャンバスにはソリューションについてほとんど重要なことがないと感じたことがあるだろう。公式とも呼べそうなその原理は、自分のアプローチに夢中になり、即座にそれと決め込んでしまうほうが、はるかに容易だというこ

とだ。公正に見て、これは開発チームに関わるとても本質的な問題である。私はこういう行動を頻繁に見ている。だが、キャンバスにソリューションが十分に表現されない結果、多くの人がやるように、彼らが安心して対応できるリスクだけに焦点を当て、そのソリューションの開発をエンジニアに任せてしまうのだ。

　私たちは、ソリューションを考えることを人に任せたり先送りしたりせず、製品の発見をスタートアップの最も重要なコアコンピテンシーとして積極的に受け止める必要がある。

　もし顧客に愛されるソリューションが発見できたら、収益化とスケールアップのリスクに取り組める。だが、そのソリューションが発見できなければ、ほかの仕事は無駄に終わる可能性が非常に高い。だから、制約のあるリソースが現金であっても経営陣の忍耐力であっても、自分の時間を成功するソリューションの発見に優先して使うことが必要だ。まずそのリスクを解決すれば、あとはほかのリスクに集中できる。

　重要なことは、本当に価値のある製品を発見するまで、価格最適化テストや、販売ツール、マーケティングプログラム、コストの削減などに時間を使う必要はないということだ。

発見のプランニングテクニック

概要

　製品発見の仕事のフレームができて、ソリューションを考え出すプロセスに入る準備が整った。複雑な製品開発の仕事においては、何らかの方法で製品発見の作業を詳しく検討し、その計画を立てることが役立つ。

　このセクションでは、私が気に入っている発見のためのプランニングテクニックを2つ紹介する。1つ目の「ストーリーマップ」はシンプルで、もう1つの「顧客発見プログラム」はかなり複雑だが、両方とも非常に強力で効果的だ。

　面倒だからというだけでプランニングテクニックを避けないでほしい。製品開発チームによく言うのだが、どちらか1つのテクニックを選ぶのであれば、顧客発見プログラムを推奨する。それは確かに時間と労力がかかり、特にプロダクトマネジャーは大変だが、将来の成功の先行指標として私は気に入っている。私のキャリアにおける成功の多くはこのテクニックのおかげだ。

CHAPTER
38

ストーリーマップの
テクニック

　ストーリーマップは最も広範囲に役立つテクニックの1つである。基本的にはフレーミングとプランニングのテクニックだが、アイディエーションにも有効だ。また、プロトタイプを作る際はデザインテクニックとしても使えるし、開発チームやステークホルダーとのコミュニケーションにも非常に役立つ。その上、仕事の管理や整理においても大きな実用的役割を果たす。さらに、製品の発見や市場投入においても有用だ。

　ストーリーマップに多くの利点があることはわかってもらえただろうが、一番いいところはシンプルな点だ。

　ストーリーマップは、ユーザーストーリーが羅列された典型的なバックログに対する不満から生まれた。そこには文脈がなく、優先順位の付いたストーリーのリストにすぎなかった。自然と次のような不満が生じた。あるストーリーが全体像に適合することを開発チームはどうやって知ればいいのだろう？　ごくわずかの文脈しかないのに、あれほど細かく優先順位付けするのは何の意味があるのだろう？　どんなストーリー

のセットだったら意味のあるマイルストーンやリリースができるのだろう？

　初期のアジャイル思想家の1人であるジェフ・パットンもこうした不満を持ち、実績のあるいくつかのUXデザインテクニックを利用し、それをアジャイルの考え方に適応させてユーザーストーリーマップを開発した。

　ユーザーストーリーマップは2次元のマップで、主要なユーザーアクティビティーを、大まかな時間順に左から右へと水平軸に沿って並べたものである。だから、主要なユーザーアクティビティーが12あるとすると、それはマップの一番上に、通常は、実行する順番に左から右へと並ぶことになる。あるいは、システム全体を誰かに説明する場合には、少なくとも説明の順に並ぶ。

　垂直軸は詳細さのレベルを表す。それぞれの主要なアクティビティーから一連のユーザータスクを具体化するにつれて、各タスクにストーリーを加えていくのだ。重要なタスクは任意のタスクより高い位置に置かれる。

　こんなふうにシステムをレイアウトすると、一目で全体像がつかめ、異なるリリースとそれに関連した目標という観点から、どこに線を引けばいいかを考えられる。

　これでそれぞれのストーリーに文脈が生まれ、あるストーリーがどのようにほかのストーリーと結び付くのかを開発チーム全体が把握できる。さらに、開発チームは、ある時点のスナップショットだけではなく、時間がたつにつれてシステムがどんなふうに発展していくのかも知ることができる。

　このストーリーマップを使えばプロトタイプのフレーミングができる。そして、プロトタイプについてのフィードバックが得られ、人々が製品のアイデアにどう反応するかがわかれば、ストーリーマップの更新が容易になり、プロトタイプの現状を反映するものとして役に立つ。製品発見の仕事を終えて市場投入に進んだときには、マップに書かれたストー

PART **IV**　成功するためのプロセス ── 発見のプランニングテクニック

リーは、すぐさまプロダクトバックログに移せる。

　私が知っている多くの開発チームは、ハイファイユーザープロトタイプとストーリーマップを頼りになるテクニックだと考えている。

　プロダクトマネジャーにとっての必読書の1つは、『ユーザーストーリーマッピング』（ジェフ・パットン著、川口恭伸監修、長尾高弘訳、オライリー・ジャパン、2015年）である。

CHAPTER

39

顧客発見プログラム のテクニック

製品開発組織の中でのプロダクトマネジャーの仕事は、ビジネスを維持できる製品を作ることである。このことを忘れてはいけない。つまり、すべては強力な製品があることを前提としているのだ。

強力な製品がなければ、マーケティングプログラムの顧客獲得コストは高騰する。販売組織は「創造的」になることを余儀なくされて販売コストが上がり、販売サイクルが長くなり、価格に押し下げ圧力がかかる。カスタマーサクセス組織は日々、不満を持った顧客からの苦情にさらされる。

下方スパイラルが続くのは、販売組織が、弱い製品で競争しようとするときに多くの取引先を失うからである。そうなると販売組織はどうするだろうか？　自社製品にない機能や、その機能がある製品を持っている競合他社について、プロダクトマネジャーにわめき始めるのだ。たいていの場合、これによって状況はさらに悪化する。プロダクトマネジャーが販売主導の企業で働いていることに不満をもらし始めるからだ。

PART **IV** 成功するためのプロセス ── 発見のプランニングテクニック

多くの読者が自分の会社のことを書かれていると思っただろう。残念なことに、私はこれが極めて多くの企業、特に直販組織や広告販売組織を持つ企業の実情だと思っている。

本書は、全編を通じて、この状況をさまざまな方法で阻止したり改善したりすることを目的としている。だがこの章では、強力で実現可能な製品を確実に開発し、その有効性を立証し、今述べたような状況を回避するために私たちが持っている最強のテクニックの1つについて説明する。

［ リファレンスカスタマーの力 ］

初めに、幸せなリファレンスカスタマーが持つ魔法のような力について話しておく必要がある。

まず、リファレンスカスタマーとはどういうものかをはっきりさせておこう。リファレンスカスタマーは（友人や家族ではない）現実の顧客であり、（試作品やプロトタイプではなく）製造された製品を使い、（使ってもらうために無償で提供されたのではなく）その製品に現実のお金を支払い、そしてこれが最も重要なことだが、自分がどれほどその製品を愛しているかを（自発的かつ誠実に）進んで人に話してくれる顧客である。

確信をもって言うが、製品開発組織にとってリファレンスカスタマーほど力強い味方はない。それはプロダクトマネジャーが販売組織やマーケティング組織に提供できる唯一最善の販売ツールであり、製品開発組織とほかの組織との力関係を完全に変えてしまうものだ。

誰か優秀なセールスパーソンに、その人の仕事に最も役立つツールで、製品開発組織が提供できるものを1つだけ挙げてほしいと聞いてみればいい。「ハッピーなリファレンスカスタマー」という答えが返ってくるだろう。

販売組織の要望に応えることや、販売組織が持ってきた新たな大口取

引の見通しに不満がたまっているなら、リファレンスカスタマーで状況を逆転できる。

　リファレンスカスタマーがいなければ、販売チームはどこに本当のプロダクト・マーケット・フィットがあるかを知ることができないだろう。そして、思い出してほしい。販売チームにはノルマがあり、給料は歩合制だ。だから、リファレンスカスタマーがいないと、販売チームは売れるものを可能な方法で売るほかないのである。この状況は販売チームの落ち度ではない。プロダクトマネジャーであるあなたの責任だ。

　私が顧客発見プログラムを特別気に入っているのは、リファレンスカスタマーを生み出すようにデザインされているからである。

　私たちは、実際の製品の発見と開発をおこなうのと並行して、一群のリファレンスカスタマーを発見し開発しようとする。

　注意しておくが、このテクニックは、主としてプロダクトマネジャーの側に相当な努力が求められる。確かに、もっと簡単だったらいいのにと思う。だが、このテクニックを身に付ければ、将来の製品の成功を示す唯一で最良の先行指標になるとも言っておこう。

　このテクニックは新しいものではないが、製品開発の世界で影響力のある人が2、3年ごとにその効力を再発見し、今、再び注目を集めている。そのためいろいろな呼び名がある。ともかく、もし大変な労力が必要でなければ、誰もがこのテクニックを使うだろうと私は確信している。

　顧客発見プログラムには、4つの異なる状況に応じた4つの主要なバリエーションがある。

1．ビジネス向けの製品を開発する
2．プラットフォーム製品（たとえばパブリックAPI）を開発する
3．自社の従業員が使う顧客対応ツールを開発する
4．コンシューマー向けの製品を開発する

　中心となる考え方はすべて同じだが、4つのバリエーションには多少

の違いがある。まずビジネス向けのバリエーションについて説明し、そのあとでほかのものそれぞれの違いを述べよう。

　また、このプログラムは、機能の追加や小規模なプロジェクトのような小さな仕事には向かないことを指摘しておく。これは大きな仕事のためのものだ。適応する例としては、新製品や新しいビジネスを生み出すケース、既存の製品を新しい市場や新しい地域に投入するケース、製品のデザインをやり直すケースなどが挙げられる。

　このテクニックの原動力は、重要な新製品に関して、それを使って成功している同業他社の事例を教えてほしいという見込み客の要求である。見込み客は、リファレンスカスタマーに会いたいのだ。私たちはその要求を満たすことで販売につなげる。一般的に、リファレンスカスタマーは多ければ多いほどいい。少ないと、その製品は特殊なもので、1社か2社にしか合わないのではないかと見込み客は心配する。

　製品やサービスがビジネス向けの場合、鍵となるリファレンスカスタマーの数は6だと、昔、教えられた。これは統計的に意味のある数字ではなく、開発チームに自信を持たせるためのものだが、時がたっても有効性は失われていない。繰り返すが、6以上なのに越したことはない。ただ、1つ獲得するのも大変なので、6つを目指して努力しよう。

１つのターゲット市場

　この6つは顧客であれば何でもいいというわけではない。私たちは特定のターゲット市場やセグメントで6つのリファレンスカスタマーを開拓しようとしているのだから、目標は6つの類似の顧客を見つけることである。結果的に、2、3の異なる市場で2、3の顧客をターゲットにすることになれば、このプログラムはあなたが望み、必要である焦点を与えてはくれない。

　製品ビジョンと製品戦略を取り上げたChapter 24で、バーティカルマーケットに1つずつ取り組むことで製品ビジョンを追求するという製品

戦略を紹介した。たとえば、最初に金融サービス業で6つのリファレンスカスタマーを開拓し、次に製造業で6つを開拓するといった具合だ。あるいは、同じやり方で地理的に拡大することもできる（たとえば、最初にアメリカで6つのリファレンスカスタマーを開拓し、ドイツで6つ、ブラジルで6つというように）。

　私は開発チームを全力で説得し、こうした6つのリファレンスカスタマーを獲得するまで、製品を市場に出さないようにしている。成功させられるという証拠が得られるまで、販売組織やマーケティング組織のスイッチを入れたくないのだ。そしてリファレンスカスタマーこそが何よりの成功の証拠なのである。

　このテクニックの背後にある考え方は、特定のターゲット市場のために一群のリファレンスカスタマーを開拓することに集中するというものだ。それができれば、販売組織が特定の種類の顧客を狙うのがたやすくなる。当初のターゲット市場でこうしたリファレンスカスタマーが獲得できたら、先へ進んで次のターゲット市場のニーズに合うように製品を拡張すればいいのだ。

［リファレンスカスタマーの候補を集める］

　最終的に6つのリファレンスカスタマーを得たいので、1つか2つが適合しなかったり利用できなかったりすることを見込んで、普通、6つから8つの候補を集める。候補は、狙っている特定のターゲット市場から選ぶ必要がある。既存の顧客ベースや見込み客から選んでもいいし、それらの組み合わせでもかまわない。

　探すべき候補は、本当に悩みを抱えていて、私たちが開発しようとしているソリューションが欲しくてたまらない企業である。もしその企業が役に立つソリューションをほかで見つけられているなら、すでにそれを購入しているはずだ。

　また、技術者を除外するのも重要である。技術者の関心の中心はあく

までも技術であって、ビジネスにおける価値を切実に求めてはいないからだ。

　リファレンスカスタマーは、私たちと一緒に仕事をする人や時間を提供できる必要がある。その人々は、進んで製品開発チームと時間を過ごし、初期のプロトタイプをテストし、製品がその人たちにとってうまく動作することの確認を手伝ってくれなければならない。もし可能であれば名の通った人物が望ましい。販売やマーケティングのスタッフにとって最も価値があることだからである。

　適切なリファレンスカスタマーを見つけ出す際は、通常、プロダクトマネジャーはプロダクトマーケティングマネジャーと緊密に連携を取る。

リファレンスカスタマーとの関係

　見込み客にとってのメリットは、解決策に対するリファレンスカスタマーのリップサービスではない本音が聞けることであり、何より重要なのは、実際に自分たちに役立つソリューションを入手できることである。

　製品開発チームにとってのメリットは、一緒に問題を追求できる一群のユーザーや顧客にいつでもアクセスでき、その人たちに役立つソリューションを考えられることである。リファレンスカスタマーはユーザーに会わせてくれるし、初期のバージョンをテストすることに同意してくれる。そして何より重要なことに、結果として生まれた製品が役に立ったときは製品を購入し、パブリックリファレンスの役割を果たすことに同意してくれる。

　プログラムに参加する候補者には、製品開発チームの仕事は一般的な製品、つまり多数の顧客に幅広く売れる製品を考え出すことだと説明する必要がある。製品開発チームは、1つの企業だけに役立つカスタムソリューションを開発しようとしているのではない（また企業側も、どんな場合でも、サポートのない行き詰まったソフトウェアが手元に残されるのは望んでいない）。しかしながら、大多数の顧客を想定するのでは

なく、開発チームはリファレンスカスタマーとその他少数の企業にとって特に役に立つ製品を考え出すことに全力を注ぐ。

さらに、プロダクトマネジャーとしてのあなたの仕事は、6つの企業が要望する機能をすべて取り入れることではない。それは確かに簡単だろうが、ひどい製品が生まれるだろう。あなたの仕事は、6つの顧客それぞれとともに問題を深く掘り下げ、6つの顧客すべてに役立つ1つのソリューションを見つけ出すことである。

このテクニックについては考えるべき重要なポイントが数多くある。

誰もが同意するわけではないが、私は個人的に、このプログラムに参加するために顧客が前もって代金を支払うのは好きではない。それをすると関係の質が変わってしまうからだ。あなたが求めているのは一緒に製品を考え出すためのパートナーだ。あなたは6社のためにカスタムソリューションを開発したいのではないし、開発チームはカスタムプロジェクトショップではない。顧客に気に入ってもらえる製品を納品したあとで代金を受け取ればいい。とはいえ、現金のほとんどない、ごく初期のスタートアップ企業の場合は、このルールを少し曲げなければならないかもしれない。妥協策は、企業に代金を第三者に預けてもらうようにすることだ。

もしあなたが取り組んでいるのが重要で困難な問題なら、開発に参加したがる顧客が殺到するだろう。実際、それは割りのいい取引であり、顧客もそのことを知っている。あなたの会社に販売組織があるなら、それを交渉の切り札として使おうとし、結果として、あなたは対応しきれないほど多くの顧客を参加させるように圧力をかけられるだろう。これには時々策略が必要になるが、重要なのは、顧客発見プログラムのメンバーが適切であることと、その数が8を超えないことである。しかし、ソフトウェアを早く欲しがっている顧客に、制限のない早期リリースプログラムを作ることに問題はないが、発見プログラムには適さないと判断する。

注意すべきなのは、この製品に非常に興味があると言う人々がやっ

きても、その人たちはほぼ確実にリファレンスカスタマーに会いたがるということだ。あなたが、訪ねてきた人たちに、一緒に仕事をして、リファレンスカスタマーの1人になってほしいと説明すると、その人たちはおそらく、自分たちはとても忙しいので、リファレンスカスタマーができたらまた来ると答えるだろう。それはそれでいい。その人たちは有益なリードだ。だが、私たちが求めているのは、喉から手が出るほどソリューションを欲しがっていて、このプログラムのために確実に時間を作ってくれる顧客だ。どの市場にもこうしたセグメントはある。

逆に、このプログラムのために4つか5つのリファレンスカスタマーを集めることにすら苦労しているなら、あなたはそれほど重要ではない問題を追いかけている可能性が高く、ほぼ確実にその製品の販売はうまくいかないだろう。これは、あなたが価値のあることに時間を使っているかどうかを確認するための、第1段階の（需要評価とも呼ばれる）現実性チェックの1つである。もし顧客がその問題に興味を持たないなら、プランを考え直したほうがいい。

顧客が本当にターゲット市場の顧客なのか、複数のターゲット市場にまたがっていないかを確認する必要がある。このプログラムの大きな利点は焦点を絞ることであり、それは顧客が1つのターゲット市場に属していることを意味する。

プロダクトマネジャーは、プロダクトマーケティングマネジャーと協力して、見込み客が、その企業のマーケティング組織からパブリックリファレンスとなる許可を得ているかどうかを確認したいと思うだろう。また、プロダクトマーケティングマネジャーを継続的にそのプログラムに参加させ、リファレンスカスタマーを有効な販売ツールや販促品として使うのを手伝ってもらいたいとも思うだろう。だが、ここで確認しておこう。こうしたリファレンスカスタマーを実際に開拓するのはプロダクトマネジャーの仕事である。だから、確実にリファレンスカスタマーに気に入られる製品を届けなければならない。

こうした初期の見込み客は一緒に開発に取り組むパートナーだと考え

よう。見込み客を仲間として扱い、情報を共有し、助け合う必要がある。そこで築いた関係は何年も続く可能性がある。

　この取り組みを通じて、プロダクトマネジャーは彼らと交流し、プロトタイプを見せ、彼らが抱えるユーザーにテストをしてもらい、数多くの細かい質問をし、初期のバージョンを彼らの環境でテストする。

　完成した製品は一般にリリースする前に彼らにリリースすることを忘れないでおこう。そして、リリースの前には、彼らが生き生きして幸せそうなことを確認しよう。製品を発売するときに味方になってくれるはずだ。

　それでは、このプログラムの、製品の種類の違いによる一般的なバリエーションについて見ていこう。

プラットフォーム／API製品

　開発者向けの製品のプログラムは、ビジネス向け製品と非常によく似ているが、大きな違いは、私たちのAPIを使うことになる開発チーム（エンジニアやプロダクトマネジャー）と一緒に仕事をして、先方の開発チームが私たちの製品をうまく使えるようにすることである。プログラムの成果はリファレンスカスタマーではなく、一連のリファレンスアプリケーションになる。私たちは、私たちのAPIで作られたアプリケーションが成功することに集中しなければならない。

顧客対応ツール

　カスタマーサービス担当者のための新しいダッシュボードのような顧客対応ツールの場合は、尊敬されていて影響力のある内部のユーザー／従業員（ほかの担当者から専門分野のリーダーとして尊敬されている個人）を6人から8人選び、緊密に連携して必要な製品の発見に取り組もう。そうした協力者は明らかに顧客ではないし、代金も支払わないが、

その代わりに、製品発見のプロセスを通じて一緒に仕事をし、そのツールを優れたものにしようと頼むことができる。協力者が製品が完成したと確信をもったら、どれだけその新しいツールを気に入っているか同僚に話してもらうように頼もう。

コンシューマー向け製品

　コンシューマー向け製品の場合は、ビジネス向けと同様な一般概念が当てはまる。だが、一緒に仕事をする6つの企業に集中する（それぞれの企業には多くの異なるユーザーがおり、彼らに協力してもらえる）が、もっと多く（10人から50人ほど）の消費者に焦点を当て、その人たちと協力して、消費者に愛されるところまで製品を改善するのだ。

　重要なのは、コンシューマー向け製品の場合、このプログラムに加えて、もっと幅広いやり方で製品のアイデアをテストする必要があるということだ。通常は、この製品に触れたことのない人々に協力してもらうことが多い。だが、往々にして、見込み客の小さなグループを作っておき、彼らと継続して話をすることが非常に役に立つ。そういった作業がこのプログラムの本質である。

　マーケティングの観点から見ると、ある製品を買ったり使ったりすることを決めるとき、消費者は、ビジネスでの購入者のようにリファレンスカスタマーを参考にしないかもしれない。だが消費者は、ソーシャルメディアや、マスメディア、その他のインフルエンサーから影響を受ける。マスメディアが製品を取り上げるとき、最初に探すのは実際のユーザーである。

まとめ

　顧客発見プログラムは大変な労力を必要とし、特にプロダクトマネージャーの負担は大きいが、この強力なテクニックのおかげで、私たちは

顧客に愛される製品を開発しているのだと得心できる。

　このテクニックは必要な製品を発見するためにデザインされているのではない。それは先の問題だ。顧客発見プログラムは製品開発チームがターゲット顧客に直接アクセスできるようにデザインされており、そのやりとりの中で、リファレンスカスタマーを生み出すのに必要な製品のアイデアを見つけるのである。

PART IV　成功するためのプロセス ── 発見のプランニングテクニック

COLUMN
プロダクト・マーケット・フィットを定義する

　プロダクト・マーケット・フィットという極めて重要な概念を定義する方法は多数ある。だが、残念なことに、そのほとんどはとても主観的なものだ。

　プロダクト・マーケット・フィットが「見ればわかる」ものの1つであることは間違いない。それは確かに、顧客の満足度が上がり、他社製品への乗り換え率が下がり、販売サイクルが短くなり、企業の有機的成長が加速するという形で現れる。しかし、どの項目もしきい値を決めるのが困難である。

　企業ではよく、プロダクト・マーケット・フィットが自分たちにとって何を意味するかや、自分たちがそれを達成したのかどうかについて、何時間も議論をする。

　プロダクト・マーケット・フィットを評価する最も一般的なテクニックはショーン・エリス・テストとして知られている。これは（ターゲット市場に含まれ、最近、少なくとも2、3回その製品を使ったことがあり、製品のコアバリューを理解していることが立証されている）ユーザーに対して調査をおこない、もしその製品が使えなくなったらどう感じるかを聞くものである（選択肢は、「非常に残念」「少し残念」「何とも思わない」「すでに使っていないので関係ない」）。一般的な経験則では、「非常に残念」と答えたユーザーが40%を超えるならば、プロダクト・マーケット・フィットに達している可能性が高い。

　これは便利だが、ご想像どおり、製品の種類やサンプルの規模によって多くのただし書きが付く。私は、コンシューマー向けの製品やサービスにこのテストを使うのは好きだが、ビジネス向けに使おうとは思わない。ビジネス向けの製品やサービスに関して顧客発見プログラムがすごく気に入っている理由の1つは、それが非常に現実的で有効なプロダク

ト・マーケット・フィットの定義になっているからだ。

　もし特定のターゲット市場で６つのリファレンスカスタマーを見つけるところまで来られたら、通常はその市場のプロダクト・マーケット・フィットを達成したと宣言できる。

　ただし、プロダクト・マーケット・フィットを達成しても、その製品に関する仕事が終わったわけではない。まったく違う。私たちは製品を何年も改善し続けなければならないのだ。とはいえ、６つのリファレンスカスタマーを獲得できたら、私たちは積極的かつ効率的にその市場のほかの顧客に製品を販売できる。

　一つひとつのリファレンスカスタマーは、本当に重要なマイルストーンだ。だが、たとえばＢ２Ｂ企業が特定のターゲット市場で６つのリファレンスカスタマーを獲得することは、製品開発組織にとっておそらく最も重要で意義深い業績のマイルストーンであり、心から祝福すべきことだ。

CHAPTER
40

プロフィール

Microsoft の
マルティナ・ローチェンコ

1993年に発売されたWord 6.0は、それまでのMicrosoft製品の中で、機能に関して最大のリリースだった。

すべての新機能に加えて、開発チームにはもう1つ非常に大きな目標があった。Wordのコードベースは複雑に分岐していたので、Windows、DOS、Macのプラットフォームに別々に実装するのは莫大な時間とコストがかかっていた。コードを集約する取り組みによって、Microsoftは開発時間を節約できるし、Wordがすべてのプラットフォームで同じ機能を持つようになれば製品を改善できると考えたのだ。そして、開発チームは自分たちにそう言い聞かせようとした。

だが、それは、単一のコードベースの効率性を得るために、早くリリースを出さなければならないという大きなプレッシャーにもなった。

当時、Mac用Wordの市場は比較的小さく、わずか6000万ドルしかな

かった。それに対してWindows用の市場はその時点で10億ドルを超えていた。もしあなたが覚えている世代ならば、Windowsマシンが圧倒的多数を占め、Appleの未来は確かなものではなかった当時の状況を振り返ってほしい。だがMacのコミュニティは主張が激しく、Macプラットフォームの情熱的なファンの集まりで、Microsoftへの好意など一かけらもなかった。

ちょうど市場に出始めていたPowerMacは、チップとメモリが大幅に高速化されていた。通常のMacはWord 6.0の初期ベータ版を動かすには遅すぎたので、開発チームのほとんどのメンバーは新しいPowerMacを使っていた。もちろん、Macユーザーの大部分が持っていたのはPowerMacではなく普通のMacだった。当時はハードウェアの買い換えサイクルが今よりずっと遅かったのだ。

だから、Microsoftが「Mac史上最も多くの機能を備えたワープロ」をリリースしたとき、それはMacの上でのろのろと動いた。立ち上がるまでに2分は話ができた。

Macのコミュニティは、すぐニュースグループに、Microsoftは「Macをつぶす」つもりだと投稿し始めた。あらゆる場所から抗議のメールが殺到したが、その中には直接ビル・ゲイツに宛てたものもあった。ビルは次のようなメッセージを付けて開発チームにメールを転送した。「これのせいでMicrosoftの株価が下がっている。すぐ直せ」

ここでマルティナ・ローチェンコが登場する。スタンフォード大学を卒業して間もない若いプロダクトマネジャーで、この事態の収拾に当たるのが仕事だった。

共通のコードベースを作るのは価値のある目標かもしれないが、結果としての製品がダメならば、むなしい勝利だと、開発チームはすぐに理解した。さらに、MacユーザーがAppleのデバイスやプラットフォームを選ぶのは、ほかと違っていることに価値を置いているからであって、同じだからではないことにも気づいた。顧客の視点から見れば、たとえリリースを少し待つことになっても、Macのプラットフォーム独自の改

善されたソリューションが欲しいのだ。すべてのプラットフォームに共通な製品を同時に出荷することなど、どうでもいいのである。

　開発チームは最終的に、処理速度と、Macの機能を生かすことに焦点を絞った。MacユーザーはWindowsユーザーよりも多くのフォントを持っている傾向があるので、フォントを読み込むタイミングと方法を工夫した。そして、Macのすべてのキーボードショートカットが確実に動作するようにした。

　また、あらゆるマスコミ関係者が1日に10回は使うワードカウント機能に着目し、一瞬で実行できるようにした。マスコミ関係者はその機能を性能のバロメーターとして使っていたからだ。ワードカウント機能はWindows版よりも高速になった。

　結局、開発チームは2カ月でバージョン6.1を完成した。リリース6.1はマルティナがサインをしたおわびの手紙と、将来の購入の際に使える割引クーポンとともに登録ユーザー全員に送られた。

　バージョン6.1のリリースは顧客の認識を修復することに成功したが、もっと重要なのは、純粋にMacintoshにとって素晴らしいものになったことだ。バージョン6.1はMacチームが誇りに思い、最初から出荷すべきだったと感じる製品になった。

　これは、しばしば大きなプレッシャーに直面しながら、顧客にとって良いことをするのがどれほど難しいかを示す良い例である。だが、それはまさに、有能なプロダクトマネジャーであればどうすべきかを理解していることだ。

　その後の数年間に、Microsoftはもう1度コードベースを分化させることを決めただけでなく、Macチームを別のビルの別のユニットに分離し、Macに関するすべてのことを担当させるようにした。戦略的に180度転換したのだ。

　これがMicrosoftとApple両社にとってどれほど重要だったかを評価するのは難しい。20年以上たった今でも、多くの企業や消費者が、Macをビジネスやパーソナルな用途に使うために、Wordを始めとするOffice

が、絶対的に欠かせないものだと考えている。20年以上前にスタートしたものが、AppleとMicrosoftの双方にとって何十億ドルもの成功につながったのだ。現在では、世界で10億台を超えるMacとPCでOfficeが動いている。

　マルティナはプロダクトマネジメントとプロダクトマーケティングの両方の分野で輝かしいキャリアを歩んだ。彼女はMicrosoftからNetscapeに移り、Netscapeブラウザーのマーケティングの責任者を務めたあと、Loudcloudに移った。現在では、うれしいことに私のパートナーとして10年以上SVPGで仕事をするとともに、カリフォルニア大学バークレー校でマーケティングを教えている。

　一言付け加えたいのは、製品開発にも長けたマーケティング専門家ほど強力なものはないということだ。このコンビネーションは驚くべきものである。

発見のアイディエーションテクニック

概要

　もちろん、製品のアイデアを生み出すテクニックは数多くある。実際、私はこれまで出会ったアイディエーションテクニックの大半を気に入っている。だが、私にとってもっと切実な問題は、「今すぐ取り組むようにリーダーに言われた、ビジネス上の困難な問題を解決するのに本当に役立ちそうなアイデアは、どうすれば生み出せるか？」である。

　意外なことに、大部分の（製品開発が得意でない）企業では、実際の製品開発チームが自分たちでアイディエーションをすることはそれほど多くない。現実には、アイデアは製品開発ロードマップの、優先順位が付いた機能という形で製品開発チームに渡されるからである。そして、ロードマップのほとんどの項目は、大口の顧客（または見込み客）の要望か、企業のステークホルダーもしくは経営幹部によって決められている。残念なことに、これらのアイデアに私たちが求めている品質は期待できない。

　一般に、製品開発チームにソリューションではなく解決すべき現実の問題が与えられると、開発チームは現実のユーザーや顧客と頻繁に連絡を取って仕事をするので、量的にも質的にも十分な製品のアイデアを与えられる必要はないのだ。

　私が持っているいくつかのテクニックは、常に、非常に有望で問題の解決に直結した製品のアイデアを開発チームにもたらしてくれる。

　ここで1つ重要な補足がある。こうしたテクニックを使えば、間違いなく、発見できるアイデアの数々に心が躍るだろう。だからといって、すぐ先に進んで開発すればいいということではない。ほとんどの場合、そのアイデアが顧客にとって価値があり、使いやすいこと、自分たちの

エンジニアが作れること、ビジネスの観点から実現可能であることをテストによって確認する必要がある。

PART
IV

成功するためのプロセス ── 発見のアイディエーションテクニック

CHAPTER
41

顧客インタビュー

　顧客インタビューは本書で説明する最も基礎的なテクニックである。プロダクトマネジャーならすでにこのテクニックを知っていて、実際に何度も使っているのが当然なので、取り上げる必要はないかもしれない。

　しかし、実際にはそれほど実行されていない。あるいは、顧客インタビュー自体はおこなわれていても、プロダクトマネジャーが同席していないために、得た知識が心底から理解されていなかったり、必要な深刻さで受けとめられていないのだ（Chapter 33「製品発見の原則」の10を参照）。

　だが、言うまでもなく、これはすべてのプロダクトマネジャーにとって最も強力で重要なスキルの1つであり、多くのブレイクスルーとなる製品のアイデアの源になったり、ひらめきを生んだりしている。あとで製品のアイデアを定性的にテストするテクニックについて述べるが、これらのスキルはその前提条件になっている。

　顧客インタビューにはさまざまな形があるので、実際には1つのテク

ニックではない。くだけた雰囲気のものもあるし、きちんとした形式のものもある。ユーザーリサーチの方法論（私が好きなものの1つはコンテキストインタビューである）に基づいたものもあるし、ただオフィスを出て知らなかったことを学ぶというものもある。

　しかし、ユーザーや顧客とのあらゆるやりとりには、常に貴重なひらめきを得るチャンスがある。私がいつも理解しようと心がけているのは次のようなことだ。

・顧客はあなたが考えていたような人たちか？
・顧客は本当にあなたが考えるような問題を持っているか？
・顧客は現在、その問題をどうやって解決しているか？
・顧客を自社製品に乗り換えさせるためには何が必要か？

これらの問いの答えを得る方法はたくさんあるし、ユーザーリサーチャーに依頼できるのであれば、その指示に従えばいい。学習機会から最大限のものを引き出すためのヒントをいくつか挙げよう。

頻度
一定の間隔で顧客インタビューをおこなう。たまにやる、というような頻度ではいけない。最低限、毎週2、3時間は顧客インタビューを実施する。

目的
インタビューの間にどうにかして何かを証明しようとしてはいけない。すぐに理解して学習することに専念する。このマインドセットは重要であり、誠実でなければならない。

ユーザーや顧客の集め方
これについては、ユーザビリティーテストのテクニックを取り上げるときに詳しく述べる。今は、ターゲット市場の人々と優先的に話をするようにしよう、とだけ言っておく。約1時間が目安だ。

場所

顧客が普段暮らしている場所で会えれば最高だ。環境を観察するだけでもわかることがたくさんある。だが、どこか便利な場所で会ってもいいし、オフィスに来てもらってもいい。ビデオ通話を使うのはベストとは言えないが、まったくインタビューができないのと比べるとはるかにましである。

準備

事前に、顧客がどんな問題を持っているかについての自分の考えを明確にし、それに対してどんなふうに同意したり反論したりするかを考えておく。

誰が出席すべきか

私は3人で行くことを勧める。プロダクトマネジャーと、プロダクトデザイナー、開発チームのエンジニアのうちの1人（通常は出席を希望するエンジニアの中でローテーションする）である。（大概、インタビューの上手なやり方を訓練されている）デザイナーが主導し、プロダクトマネジャーはメモを取り、開発者はやりとりを見ているのが普通だ。

インタビュー

自然で堅苦しくない雰囲気を作るように努め、質問は自由回答形式にし、今、相手が何をしているのかを知るようにしよう（何をしたいと思っているかも興味深いが、それは二の次だ）。

終わった後

仲間と報告をし合い、全員が同じことを見聞きし、同じことを学習したかどうかを確認する。インタビューの間に顧客に約束したことがあれば、忘れずに実行しよう。

この時間はあなたの将来の時間に確実に大きな見返りをもたらすはずだ。先に挙げた、鍵となる質問の答えを知ることは重要である。だが、私は顧客インタビューの時間を使っていくつかの製品のアイデアを試し

てみるのも大好きだ。もちろん、鍵となる質問の答えを聞いたあとでだが、またとないチャンスなので、その機会を好んで利用している。

　この先でユーザビリティーと価値のテストの話をするときに、このテクニックを教えよう。だが今は、インタビューが終わってもすぐに話を切り上げる必要はない、とだけ言っておこう。インタビューのあとに、最も新しい製品のアイデアのユーザーテストをすることができるのだ。

PART IV　成功するためのプロセス ── 発見のアイディエーションテクニック

CHAPTER

42

コンシェルジュテスト のテクニック

　コンシェルジュテストは私の好きなテクニックの1つで、質の高い製品のアイデアをすぐに生み出せる。それと同時に、開発チームの意欲を高め、優れたソリューションを生み出す上で非常に重要な、顧客への理解と共感を培うのにも役立つ。

　コンシェルジュテストというのは、古くからある非常に効果的なテクニックに、比較的新しく付けられた名前である。それは、顧客に代わって、私たちが手作業で個人的に顧客の仕事をするというものだ。ちょうど、ホテルでコンシェルジュのところに行って、人気のあるショーのチケットを何枚か取ってもらえないかと頼むようなものである。あなたにはコンシェルジュがチケットを取るため具体的に何をしているかわからないが、あなたの代わりに何かをしてくれていることはわかっている。

　このテクニックを使えば、あなたがコンシェルジュになれる。ユーザーや顧客がやらなければならないことを、あなたが代わりにするのである。最初はやり方を教えてもらう必要があるかもしれないが、顧客の立

場に立って顧客がするはずの仕事を代行するのだ。

　これは、カスタマーサービスやカスタマーサクセスのスタッフとしばらく一緒に仕事をすることと似ているが、同じではない。確かにそうした共同作業も価値があるし、しばしば製品のアイデアの元になるが、カスタマーサービスは何か問題があって顧客が電話をかけてきたときだけ助ける仕事である。

　コンシェルジュテストでは、現実のユーザーや顧客のところに出向いて、どんなふうに仕事をしているか見せてほしいと頼む必要がある。それによって顧客の仕事を学べるし、顧客にとってより良いソリューションを提供することにつながるのだ。

　もしあなたが顧客対応製品を作っているなら、ユーザーは自社の従業員かもしれないが、テクニックは同じだ。その従業員のところに行って、どうやって仕事をするのか教えてほしいと頼むのである。

　共同学習の原則と同じように、プロダクトマネジャーと、プロダクトデザイナー、エンジニアの1人が、3人でコンシェルジュテストをおこなえば、最も大きな成果が期待できる。

CHAPTER
43

顧客による不適切な使用が秘める可能性

　歴史的に、優れた開発チームが製品開発の機会を見つけるために使ってきた2つの主要なアプローチがある。

1. 市場機会を評価し、大きな悩みを抱えていて、大きな利益が望めそうな分野を選び出す。
2. 持っている技術やデータでできること、つまり現在可能なことに注目し、それを大きな悩みに適用する。

　1つ目を市場を追いかけることと捉え、2つ目を技術を追いかけることと捉えてもいいだろう。どちらも成功する製品にたどり着ける。

　だが、現在、最も成功している企業の中には第3のアプローチを取るところもある。それはすべての企業に適しているわけではないが、ずばぬけて強力なテクニックだ。なのにIT業界ではまだ、ほとんど活用されておらず、正しく評価されていない。

この第3の選択肢を使えば、私たちが予期しておらず、公式にサポートしていない問題を、顧客が私たちの製品を使って解決することができるし、解決しようという気になる。
　長年の友人であるマイク・フィッシャーは、『The Power of Customer Misbehavior（顧客による不適切な使用が秘める可能性）』と題した本を書いた。この本はeBayとFacebookの成功を口コミによる成長の観点から語ったものだが、ほかにもいくつかとても参考になる事例が載っている。
　eBayには、創業期からずっと「Everything else（その他すべて）」という商品のカテゴリーがある。それは、eBayの社員だった私たちが、人々が売買したがるとは予測できなかったものを取り扱う場所として作られた。私たちは多くのことを予測した（何千ものカテゴリーがあったし現在でもある）が、最も大きなイノベーションや驚きは、顧客がしたがっていることの観察から生まれた。
　eBayのかなり早い段階で、私たちはそこが最もすごいイノベーションが多く生まれる場所だと気づき、eBayのマーケットプレイスを利用する顧客がほとんどすべてのものを売買できるよう後押しするために、考えられることをすべて実行した。
　マーケットプレイスはもともと、電子機器や趣味の収集品といったものの売買を手助けするように設計されたが、人々はすぐにコンサートのチケットや、美術品、車まで売買し始めた。驚くことに、現在、eBayは世界最大の中古車販売会社の1つになっている。
　想像がつくように、安全に車を買って輸送することと、一晩だけ有効でそのあとは価値がなくなってしまうチケットを買うことの間には、重要な違いがいくつかある。だが、そうした個別の問題に対応するサポートが行われたのは、顧客が開発チームやeBayが予期しなかったものを、予期しなかった方法で取引できるようにしたことによって、需要が確立されたあとのことだ。
　製品開発チームの中には、顧客が自分たちの意図しない方法で製品を

使っているのを見ると動揺する人もいる。その不安は、通常、サポートの義務と結び付いている。しかし、特殊な使用例は極めて戦略的、かつサポートという投資をする価値を十分に持っている可能性がある。もし顧客が予期していなかった方法で製品を使っているのを見たら、それは大きな価値を持つ可能性がある有意義な情報だ。問題を少し掘り下げて、顧客がどんな問題を解決しようとしているのか、なぜあなたの製品がその問題解決に適した基盤を提供していると考えているのかを理解しよう。それを十分にやると、パターンが見えてきて、もしかすると非常に大きな製品開発の機会をつかめるかもしれない。

COLUMN
開発者による不適切な使用が秘める可能性

　eBayの例はエンドユーザー（売り手と買い手）が使うことを意図したものだが、同じ考え方は、製品が提供するサービスの一部あるいはすべてを、プログラミングインターフェース（パブリックAPI）を通じて公開するというトレンドの背後にも見られる。

　パブリックAPIを使うことは、基本的に開発者のコミュニティに対してこう言っているのと同じ意味を持つ。「これが私たちにできることです。きっと皆さんはこのサービスを利用して、私たちが予測しなかった何かすごいことを実現できるでしょう」

　Facebookのプラットフォーム戦略は、これの良い例である。Facebookはソーシャルグラフへのアクセスを許可し、この資源を利用して開発者が実現できることを見つけ出そうとした。

　私は長い間、企業の製品開発戦略の一環としてのパブリックAPIのファンである。私は開発者を、真に革新的な製品アイデアを生み出し続ける最高の源泉の1つだと思っている。開発者は今何が可能なのかを知るのにうってつけのポジションにいるし、数多くのイノベーションの原動力になってきたのは開発者の洞察力だからである。

CHAPTER
44

ハッカソン

　ハッカソンには多くのバリエーションがあるが、この章では、可能性の高いさまざまなアイデアが短時間で得られる、私のお気に入りのテクニックの1つを紹介する。それは、ビジネスや顧客の差し迫った問題を解決することに焦点を絞ったものだ。

　ハッカソンには、主に、方向性のあるものと方向性のないものとの2種類がある。方向性のないハッカソンでは、企業のミッションに少しでも関係があれば、どんなものでも自由に製品のアイデアを検討できる。

　方向性のあるハッカソンでは、顧客が抱える問題（たとえば、製品のわかりにくい点や、使いづらいところ、あるいは時間がかかりすぎることなど）や、割り当てられたビジネスの目標（たとえば「他社製品への乗り換え率を下げる」とか「顧客の生涯価値を上げる」など）が示され、製品開発チームのメンバーは、自分たちでやり方を決めて、目標を達成するためのアイデアを自由に検討するように指示される。

　その目的は、自律性のあるグループが自分たちのアイデアを検討し、

何らかの形の評価可能なプロトタイプを生み出し、もし適切ならば実際のユーザーにテストしてもらうことである。

　方向性のあるハッカソンには2つの大きな利点がある。1つ目は実用的なもので、専門技術が絡むために、自然にエンジニアをアイディエーションに引き込めることである。本書で何度か触れているが、最も優れたアイデアの多くは開発チームのエンジニアから出される。それが起こる状況を作る必要がある。さらに、エンジニアからは次々にアイデアが出されなければならないが、このテクニックを使えば実現可能だ。

　2つ目の利点は文化的なものだ。これは、傭兵ではなく伝道師のチームを作るための、私の好きなテクニックの1つである。もし、エンジニアがまだ伝道師になっていないならば、ハッカソンによってビジネスコンテキストの理解が深まり、イノベーションではるかに大きな役割を果たすようになる。

発見のプロトタイピングテクニック

概要

　問題の解決にITを使うようになって以来、さまざまな形のプロトタイプが存在してきた。有名なフレッド・ブルックスの言葉を借りれば、「捨てるプランを立てるべきである。いずれにせよ、そうすることになるだろう」ということだ。

　フレッドの言葉は、その本が最初に出版されたとき（1975年！）と変わらず、現在でも重要だが、当時からは多くのことが変化している。中でも著しいのは、プロトタイプの開発とテストに使うツールやテクニックが劇的に進化したことである。

　とは言っても、いまだに多くの開発チームがプロトタイプという言葉の意味をすごく狭く解釈しているし、私が業界きっての第一人者やリーダーだと考えている人々ですらそうなのだ。

　私がもっと正確にと促すと、聞かれた人々は、たいてい、プロトタイプという言葉を自分たちが最初に見た試作品と結びつける。もし最初に見たのが実現可能性のテストに使われていたなら、それがその人にとってのプロトタイプになるし、ユーザビリティーのテストに使われていたなら、それがその人にとってのプロトタイプになる。

　しかし、プロトタイプには実に多種多様な形があり、それぞれが異なった特徴を持ち、異なった要素のテストに適している。そのため、目前の仕事に不適切なプロトタイプを使おうとして混乱に陥る人もいる。

　この概要では、プロトタイプの主要な種類を示し、後続の章ではそれぞれを詳しく説明する。

実現可能性プロトタイプ

これは、製品発見の過程、つまり、あるものが実現可能かどうかを判断する前に、エンジニアが技術的な実現可能性のリスクに対処するために書くものである。エンジニアが新しい技術を試そうとする場合もあるし、新しいアルゴリズムである場合もあるが、多くは性能を評価するものだ。このプロトタイプの意図は、開発者が、実現可能性のリスクに対処するのに十分なだけのコードを書くことである。

ユーザープロトタイプ

ユーザープロトタイプはシミュレーションである。ユーザープロトタイプには大きな幅があり、意図的に、紙にスケッチされたワイヤーフレームに似せてデザインされた（低忠実度のユーザープロトタイプと呼ばれる）ものから、シミュレーションだとわからない、本物のようなルックアンドフィールを持つ（高忠実度のユーザープロトタイプと呼ばれる）ものまでさまざまである。

ライブデータプロトタイプ

ライブデータプロトタイプはやや複雑で説明が難しいが、状況によっては不可欠なツールである。ライブデータプロトタイプの主な目的は、何かを証明するために現実のデータを集めること、あるいは、あるアイデア（機能、デザインアプローチ、ワークフロー）が実際にうまくいくかどうかを判断する証拠を集めることだ。これは通常、2つのことを意味している。1つ目は、ライブデータのソースにアクセスするためにプロトタイプが必要であること。2つ目は、有用なデータを得るのに十分な量のライブトラフィックをプロトタイプに送る必要があることだ。

重要なのは、ライブデータプロトタイプがあれば、商業的に実現可能

な製品をビルドし、テストし、デプロイしなくても済むことである。これらを実行すれば、はるかに大きな時間とコストがかかり、膨大な無駄を生み出すだろう。ライブデータプロトタイプは、商業的に実現可能な製品のビルドにかかるコストのごく一部しか必要としない。それがこのプロトタイプが非常に強力なツールになっている理由だ。

ハイブリッドプロトタイプ

　また、さまざまなプロトタイプの特徴を組み合わせたハイブリッド型も数多くある。たとえば、検索・推奨結果の精度に取り組んでいる場合は、プロトタイプがライブデータのソースにアクセスできるようにする必要があるが、ライブトラフィックを送る必要はない。この場合、何かを証明しようとしているのではなく、ユーザーと一緒に結果を観察し意見を交わすことで多くの学習ができるからである。

　製品の発見は、アイデアを、最も速く、最もコストをかけずにテストする方法を考え出すことだと言ったのを思い出してほしい。だから、個々のアイデアや状況によって、自分のニーズに最も合うフレーバーのプロトタイプを選べばいいのだ。

　誰しも自分のお気に入りがあるだろうが、手ごわい製品開発チームと競争しているなら、これらすべてのプロトタイプをうまく使える必要がある。

CHAPTER
45

プロトタイプの原則

PART **IV** 成功するためのプロセス ── 発見のプロトタイピングテクニック

　Chapter 44で述べたように、プロトタイプには多くの形がある。どれを選ぶのが1番いいかは、取り組む具体的なリスクと製品の種類による。しかし、あらゆる形のプロトタイプに共通する特徴とメリットがある。プロトタイプを使うときの5つの重要な原則を次に挙げる。

1. あらゆる形のプロトタイプに共通する目的は、時間と労力において、製品を作るよりもはるかに小さなコストで何かを学ぶことである。どんな形のプロトタイプでも、最終的な製品より少なくとも1桁少ない時間と労力で実行できなければならない。

2. あらゆる形のプロトタイプに共通する重要なメリットの1つは、ただ議論したり何かを書いたりする場合と比べて、開発チームがはるかに深いレベルでじっくり問題を考えるようになることだ。その結果、プロトタイプを作るという行為そのものが、作っていなければずっとあとになるまで見つからなかった重要な問題を、

しばしば顕在化させる。

3. 同様に、プロトタイプは開発チームが協力するための強力なツールでもある。製品開発チームのメンバーとビジネスパートナーの全員がプロトタイプを体験し、共通の理解を深めるのだ。

4. プロトタイプはさまざまなレベルの忠実度を持っている。忠実度とは、基本的にプロトタイプがどれほど現実的に見えるかを言う。ただし、最適なレベルの忠実度というものがあるわけではない。プロトタイプが現実的に見える必要性がまったくない場合もあるし、本物そっくりに見えなければならない場合もある。原則は、目的に合ったレベルの忠実度を実現することである。低忠実度のプロトタイプは高忠実度のプロトタイプより動作が速いし低コストなので、必要なときだけ高忠実度のプロトタイプを使うようにしよう。

5. プロトタイプの基本的な目的は、製品発見においていくつかの製品リスク（価値、ユーザビリティー、実現可能性、事業実現性）に取り組むことである。だが、多くの場合、プロトタイプにはもう1つのメリットがある。エンジニアはもちろん、もっと大きな組織にも、何をビルドする必要があるのかを伝えることができるのだ。これは、しばしば仕様書としてのプロトタイプと呼ばれる。多くの場合、プロトタイプはこの目的を十分に果たすが、そうでないケースもある。特に、エンジニアが同じ場所にいない場合や、製品が特別複雑な場合は、プロトタイプにさらに詳しい情報（通常は、ユースケース、ビジネスルール、許容基準）を付け加える必要があるだろう。

CHAPTER
46

実現可能性プロトタイプのテクニック

製品のアイデアを聞いたエンジニアは、たいていの場合、実現可能性には問題がないと言う。過去に何度も同じようなものをビルドした経験があるからだ。

しかし、具体的な問題の解決に取り組む中で、エンジニアは重要な実現可能性のリスクにぶつかるかもしれない。よくあるのは次のような状況だ。

- アルゴリズムの問題
- 性能の問題
- 拡張性の問題
- フォールトトレランスの問題
- 開発チームがそれまで使ったことがないテクノロジーの使用
- 開発チームがそれまで使ったことがないサードパーティー製の部品やサービスの使用

・開発チームがそれまで使ったことがないレガシーシステムの使用
・ほかの開発チームによる新たな変更や、関連する変更への依存

　こうしたリスクに取り組むために使われる代表的なテクニックは、1人以上のエンジニアが実現可能性プロトタイプをビルドすることである。
　エンジニアが実現可能性プロトタイプを作るのは、それが通常、コードであるからだ（それに対して、ほとんどのプロトタイプは、プロダクトデザイナーが使うことを前提とした専用のツールによって作られる）。実現可能性プロトタイプは、商品として出荷できる製品とはかけ離れたものである。通常は、出荷可能な最終製品にいたるまでの仕事のごく一部にすぎない。
　さらに多くの場合、実現可能性プロトタイプは使い捨てを前提としている。間に合わせで十分だし、それが普通なのだ。実現可能性プロトタイプは、たとえばデータを収集し、その性能が許容できるかできないかがわかれば十分だと考えられている。通常は、ユーザーインターフェースも、エラー処理も、製品化に含まれるほかの典型的な機能もない。
　私の経験では、1つの実現可能性プロトタイプをビルドするのに必要な時間は1日から2日が普通である。ただし、機械学習技術を使ったアプローチというような、新しい主要技術を検討している場合は、実現可能性プロトタイプのビルドにはもっと時間がかかる可能性が高い。
　実現可能性プロトタイプに必要な時間の見積もりはエンジニアから出されるが、実際に開発チームがそれだけの時間を使うかどうかは、アイデアを追求する価値についてのプロダクトマネジャーの判断による。プロダクトマネジャーは、その問題に対するほかの多くのアプローチには技術的な実現可能性のリスクがないから、実現可能性のプロトタイプが必要なこのアイデアは飛ばしてほかを当たろうと言うかもしれない。
　実現可能性プロトタイプを作るのはエンジニアだが、それは市場投入の仕事ではなく製品発見の仕事だと見なされる。具体的なアプローチやアイデアを、さらに追求するかどうかを見極める作業の一環として実行

されるからだ。

　私が得た教訓から言うと、多くの開発チームが実現可能性のリスクを十分に考慮せずに市場投入に進んでいる。ビルドして市場投入するために必要な仕事量を過小評価して失敗した開発チームの話を聞くと、たいていの場合、それが根本的な原因である。

　つまり、単にエンジニアがそうした見積もりに不慣れであるか、エンジニアやプロダクトマネジャーが今後必要になるものについて十分に理解していないか、あるいはプロダクトマネジャーがエンジニアにきちんと検討するための十分な時間を与えていないか、のどれかが原因である可能性が高い。

CHAPTER
47

ユーザープロトタイプ のテクニック

　製品発見における最も強力なツールの1つ、ユーザープロトタイプはシミュレーションである。巧妙なトリックであり、見せかけだ。幕の後ろには何もない。たとえば、eコマースサイトのユーザープロトタイプを作るというのは、クレジットカード情報を何度でも好きなだけ入力できるということだ。実際には何も買うわけではない。

　ユーザープロトタイプには幅広い種類がある。

　一方の端にあるのは低忠実度のユーザープロトタイプだ。低忠実度のユーザープロトタイプは本物には見えない。基本的にはインタラクティブなワイヤーフレームである。多くの開発チームは、チーム内でじっくりと製品を検討する手段として使っているが、ほかの用途もある。

　だが、低忠実度のユーザープロトタイプは、製品の1つの側面、つまり情報とワークフローを表しているに過ぎない。具体的な例を2つだけ挙げると、ビジュアルデザインが生む効果がないし、実際のデータによって生じる違いもない。

もう一方の端にあるのが高忠実度のユーザープロトタイプである。高忠実度のユーザープロトタイプもシミュレーションであることに変わりないが、非常にリアルなルックアンドフィールを持っている。実際、よくできた高忠実度のユーザープロトタイプの多くは、よほどよく見ないと本物と見分けがつかない。目にするデータもとても現実的だが、これも本物ではない。ライブデータではないことがわかる程度だ。

　たとえば、eコマースのユーザープロトタイプで特定の種類のマウンテンバイクを検索すると、常に同じ何台かのマウンテンバイクが表示される。だが、よく見ると、それは見つけたかった実際のマウンテンバイクではない。そして、どんなに価格やスタイルの条件を変えて検索しても、必ず同じ何台かのマウンテンバイクが表示されるのだ。

　検索結果の適合性をテストしようとするなら、これは適切なツールではない。だが、総合的に快適な買い物体験を考えたり、人々がマウンテンバイクを探すときにどのように検索するかを考える場合は、これで十分だし、これなら手早く簡単に作れる。

　ユーザープロトタイプを作るためのツールは、デバイスの種類や忠実度に応じてさまざまある。ツールは主にプロダクトデザイナーを対象に開発される。実際に、プロダクトデザイナーはお気に入りのユーザープロトタイピングツールを1つは持っているはずだ。

　デザイナーの中には高忠実度のユーザープロトタイプを自分でコーディングするのを好む人もいる。動作が速く、使い捨てにするのを気にしないならそれでも構わない。

　ユーザープロトタイプの大きな制限は、たとえば製品がよく売れるかどうかなど、何かを証明するのにはまったく向いていないことだ。

　未熟な製品開発者の多くがつまずくのは、高忠実度のユーザープロトタイプを作って10〜15人の人々に見せ、全員にすごく気に入ったと言われたときである。未熟な製品開発者は自分たちの製品の適切さが立証されたと勘違いするが、残念ながらそうではない。人というのは、いろんなことを言うだけ言って、そのあとは言葉と違った行動を取るものだ。

価値を立証するためなら、はるかに優れたテクニックがほかにある。重要なのはユーザープロトタイプに適していないのは何なのかを理解することだ。

　ユーザープロトタイプは製品開発チームにとって最も重要なテクニックの1つである。だから、開発チームがさまざまな忠実度のユーザープロトタイプを作る技術と経験を増やすことは大きな価値がある。後の章で述べるが、ユーザープロトタイプは何種類かの実証テクニックの鍵であると同時に、私たちが持っている最も重要なコミュニケーションツールでもある。

CHAPTER
48

ライブデータプロトタイプのテクニック

PART **IV** 成功するためのプロセス ── 発見のプロトタイピングテクニック

　時々、製品発見の過程で明らかになった大きなリスクに対処するために、実際に使用されているデータの収集が必要になることがある。だが、この証拠収集が必要になるのは製品発見の途中であり、当然、拡張性があり出荷可能な実際の製品をビルドする時間と費用が得られる前なのだ。

　こうした状況の例として私が好んで挙げるのは、ゲームの挙動や、検索結果の正確性、多くのソーシャル機能、製品のファネル分析に応用するケースだ。

　これがライブデータプロトタイプの目的である。

　ライブデータプロトタイプの実装は非常に限定されている。通常必要とされる、フルセットのユースケース、自動化テスト、完全な分析計装、国際化とローカリゼーション、性能と拡張性、SEO作業などの製品化作業がないのが普通だ。

　ライブデータプロトタイプは最終的な製品よりもかなり小さく、品質、性能、機能の基準が大幅に低い。必要なのは、正常に動作して、極めて

限定されたユースケースのデータを収集することであり、それがすべてだ。

　ライブデータプロトタイプを作るとき、エンジニアはすべてのユースケースに対処するわけではない。国際化やローカリゼーションもおこなわないし、性能や拡張性の問題にも取り組まず、自動化テストも作成しない。エンジニアがおこなうのは、これからテストしようとする特定のユースケースのための計装だけである。

　ライブデータプロトタイプは製品化作業のほんの一部（私の経験では、市場投入するための最終的な製品化作業の5〜10％の間）に過ぎないが、そこから大きな価値を引き出すことができる。ただし、しっかりと頭に置いておかなければならない、2つの大きな制限がある。

- 第1に、ライブデータプロトタイプはコードなので、デザイナーではなくエンジニアが作らなければならない。
- 第2に、ライブデータプロトタイプは商業的に出荷可能な製品ではなく、ピーク時に対応できるようになっていないので、これを使ってビジネスをすることはできない。だから、ライブデータテストがうまくいって、製品化に進むことを決めたら、市場投入作業に必要な時間をエンジニアに与えなければならない。プロダクトマネジャーはエンジニアに「これでいい」と言ってはいけない。その判断をプロダクトマネジャーがしてはならないのだ。プロダクトマネジャーは、主要な経営幹部やステークホルダーにもこれら2つの制限を理解してもらう必要がある。

　現在ではライブデータプロトタイプを作る技術が進んでいるので、必要なものが通常2日から1週間で得られる。必要なものが手に入れば、あとのイテレーションに時間はかからない。

　この先で定量的評価のテクニックについて述べるときに、ライブデータプロトタイプを利用する別の方法を紹介する。だが今は、ある限ら

た量のトラフィックを送ることができ、そのライブデータプロトタイプが、どのように使われているかについての分析結果を集められることが肝心だと理解しておこう。

　実際のユーザーが現実の作業でライブデータプロトタイプを使うと、現行の製品または開発チームの予測と比較できる実データ（分析結果）が生成され、新たなアプローチの性能が優れているかどうかを判別できる。それが重要なことだ。

PART Ⅳ　成功するためのプロセス ── 発見のプロトタイピングテクニック

CHAPTER
49

ハイブリッドプロトタイプのテクニック

　ここまで3種類のプロトタイプを詳しく見てきた。純粋なシミュレーションであるユーザープロトタイプ、技術的リスクに対処するための実現可能性プロトタイプ、ある製品やアイデアの有効性に関して、その証拠や統計的に有意な証明まで収集できるようにデザインされたライブデータプロトタイプである。

　これら3つのカテゴリーのプロトタイプがあれば、ほとんどの状況にうまく対応できるが、3つのプロトタイプの異なった要素をさまざまに組み合わせたハイブリッドプロトタイプも多種多様にある。

　私が気に入っているハイブリッドプロトタイプの1つであり、製品発見において迅速に学習する上で際立って強力なツールは、現在、よく「オズの魔法使いプロトタイプ」と呼ばれているものだ。オズの魔法使いプロトタイプは、高忠実度のユーザープロトタイプのフロントエンドのユーザーエクスペリエンスと、最終的な製品では自動で処理されることを手作業でおこなう現実の人間をその背後において組み合わせたものだ。

オズの魔法使いプロトタイプには拡張性が皆無であり、決して大量のトラフィックを送ることはできない。しかし、開発者の視点から見れば、とても素早く簡単に作れるという利点があり、ユーザーの視点から見れば、本物の製品のように見えるし、本物のように動作するという利点がある。

　たとえば、現在、あなたの会社が顧客に対して何らかのライブチャットをベースにしたサポートをおこなっているとしよう。だが、これが利用できるのはカスタマーサービスのスタッフがオフィスにいる時間帯だけである。あなたは、世界中の顧客があらゆる時間にあなたの製品を使っているのを知っているので、役に立つ答えをいつでも提供する自動ライブチャットをベースにしたシステムを開発したいと考えるだろう。

　あなたはカスタマーサービスのスタッフから、スタッフたちが日常的に受けているような問い合わせと、それにどのように答えているかを聞くことができる（し、そうすべきである。また、それを迅速に学習するにはコンシェルジュテストが役立つ）。あなたはすぐに、自動化をおこなう上での問題に取り組みたいと思うだろう。

　短時間で学習し、いくつかの異なったアプローチをテストする1つの方法は、シンプルな、チャットベースのインターフェースを持ったオズの魔法使いプロトタイプを作ることである。だがプロトタイプの背後には、まさにプロダクトマネジャーとしてのあなたか、開発チームの誰かが隠れていて、要望を聞き、応答を作っているのだ。すぐに、開発チームは応答を自動生成するシステムの実験を始める。使うのは、おそらく、自分たちが考えたアルゴリズムを実装したライブデータプロトタイプである。

　この種のハイブリッドプロトタイプは、製品を発見するためなら、スケールしないものをビルドすることもあるというアイデアの良い例である。ちょっと頭を使えば、とても迅速に学習できるツールを手早く簡単に作ることができる。確かに、それは定性的学習が中心になるが、私たちの最も大きなひらめきは、しばしば定性的学習から生まれるのだ。

発見のテストテクニック

[概要]

　製品の発見において開発チームが取り組むのは、基本的に、与えられたビジネスの問題を解決するために良いアイデアと悪いアイデアを迅速に分けることである。だが、これは実際に何を意味するのだろうか？
　製品発見の間に私たちが答えを出そうとするのは次の4つの問いである。

1. ユーザーや顧客はこれを使ったり買ったりすることを選んでくれるか？（価値）
2. ユーザーはこれの使い方がわかるか？（ユーザビリティー）
3. 私たちはこれをビルドできるか？（実現可能性）
4. このソリューションはビジネスに貢献するか？（事業実現性）

　私たちが取り組む多くの仕事では、これらの答えは、ほぼすべて明快であり、リスクが少ないことを皆さんは知っているはずだ。開発チームには自信がある。これまでに何度も製品発見を経験し、こうした作業をおこなってきたから、市場投入に進めるのである。
　製品発見の仕事は、これらの答えがはっきりしない場合に真価を問われる。
　これらの問いに答えるための決まった手順はない。だが、多くのチームはある論理にしたがっている。
　まず、価値を評価するのが常識だ。これは最も難しく、最も重要な問いであり、もし価値がないとなったらほかの問いはもはや問題にならない。だが、ユーザーや顧客が価値を理解する前にユーザビリティーに対

処する必要が生じることがある。そういう場合は、通常、同じユーザーや顧客を対象に、ユーザビリティーと価値を同時に評価する。

顧客が本当に価値があると思うものが見つかり、ユーザーが使い方をわかってくれると思えるようにデザインしたら、プロダクトマネジャーはエンジニアと一緒にそのアプローチを再検討し、技術的な実現可能性の観点から実行可能であることを確認する。

実現可能性にも問題がないことがわかれば、利害関係を持つ可能性がある（法務、マーケティング、販売、CEOなどの）主要部門にそのアプローチを示す。こうしたビジネスのリスクに対処するのは大概最後である。というのは、プロダクトマネジャーは、やってみる価値があるという自信がないかぎり組織を混乱させたくないからだ。ときには、最終的なアイデアが、検討を始めたオリジナルのアイデアとだいぶ違ったものになったが、実はオリジナルのアイデアを出したのはステークホルダーだった、ということがある。そういう場合、何が顧客に役立ち、何が役立たなかったかの証拠をステークホルダーに示し、最終的にどういう理由と経緯でそういう形になったかを説明するのが何よりも効果的だ。

CHAPTER
50

ユーザビリティーを
テストする

　ユーザビリティーテストは、発見のテストの中で最も成熟したわかりやすいもので、ずいぶん前から存在する。今ではツールが改善されて、以前よりもよく使われているし、難しい技術はまったく必要ない。昔と違うのは、現在は、最後ではなく製品発見の途中で（製品をビルドする前にプロトタイプを使って）ユーザビリティーテストをおこなっていることである。最後にすると、問題を修正するのに相当大きな無駄が生じてしまったり、もっと不都合なことが起きたりするからである。

　あなたの会社が大企業で、社内にユーザーリサーチチームを持っているなら、できるだけ開発チームのために使う時間を確保してもらおう。たとえ多くの時間をもらえなかったとしても、ユーザーリサーチチームの人々は素晴らしいリソースであり、その中に友人ができればものすごく役に立つ。

　あなたの組織に外部のサービスを利用するための資金がある場合は、ユーザーリサーチ会社を使ってテストができるかもしれない。だが、多

くの会社が請求する費用を考えると、製品に必要なユーザビリティーテストをおこなう余裕はおそらくないだろう。もしあなたの会社が多くの企業と同じ状況なら、資金はもちろん、使える資源はほとんどないはずだ。だからといってテストをしないわけにはいかない。

そこで、ユーザビリティーテストを自分たちでおこなう方法を紹介しよう。

少なくとも最初は、訓練を受けたユーザーリサーチャーのように慣れてないので、コツをつかむまで2、3回かかるだろうが、多くの場合における製品の重大な問題や、フリクションポイント（摩擦点）がわかるようになるはずだ。それが重要なのである。

非公式なユーザビリティーテストのやり方が書かれた優れた本は何冊かあるので、ここではやり方は紹介しない。その代わりに重要な点を強調することにする。

［ テストのためのユーザーを集める ］

まず、被験者を何人か集めてくる必要がある。ユーザーリサーチチームを使っている場合は、あなたに代わってそのチームがユーザーを集め、スケジュールを立ててくれるだろう。そうしてもらえるとすごく助かるが、自分たち自身でやる場合にはいくつかの選択肢がある。

・前に書いた顧客発見プログラムを実行しているなら、少なくともビジネス向け製品をビルドする準備はすっかり整っている。コンシューマー向けの製品に取り組んでいる場合はユーザーグループの人数を増やす必要があるだろう。
・Craigslist*に広告を出して被験者を募集することもできるし、Google AdWordsを使ったSEMキャンペーンを立ち上げ、ユーザー

＊1995年に開設され、日用品売買から不動産契約、求人情報まで扱う世界最大級のクラシファイドコミュニティサイト

を集めることもできる（特に、同じような製品を今まさに使おうとしているユーザーを探す場合に適している）。
- ユーザーのメールアドレスのリストがあるなら、そこから選ぶことができる。リストの絞り込みにはプロダクトマーケティングマネジャーが力を貸してくれるだろう。
- 自分の会社のウェブサイトでボランティアを募集するのも1つのやり方だ。現在、多くの大企業がこの方法を採っている。その際、電話によるスクリーニングをし、選んだ人がターゲット市場に属していることを確認するのを忘れないようにしよう。
- ユーザーが集まる場所は常に訪問しよう。ビジネスソフトウェアの展示会や、eコマースのショッピングセンター、ファンタジースポーツのスポーツバーなどである。何かのアイデアが浮かぶかもしれない。開発している製品が現実のニーズに対応している場合、話に1時間つきあってくれる人を探すのに苦労はしないだろう。何かお礼の品を持っていこう。
- ユーザーに会社に来てもらう場合は、その時間に対する埋め合わせをする必要がある。だから私たちは、スターバックスなど、どちらにとっても都合のいい場所で被験者と待ち合わせをすることが多い。この方法は頻繁に使われるので、よく「スターバックステスト」と呼ばれる。

テストの準備をする

- 通常、ユーザビリティーテストに使うのは高忠実度のユーザープロトタイプである。低忠実度や中忠実度のユーザープロトタイプでも、有用なユーザビリティーのフィードバックが得られるが、通常は、ユーザビリティーテストのあとにおこなわれる価値のテストで、もっと本物に近い製品が必要になる（詳しい理由は後述する）。
- ユーザビリティーと価値のテストの両方あるいはどちらか一方をお

こなうときは、たいていの場合、プロダクトマネジャー、プロダクトデザイナー、開発チームの（中で同席を希望する）エンジニアの1人が出席する。私の好みはエンジニアをローテーションすることだ。前にも言ったように、魔法はエンジニアがいるところで起こることが多いので、可能なかぎりエンジニアが同席するように勧めている。ユーザーリサーチャーが実際のテストに加わってくれる場合は、ユーザーリサーチャーがテストを主導するが、プロダクトマネジャーとデザイナーは絶対にすべてのテストに立ち会わなければならない。

- テストしたい一連のタスクは前もって定義しておく必要がある。それは通常、極めて明白だ。たとえば、モバイルデバイス用の目覚まし時計アプリを開発する場合、ユーザーはアラームをセットし、スヌーズボタンを見つけてタップする、などの操作をする必要がある。目立たないタスクはもっとたくさんあるだろうが、主要なタスク、つまりユーザーが常に使うタスクに集中しよう。

- プロダクトマネジャーやプロダクトデザイナーは製品に近すぎて、こうしたテストを客観的におこなえず、結果に傷ついたり、聞きたいことしか耳に入らなかったりするかもしれないと考える人が今でもいる。この問題を克服する方法は2つある。第1に、どう行動すべきかについてプロダクトマネジャーとデザイナーを教育する。第2に、プロダクトマネジャーやデザイナーが自分のアイデアに恋する前に、テストを迅速に実施する。優れたプロダクトマネジャーは、最初は誰しも製品について思い違いをするものであり、始めから正しく理解できる人はいないことを知っている。そして、こうしたテストから学習することが、成功する製品にたどり着く一番の近道だと知っているのだ。

- ユーザビリティーテストには管理者1人と記録係1人が必要である。加えて、テスト後に報告し、2人が同じものを見て同じ結論にたどり着いたことを確認する人が少なくとも1人いると役立つ。

- 正式なテストラボには、通常、マジックミラーを使った設備か、ディスプレイとユーザーの両方を正面から撮るカメラと有線ビデオモニターが設置されている。こうした施設があるならそれでいいが、私は数えきれないほどのプロトタイプをスターバックスの小さなテーブルでテストしてきた。周りに3つか4つのイスしか置けないテーブルだ。実のところ、いろんな意味でこれのほうがテストラボよりも好ましい。ユーザーが実験室のラットのような気分にならずに済むからである。
- テストに適したもう1つの環境は顧客のオフィスである。これには時間がかかるかもしれないが、顧客のオフィスなら30分でも多くのことがわかる。顧客はその場所の主であり、しばしばよく話してくれる。それに加えて、顧客がふだんどんなふうに製品を使っているかを思い出してくれるきっかけが無数にある。オフィスの様子からわかることもある。ディスプレイの大きさはどれくらいか？ コンピューターの処理速度やネットワークの接続性はどの程度か？ 顧客は仕事をする上でどんなふうに同僚とコミュニケーションを取っているか？ などである。
- こうしたテストを遠隔でおこなうためのツールがあり、私はそれを推奨している。だが、それらのツールは主にユーザビリティーテスト用にデザインされていて、そのあとにおこなわれる価値のテストには使えない。だから私は、リモートユーザビリティーテストを、通常のユーザビリティーテストの代わりになるものではなく、その補助だと考えている。

［ プロトタイプをテストする ］

プロトタイプを用意し、被験者をそろえ、タスクを実行して質問をする準備ができたので、テストを実施するのに役立ついくつかのヒントとテクニックを教えよう。

テストを始める前に、被験者が今その問題についてどう考えているのかを知る機会を持つといいだろう。カスタマーインタビューテクニックの鍵となる質問を覚えているなら、ユーザーや顧客が本当に推測どおりの問題を持っているかどうか、現在その問題をどうやって解決しているか、自分たちのソリューションに乗り換えてもらうためには何が必要かを、知りたいと思うだろう。

- 実際にユーザビリティーテストを始めるとき、テスト対象はまだプロトタイプで、ごく初期の製品のアイデアにすぎず、実際の製品ではないことを被験者にちゃんと伝えよう。また、良い悪いにかかわらず、被験者の率直なフィードバックによって開発チームが感情を害したりしないことを説明しよう。あなたはプロトタイプの基にあるアイデアをテストするのであって、被験者をテストするのではない。被験者には合格も不合格もない。合格や不合格の評価がされるのはプロトタイプだけである。それをきちんと伝えよう。
- タスクを開始する前にもう1つすべきことがある。被験者がプロトタイプのランディングページを見てあなたの意図を理解できたかどうかを確かめよう。特に、被験者にとって価値があったり、被験者の興味を引いたりするはずのものが理解されたかどうかを確かめよう。いったんタスクが始まったら新規ビジターというコンテキストが失われてしまうので、そのチャンスを無駄にしてはいけない。予想と実際のプロトタイプの動作とのギャップを橋渡しする上で、ランディングページが極めて重要なことがわかるだろう。
- テスト中は、ユーザーを批評モードではなく使用モードにしておくために、できるかぎりのことをしよう。重要なのは、ユーザーが実行しようと思うタスクが簡単にできるかどうかである。ユーザーがページ上の何かを見苦しいと思ったり、移動や変更すべきだと考えたりするのは問題ではない。時々、勘違いをしたテスターが、ユーザーに「このページで3カ所変更するとすればどこですか？」など

という質問をすることがある。私は、ユーザーがたまたまプロダクトデザイナーだったりしないかぎり、そんなことには関心がない。もしユーザーが自分が本当にしたいことをわかっているなら、ソフトウェアはずいぶん作りやすいだろう。だから、ユーザーが何を言うかではなく何をするかを観察するのだ。

- テストをしている間に必要とされるスキルは黙っていることだ。誰かが悪戦苦闘しているのを見ると、たいていの人はつい手を貸してあげたくなるものだ。そうした衝動は抑えなければならない。ここでのあなたの仕事は救いようのない話し下手になることだ。沈黙に慣れよう。沈黙こそあなたの友だちだ。
- 予期される主なケースは3つある。

  （1）ユーザーは何の問題もなくタスクをやり遂げ、支援の必要はなかった。

  （2）ユーザーは苦労し、多少不満をもらしたが、最終的にはタスクをやり遂げた。

  （3）ユーザーは非常にいらだち、諦めた。

  中にはすぐに諦めるユーザーがいるので、もう少し粘ってみるように励ます必要が生じるかもしれない。だが、ユーザーがその製品を本当に諦めて競合他社に行くと確信できるところまで来たら、完全に見限ったと認識しよう。
- 一般的に、どんな形にせよ手助けをしたり誘導尋問をしたりすることは避けるべきである。ユーザーがページを上下にスクロールさせて、明らかに何かを探しているように見えるときは、何を探しているのか具体的に聞いてもかまわない。その情報はあなたにとって非常に価値があるからだ。考えていることをそのまま言葉にし続けてほしいとユーザーに頼む人がいるが、これは自然な行動ではないので、ユーザーを批評モードにしてしまいがちだ。
- オウムのようにふるまおう。これはいろんな意味で役に立つ。第1に、ユーザーを誘導するのを避けられる。ユーザーが黙っているの

が気まずくてどうしても我慢できないときは、ユーザーがしていることを言葉にして伝えよう。「右側のリストを見ていますね」という具合だ。これによってユーザーは、自分がしようとしていること、探しているもの、あるいはほかの何であれ話そうという気になるだろう。もしユーザーが質問をしたら、誘導するような答えをするのではなく、その質問をオウム返しにしよう。たとえばユーザーが「ここをクリックしたら新しいエントリーが作れますか？」と聞いたら「ここをクリックしたら新しいエントリーが作れるのだろうかと思っているのですか？」と聞き返すのだ。ユーザーはあなたの質問に答えようとして、大概、「はい、作れると思います」といった具合に、そこから話を続けるだろう。第2に、オウム返しは価値判断を誘導することを避けるのにも役立つ。あなたが「よくできました！」と言いたくなったら、その代わりに「新しいエントリーができました」と言うのである。第3に、重要な点をオウム返しすると、それを書き留めるための時間の余裕ができるので記録係が助かる。
- 基本的に、あなたが取り組むのは、ターゲットユーザーがその問題についてどう考えているのかを理解し、プロトタイプの中で、ソフトウェアが提示するモデルが、ユーザーの問題の捉え方と食い違う場所を特定することである。つまり、それは直感に反していることを意味している。運良くその場所を特定できたら、通常、修正は難しくなく、製品にとって大きな成功につながる可能性がある。
- ボディーランゲージや声のトーンからも多くのことがわかる。ユーザーがあなたのアイデアを気に入らないときはひりひりと伝わってくるし、心から気に入ったときもまたはっきりとわかる。プロトタイプを気に入れば、ユーザーは必ずと言っていいほど、製品がリリースされたらメールで知らせてほしいと言うし、心底気に入れば、リリース前にあなたから入手しようとするだろう。

学習したことをまとめる

　重要なのはユーザーや顧客を深く理解することであり、もちろん、プロトタイプを修正するためにフリクションポイント（摩擦点）を特定することである。それは、名前の付け方や、フロー、ビジュアルデザインの問題、メンタルモデルの問題かもしれないが、問題を特定したと思ったらすぐにプロトタイプを修正しよう。すべての被験者に同一のテストをしなければならないという決まりはない。そうした発想はこの種の定性的テストが果たす役割の誤解から始まっている。私たちはここで何かを証明しようとしているのではない。ただ迅速に学習しようとしているだけなのだ。

　個々の被験者ごとに、あるいは一連のテストごとに、通常はプロダクトマネジャーかデザイナーが主要な学習事項をまとめた短いメールを書き、製品開発チームに送信する。書くのに長い時間がかかる詳細なレポートは必要ない。ほとんど読まれないし、届くまでに内容が古くなってしまう。プロトタイプは、テストのときに使われたものから、すでに、はるかに進化してしまっているからである。詳細なレポートに誰かが時間をかけて読む価値はないのだ。

CHAPTER
51

価値をテストする

PART **IV** 成功するためのプロセス ── 発見のテストテクニック

　顧客は私たちの製品を買う必要はないし、ユーザーは私たちが提供する機能を選ぶ必要はない。顧客やユーザーは本当の価値を見出したときだけそうするのである。別の視点から言うと、私たちの製品を使えるからといって、私たちの製品を選ぶわけではないということだ。これを痛感するのは、顧客やユーザーを、それまで使っていた製品やシステムから、自分たちの新しい製品に乗り換えさせようとするときである。そして、ユーザーや顧客は、ほとんど常に何かから乗り換えようとしている。たとえその何かが自社製のソリューションであっても変わりはない。

　非常に多くの企業や製品開発チームが、やらなければならないのは機能を適合させること（機能同等性と呼ばれる）だけだと考えていて、自分たちの製品が、他社製品より低価格でも売れない理由を理解していない。

　顧客があなたの製品を買い、以前のソリューションから移行するための労力や障害を乗り越えるよう動機づけるためには、あなたの製品が格

段に優れていることを理解してもらわなければならない。

　これらが意味することを一言で言うと、優れた製品開発チームはほとんどの時間を価値の創造に使うということだ。価値さえあれば、ほかのすべては修正できる。価値がなければ、ユーザビリティーや信頼性や性能がどんなに優れていても意味がないのだ。

　価値にはいくつかの要素があり、それぞれをテストするテクニックがある。

需要をテストする

　時々、私たちがビルドしようとしているものに需要があるかどうかがはっきりしないことがある。言い換えれば、私たちがある問題についての素晴らしいソリューションを考え出したとしても、顧客がその問題に関心があるかどうかはわからないということだ。顧客には、新しい製品を買ってそれに乗り換えるだけの関心があるだろうか？　この需要テストの考え方は、既存の製品の特定の機能に至るまで、あらゆる製品に適用できる。

　私たちの製品は、需要が実証済みで測定可能な既存市場に参入することがほとんどないため、よく需要が確立されていることはあるものの、そこに需要があるといった判断をすることはできない。そうした状況における本当の問題は、価値の観点から見てほかの選択肢よりも優れていると実証できるソリューションを考え出せるかどうかである。

価値を定性的にテストする

　最も一般的な定性的な価値のテストは、レスポンスあるいは反応に焦点を当てている。顧客はこの製品をすごく気に入るだろうか？　これにお金を払うだろうか？　ユーザーはこの製品を使うことを選ぶだろうか？　そして最も重要なこととして、もしそうでないなら理由は何だろ

うか？

［　価値を定量的にテストする　］

　多くの製品に関して、私たちは有効性をテストする必要がある。有効性というのは、そのソリューションがどれだけうまく根本的な問題を解決できるかということである。ある種の製品では、有効性は非常に客観的かつ定量的である。たとえば、広告技術においては、生み出された収益を計り、それをほかの広告技術の選択肢と簡単に比較できる。一方、ほかの種類の製品、たとえばゲームなどでは、はるかに客観性が低い。

CHAPTER
52

需要テストの
テクニック

　時間と労力の最大の浪費の1つであり、無数のスタートアップ企業が失敗する原因は、開発チームが、ユーザビリティーをテストし、信頼性をテストし、性能をテストし、すべきだと考えられるすべてのことをやって、製品をデザインし、ビルドするときに、もっとひどい場合には製品を最終的にリリースするときに、人に買ってもらえるような製品ではないと気づくことである。

　多くのユーザーが試用版にサインアップしているのに何らかの理由で購入を決めない、というわけではないのだ。それならたいていやり直せる。そもそも、ユーザーが試用版にサインアップしたいとすら思わないのである。これは深刻で、しばしば致命的な問題である。

　価格設定、ポジショニング、マーケティングなどをいろいろ変えて試してみても、最終的には、これは人々が大きな関心を持っている問題ではないという結論にたどり着く。

　このシナリオの恐ろしいところは、私の経験では、ごく簡単に回避で

きることである。

今述べた問題は、スタートアップ企業のまったく新しい製品などの製品のレベル、もしくは機能のレベルで起こる。機能の例は悲しくなるほどありふれている。毎日、使われない新機能がデプロイされている。だが、このケースは容易に防げるのだ。

あなたは新しい機能を考えているとしよう。大口の顧客に要望されたのかもしれないし、ライバル企業の製品がその機能を備えていることがわかったからかもしれない。あるいはCEOのお気に入りの機能だという場合もあるだろう。あなたがその機能について開発チームと話し合うと、エンジニアが実装コストがかなり大きいことを指摘する。不可能ではないが、簡単ではない上に、あとで使えないとわかるものに、あなたはビルドする時間をかけたくないと思う。

需要テストのテクニックは「フェイクドア需要テスト」と呼ばれる。これは、ユーザーエクスペリエンスの、適切だと考える場所にボタンかメニュー項目を加えるというアイデアだ。だが、ユーザーがボタンをクリックすると新機能が使えるようになるのではなく、特別なページに移るのだ。そのページでは、開発チームが新機能の追加を検討しており、それについて相談に乗ってくれる顧客を探していることが説明される。また、ユーザーがボランティアで協力する場合の（たとえばメールアドレスや電話番号の入力）方法も表示される。

このテストを効果的にするためには、そのボタンをクリックするまでユーザーにそれがテストだとわかる視覚的暗示を与えないことが肝心である。このテストの利点は、非常に役立つデータをすぐに集められ、そのデータを使えば、このボタンのクリックスルー率を、私たちの予測値やほかの機能のクリックスルー率と比較できることである。さらに、顧客をフォローすれば、顧客が何を期待しているのかをより深く理解することができる。

この基本的な考え方はあらゆる製品に適用できる。ページに配置されたボタンではなく、新たに提供する製品ファネルのためのランディング

ページを作ることも可能だ。これは「ランディングページ需要テスト」と呼ばれる。これを使えば、実際にサービスを開始したときとまったく同じ形で、そのサービスを説明できる。違うのは、ユーザーが、試用版にサインアップする（ほかのどんなアクションでもいい）のではなく、アクションを呼び出す箇所をクリックすると、説明のページが表示されることだ。そのページでは、開発チームが新しいサービスを追加する可能性を検討していて、もしよければ新しいサービスについて話を聞かせてほしいということが書かれている。

どちらの形の需要テストでも、（初期のスタートアップ企業の場合は）すべてのユーザーにテストを表示することもできるし、（大企業の場合は）ごく一部のユーザーや特定の地域のユーザーだけに表示することもできる。

できれば、このテストが簡単に実行できること、そして2つの非常に重要な情報をすぐに集められることをわかってほしい。つまり、（1）需要に関する適切な証拠と、（2）新しい機能についてぜひ話をしたいと思っているユーザーのリストである。

現実には、需要は問題にならないことが多い。ユーザーが試用版にサインアップしてくれるからである。問題は、ユーザーが製品を試用しても心を躍らせないこと、少なくとも、現在使っているものから乗り換えたくなるほど興奮しないことである。それに対処するのが後続の章で取り上げる、定性的テクニックと定量的テクニックの目的である。

COLUMN
リスクを嫌う企業での製品発見テスト

　スタートアップ企業で製品発見をおこなう方法については、私を含めたくさんの人々が多くのことを書いてきた。スタートアップ企業には多くの難題があるが、何よりも重要なのは生き残ることである。

　製品開発の視点から見たとき、スタートアップ企業の現実的な利点の1つは、引きずっているレガシーや、保つべき収益や、守るべき評判がないことである。そのおかげで迅速に動けるし、大したマイナス面なく大きなリスクを冒せるのだ。

　だが、製品がビジネスの継続や成長を支えるところまで発展すると（おめでとう！）、今度は失うものが生まれ、製品発見の力関係に変化が必要になっても驚くことではない。ここでの私の目的は、こうした違いをはっきりさせ、より大きなエンタープライズ企業では、テクニックがどのように修正されるのかを説明することである。

　ほかの人たちもこうしたテクニックをエンタープライズ企業に適用する方法について書いているが、私が読んだかぎり、特に印象に残るようなアドバイスはなかった。何度も目にした提案は、完全防備の特別チームを作り、上空から援護を与えながらイノベーションに出発させるといったたぐいのものだ。真っ先に頭に浮かぶのは次のような疑問である。特別なイノベーションチーム以外の人々はどうするのだろうか？　会社の既存の製品はどうなるのだろうか？　たとえ何か牽引力になるものを獲得したとしても、既存の製品開発チームはどうやってその知識を受け入れればいいのだろうか？　こうした疑問は、私がいわゆる企業イノベーションラボに賛同しない理由の1つである。

　私は長い間、製品発見のテクニックと、迅速なテストアンドラーンは、スタートアップ企業だけでなく大規模なエンタープライズ企業にも完璧に適用できると主張してきた。Apple、Amazon、Google、Facebook、

Netflixなどの最も優れた製品開発企業は、こうしたイノベーションを制度化した偉大な例である。これらの企業では、イノベーションはわずか数人に追求する許可が与えられるといったものではない。それはすべての製品開発チームの責任なのだ。

　先へ進む前に、IT企業にとって最も重要なことを強調しておきたい。イノベーションを止めたら終わりだ。たぶんすぐにというわけではないが、もし、既存のソリューションの最適化しかせずに、イノベーションを止めたら、ほかの企業の餌食になるのは時間の問題である。

　私たちがひたすら製品を進化させ続け、増やした価値を顧客に届けなければならないということに選択の余地はないと私は信じている。

　とは言っても、これは責任を持ったやり方でおこなう必要がある。実際には、2つの大きな責任を果たすことを意味している。収益とブランドを守ることと、従業員と顧客を守ることだ。

収益とブランドを守る

　企業は評判を築き、収益をあげてきた。だから、その評判と収益を守れるように、製品発見をおこなうのが製品開発チームの仕事である。私たちはそれを成し遂げるためのテクニックを、これまでにないほど持っている。たとえば、極めて低コストで低リスクなプロトタイプを作る多くのテクニックであり、最小の投資と限定した公開で機能が働くことを証明するための多くのテクニックである。私たちはライブデータプロトタイプやA／Bテストの枠組みを愛用している。

　ブランドや収益にリスクを及ぼすものは多くはないが、リスクがあるものに対してはさまざまなテクニックを使ってそれを軽減しよう。多くの場合、把握している顧客の1％以下を対象にしたA／Bテストが有効である。

　だが、もっと慎重にならなければいけないときがある。そういう場合は、招待制のライブデータテストをおこなうか、機密保持契約をした顧客発見プログラムの顧客を利用する。ほかにも、テストアンドラーンの

考えに基づいた信頼できるテクニックが数多くある。

従業員と顧客を守る

　収益とブランドを守るのに加えて、従業員と顧客も守らなければならない。もし私たちのカスタマーサービスや、プロフェッショナルサービスや、販売スタッフが、絶え間ない変化にろうばいしていたら、彼らの仕事がこなされず、きちんと顧客の面倒を見ることが困難になる。

　一方、私たちの製品を、常に再学習が必要な動く標的のように感じる顧客は、ずっと幸せな顧客ではいられないだろう。

　だからこそ、私たちは顧客への影響の評価を考慮した、穏やかなデプロイテクニックを使うのである。これは直感に反しているように思えるかもしれないが、継続的デプロイは非常に強力で穏やかなデプロイテクニックであり、顧客に対する影響の評価とともに適切に使えば、顧客を守るための強力なツールになる。

　繰り返しておこう。ほとんどの実験と変化は大した問題ではないが、先を見越して顧客と従業員を守り、変化に敏感であることは、私たちの責任である。

　誤解しないでほしいが、私はエンタープライズ企業でのイノベーションが簡単だと主張しているわけではない。それは困難だ。だが理由は、製品発見のテクニックがイノベーションの障害になっていることではない。それらのテクニックは、高めた価値を常に顧客に届ける上で決定的な意味を持っている。大きなエンタープライズ企業には幅広い問題があり、それが多くの場合においてイノベーションの障害を生んでいるのだ。

　もしあなたが大きなエンタープライズ企業で働いているなら、ささやかな最適化だけに関わるのではなく、一貫して製品を改善するために、絶対に積極的に行動しなければならない。ただし、その製品開発の仕事は、ブランドと収益を守り、従業員と顧客を守るようなやり方でおこなう必要がある。

CHAPTER
53

定性的価値テストの
テクニック

　定量的テストでは何が起きている（またはいない）かがわかるが、その理由はわからないし、状況を修正するために何をすればいいかもわからない。だから定性的テストをおこなうのだ。ユーザーや顧客が製品に対して私たちが望んだような反応をしない場合、なぜそうなのかを考える必要がある。

　前にも言ったが、定性的テストは何かを証明するためのものではない。それは定量的テストの目的である。定性的テストは迅速な学習と重要な洞察のためにおこなわれる。

　こうした定性的ユーザーテストをおこなうと、1人のユーザーからは答えが得られないが、テストをしたすべてのユーザーがそれぞれパズルのピースのようになる。最終的にはパズルの大部分が見えるので、自分がどこで間違ったかを理解できるのだ。

　大げさな言い方なのはわかっているが、現実のユーザーや顧客を対象に製品のアイデアの定性的なテストをおこなうことは、おそらく、あな

たと製品開発チームにとって、唯一の最も重要な製品発見活動である。
このテストは非常に重要かつ有用なので、私は、少なくとも1週間に2、
3回の定性的価値テストをおこなうように製品開発チームに勧めている。
そのやり方を教えよう。

インタビューから始める

通常、ユーザーテストの始めにはユーザーインタビューをおこない、ユーザーの抱えている問題が私たちの推測どおりかどうか、現在どうやってその問題を解決しているか、私たちの製品に乗り換えてもらうためには何が必要かを確認する（Chapter 41「顧客インタビュー」を参照）。

ユーザビリティーテスト

価値を定性的にテストするテクニックには優れたものが多数あるが、それらはすべて、製品がどんなものであり、どのように動作するかをユーザーが知っていることを前提としている。そのため、価値テストは常にユーザビリティーテストのあとにおこなわれる。

ユーザビリティーテストをしているときは、私たちはユーザーが製品の操作の仕方を理解しているかどうかを確かめる。だが、もっと重要なことは、ユーザビリティーテストが終わったときには、製品の狙いが何で、どういう使い方が意図されているのかを、ユーザーがわかっていることである。そうなって初めて、私たちはユーザーと価値（または価値がないこと）について有益な対話ができるのだ。

だから、価値テストの準備にはユーザビリティーテストの準備が含まれる。ユーザビリティーテストの準備と実行の仕方については前の章で解説したので、ここでは、ユーザビリティーテストは価値テストの前に実行することが重要で、それも時間を空けてはならないことを重ねて強調しておく。

ユーザーや顧客に製品の使い方を学習する機会を与えずに価値テストをおこなえば、価値テストは、仮定に基づいて製品を語り、どんなふうに動くのかを想像するフォーカスグループのようになってしまう。はっきり言って、フォーカスグループは市場洞察を得るのには役立つかもしれないが、私たちが市場投入する製品を発見する上では役に立たない（Chapter 33「製品発見の原則」の1を参照）。

　ユーザビリティーテストには、少なくとも、プロダクトマネジャーであるあなたとプロダクトデザイナーが参加するべきだが、エンジニアの1人が同席して定性的テストを観察しているときに何度も魔法が起きるのを見て、私はいつも驚かされている。だから、できるだけそうした状況を作るように努めたほうがいい。

　ユーザビリティーと価値のテストをするためには、ユーザーが、前に述べたプロトタイプの1つを使える必要がある。価値のテストに焦点を絞れば、私たちがいつも使うのは高忠実度のユーザープロトタイプである。

　高忠実度というのはプロトタイプが非常に本物らしく感じられることであり、価値テストにおいては特に重要になる。ライブデータプロトタイプやハイブリッドプロトタイプを使ってもいい。

特殊な価値テスト

　実際のユーザーや顧客と対面して価値テストをおこなうときの大きな障害は、人々が概していい人であり、本当に思っていることを話そうとしてくれないことである。だから、価値を調べるすべてのテストは、被験者が開発チームに気を遣わないようにデザインされている。

● 価値を実証するのにお金を使う

　価値を測るテクニックで私が好きなのは、ユーザーが製品の代価としてお金を払う気になるかどうかを調べることだ。もちろん実際には、代

金を請求しなくてかまわない。ユーザーがその場ですぐにクレジットカードを出して製品を買いたいと言うかどうかを見るのである（本当にカード情報が欲しいわけではない）。

　ビジネス向けの製品で高価な場合、つまりクレジットカードで支払おうとは思わない場合は、「拘束力のない購入同意書」にサインするかどうかを尋ねよう。ユーザーが本気かどうかの良い指標になる。

● 価値を実証するのに評判を使う

　ユーザーが製品に「代価を払う」ほかの方法もある。評判によって代価を払う気があるかどうかを見るのだ。つまり、その製品を、友人や、会社の同僚や、上司にどのくらい薦めたいと思うかを（通常は0～10のスケールで）ユーザーに尋ねるのである。あるいは、ソーシャルメディアで共有してもらうように頼んでもいいし、上司や友人に推薦のメールを書くように頼んでもいい（たとえそのメールを保存しなくても、ユーザーがそれを出そうという気持ちになっただけで大きな意味がある）。

● 価値を実証するのに時間を使う

　特にビジネスでは、その製品に関する仕事を共同でおこなうために、（実際には必要がなくても）長時間の拘束に同意してくれるかどうか、ユーザーに尋ねることもできる。時間も人々が価値に対する代価を支払う方法の1つだ。

● 価値を実証するのにアクセス情報を使う

　また、あなたの製品への乗り換えを考えているユーザーに、（移行ユーティリティーなどがあると言って）現在使っている製品のログイン認証情報を提供してほしいと頼むこともできる。ここでも本気でログインアカウントやパスワードが欲しいと思っているわけではない。ユーザーがその場で製品を乗り換えたいと思うほど自分たちの製品に価値を見出してくれているかどうかを知りたいだけだ。

プロトタイプをイテレートする

　繰り返すが、これは何かを証明するためのものではない。迅速に学習するためのものだ。問題があると考えたら、あるいは別のアプローチを試してみたいと思ったらすぐに実行しよう。

　たとえば、あるプロトタイプを2人の人に別々に見せ、大きく異なる反応が返ってきた場合、あなたがすべきなのはその理由を考えることである。2人は違う種類の顧客で、違う種類の問題を抱えているかもしれない。違う種類のユーザーで、違うスキルセットや専門知識を持っているのかもしれない。現在、別々のソリューションを使っていて、1人は今のソリューションに満足し、もう1人は不満を持っている可能性もある。

　あなたは、この問題に人々の興味を引きつけられなかったと判断するかもしれないし、ユーザビリティーを高める方法を考えられなかったために、ターゲットユーザーに価値を理解してもらえなかったと判断するかもしれない。その場合、すぐに中止して、アイデアを棚上げしてかまわない。プロダクトマネジャーの中には、これを大きな失敗だと考える人もいる。だが、私は、顧客が価値を見出さない（つまり買わない）製品をビルドして出荷する無駄なコストを企業が節約できたと考える。さらに、エンジニアリングチームがビルドできるものの機会費用を失わずに済んだと考える。

　この種の定性的テストに関して注目すべきなのは、非常に簡単で効果が高いことである。自分で確かめたければ、製品あるいはプロトタイプを入れたノートパソコンかモバイルデバイスを持って、それをまだ見たことのない人のところに行き、試してみればいい。

　1つ大切な注意がある。プロダクトマネジャーとして、あなたは必ず一つひとつの定性的な価値テストに立ち会わなければならない。これを人に任せてはいけないし、代わりにテストをやってくれる会社に外注するなど論外である。チームに対するあなたの貢献は、できるだけ多くの

ユーザーに直接接して、開発チームのアイデアと対話し、チームのアイデアに応えることから生まれる。もしあなたが私のところで働いていたとしたら、月給の継続はこれにかかっているだろう。

PART **IV** 成功するためのプロセス ── 発見のテストテクニック

CHAPTER
54

定量的価値テストの
テクニック

　定性的テストが迅速な学習と重要な洞察のためのものであるのに対して、定量的テクニックは証拠を集めるためのものである。
　私たちは統計的に有意な結果を得るのに、十分なデータを収集することもあるし（典型は毎日大量のトラフィックがあるコンシューマー向けサービスである）、ハードルを低く設定して、私たちが有用な証拠と考えるのに十分な利用実態のデータを集め、ほかの要素とともに、集めた情報に基づいた判断を下すのに使うこともある。
　これが前に説明したライブデータプロトタイプの主な目的である。念のために繰り返すと、ライブデータプロトタイプというのは、製品発見において作られるプロトタイプの一種で、あるユースケースを限定されたユーザーのグループに公開し、何らかの利用実態のデータを集めるために使われるものだ。
　このデータを集める主要な方法はいくつかあるが、どのテクニックを使うかは、扱っているトラフィックの量と、持っている時間と、リスク

許容度で決まる。

　まったくのスタートアップ環境では、大したトラフィックもないし、多くの時間もないが、普通、リスクの問題もない（まだ失うものをたくさん持っていない）。

　地位が確立した企業では、しばしば多くのトラフィックがあり、ある程度の時間があるが（たいていの製品開発チームは経営陣が忍耐力を失うのを心配している）、リスクを嫌うことが多い。

A／Bテスト

　この種のテストの代表格は何といってもA／Bテストである。私たちがA／Bテストを愛用する理由は、ユーザーには製品のどちらのバージョンを見ているかがわからないことだ。それによって、私たちが理想とする非常に予測能力の高いデータが得られる。

　気をつけてほしいのは、これは最適化A／Bテストとは少し違った種類のA／Bテストであることだ。最適化テストでは、異なったアクションの呼び出し方や、異なったボタンの色の処理などを実験する。どちらも考え方は同じだが、実際のやり方にはいくつかの違いがある。最適化テストは、通常、表面的なレベルの低リスクの変化を扱い、スプリットテスト（50対50）でおこなう。

　製品発見のA／Bテストでは、通常、現行の製品を99％のユーザーに見せ、ライブデータプロトタイプは1％以下のユーザーにしか見せない。私たちはこのA／Bテストのほうをより厳密に観察する。

招待制テスト

　あなたの会社が過剰にリスクを嫌っているか、1％、あるいは10％のサンプルが得られるだけのトラフィックすらなく、当分、結果を得られる見込みがない場合、証拠を集めるもう1つの効果的な方法は招待制テ

ストである。招待制テストでは、一群のユーザーや顧客を選んで連絡を取り、新しいバージョンの試用に招待する。それが実験的なバージョンであることを伝えるので、被験者がそれを動作させることに同意すれば効率的にオプトインしてもらえる。

このグループが生成するデータは、本格的なブラインドA／Bテストのデータほど予測能力が高くない。オプトインするユーザーは一般的に新しもの好きが多いことを考慮に入れる必要がある。それでも、ライブデータプロトタイプを使って仕事をしてくれる一群の現実のユーザーが得られるわけだし、非常に興味深いデータが集められるのだ。

ユーザーが気に入ってくれるものができたと思い、こうした限定されたグループに試用してもらったはいいものの、結局プロトタイプの良さを感じ取ってもらえなかったことが何度あったかわからない。残念なことに、こうした定量的テストではっきりするのは、被験者がそれを使わないということだけである。理由はわからない。そういうときこそ定性的テストでフォローし、私たちが期待したほど被験者が関心を持ってくれなかった理由を早急に学習しよう。

顧客発見プログラム

招待制テストの1つのバリエーションが、アイディエーションテクニックのセクションで説明した顧客発見プログラムのメンバーを使うことである。メンバーの企業はすでに新しいバージョンをテストすることにオプトインしており、あなたとの間に親密な関係ができているので、容易に続けてテストができる。

ビジネス向け製品の場合、通常、私はこれを利用実態データを収集するための主要なテクニックとして使っている。顧客発見プログラムの顧客にライブデータプロトタイプを頻繁にアップデートしてもらい、その顧客の利用データを、もっと広範な顧客のデータと比較するのだ。

COLUMN
分析の役割

　現代の製品開発における最も重要な変化の1つは分析の利用である。現在、有能なプロダクトマネジャーには、データを容易に使いこなせ、分析を利用して迅速に学習と改善ができる能力が期待されている。

　私は、この変化にはいくつかの原因があると考えている。

　第1に、世界中からさまざまなデバイスを通じてアクセスできるようになったことで、IT製品市場が飛躍的に拡大し、データそのものの量が劇的に増加した。それによって、興味深く、統計的に有意な結果がますます速く得られるようになった。

　第2に、こうしたデータを評価し、データから学習するためのツールが大きく進化した。だが、最も大きいのは、製品開発チームが迅速に学習し適応する上で、データが果たす役割が強く認識されるようになったことだと私は考えている。

　強力な製品開発チームは5つの主要な方法で分析をおこなっている。それぞれの使用法を詳しく見ていこう。

ユーザーや顧客の行動を理解する

　分析というと、ほとんどの人がユーザー分析を思い浮かべる。しかし、それは分析の1つの種類にすぎない。ユーザー分析の考え方は、ユーザーや顧客がどんなふうに私たちの製品を使っているかを理解するということだ（少なくともB2Bのコンテキストでは、1つの顧客の中に多くのユーザーがいる可能性があることを忘れないようにしよう）。これを実行すれば、使われていない機能を特定する、機能が私たちの期待どおりに使われているのを確認する、人々が言っていることと実際におこなっていることの違いをより深く理解する、などが可能になる。

　この種類の分析データは、少なくとも30年間、優れた製品開発チー

ムによって収集され、顧客の行動を理解するために使われてきた。Webが出現する丸10年前に、デスクトップやサーバーは、コールホームして行動分析データをアップロードすることができ、製品開発チームはそのデータを使って改良をおこなった。これは、私にとって、製品開発においてどうしても譲れないことの1つである。ある機能を搭載する場合、最低でもその機能の基本的な使用分析機能を搭載する必要があるというのが私の持論だ。そうでなければ、機能が期待どおりに動いているかどうかが、どうやってわかるというのだろう。

製品開発の進行を測る

　私は、長い間、データを使って製品開発チームを動かすべきだと強く主張してきた。開発チームに旧式のロードマップ、つまりどの機能が動き、どの機能が動かないかについて、誰かが精一杯推測したリストを渡すのではだめだ。私は、一連のビジネスの目標を、測定可能な目標とともに製品開発チームに提示するほうを断然選ぶ。そのあとで、開発チームが、目標を達成する最も良い方法を決めるのである。これは、アウトプットではなくアウトカムに焦点を合わせるという、製品開発の大きな潮流の一部である。

製品のアイデアがうまくいくかどうかを証明する

　現在、特にコンシューマー向け企業では、A／Bテストをおこなって結果を比較することで、新機能や、新たなワークフローや、新しいデザインの貢献を分離して調べることができる。これを使えば、どのアイデアがうまくいくかの証明が可能だ。すべてのアイデアに対して証明をおこなう必要はないが、リスクやデプロイのコストが高いものや、ユーザーの行動を変える必要があるものについては、これは極めて強力なツールになる。トラフィックの量が、少なすぎて統計的に有意な結果を集めるのが難しかったり、多すぎて非常に時間がかかる場合でも、ライブデータプロトタイプから実際のデータを集めれば、より詳細な情報に基づ

いた判断をすることができる。

製品開発に関わる判断を情報で裏付ける
　私の経験では、過去の製品開発で最も悪い結果をもたらしたのは部外者の意見への依存である。発言した人の地位が組織の中で高ければ高いほど、その意見は重視されがちだ。
　現在は、データは意見に勝るという精神のもと、私たちが意見を持つのは、テストの実行、データの収集、そのデータを使って私たちの判断を裏付けるときぐらいである。データがすべてではないし、私たちはデータの奴隷ではないのだが、現在、最も優秀な製品開発チームには、テスト結果の情報に基づいて判断をしている例が無数に見られる。開発チームからは、どれだけデータに驚かされ、そのためにどれだけ考えが変わったかという話を常に聞いている。

製品開発の仕事にひらめきを与える
　私は個人的に、ここまでに書いた分析の役割のどれも大好きだが、一番好きなのは、この最後の点だと認めないわけにはいかない。私たちが（すべてのソースから）集めたデータは金鉱になりうる。このデータのおかげで適切な問いができるようになるのだ。データを詳しく調べることで、非常に有力な製品開発の機会を発見できることもある。現在、私が進行を見守っている製品開発の中で最も優れたアイデアのいくつかは、データからひらめきを得たものだ。確かに、顧客を観察することですばらしいアイデアを得ることはよくあるし、新しいテクノロジーを適用することが目覚ましいアイデアに結び付くことも少なくない。だが、データそのものを研究することでひらめきが生まれ、画期的な製品のアイデアにつながることもあるのだ。
　これは主に、私たちが油断しているところをデータに不意打ちされるからである。私たちは、製品がどんなふうに使われるかについて思い込みを持っていて、そのほとんどは意識すらしていない。そんなときにデ

ータを見ると、思い込みと一致しないことに驚くのだ。本当の進歩につながるのはこうした驚きである。

　もう1つ、ITのプロダクトマネジャーに大切なことは、自分の製品にとって重要な分析の種類について幅広く知っていることである。多くのプロダクトマネジャーは視野が狭すぎる。次に挙げるのは、ほとんどのIT製品にとって欠かせない分析である。

- ユーザーの行動分析（クリックパス、エンゲージメント）
- ビジネス分析（アクティブユーザー、コンバージョン率、生涯価値、リテンション）
- 財務分析（ASP、ビリング、タイム・トゥ・クローズ）
- 性能（ロード時間、稼働時間）
- 運用コスト（ストレージ、ホスティング）
- 市場開拓コスト（顧客獲得コスト、販売コスト、プログラム）
- センチメント（NPS、顧客満足度、調査）

　製品開発チームにとって分析がどれほど強力なツールか、きっとあなたにもわかるだろう。ただし、分析について留意すべき最も重要なことは、データの役割も分析と同じくらい強力だが、データは何が起こっているかを浮かび上がらせても、なぜ起きているかは説明してくれないということだ。定量的な結果を説明するためには定性的なテクニックが必要になる。

＊原注：分析はしばしば重要業績評価指標（KPI）と呼ばれることに注意。

COLUMN
計器飛行する

　意外なことに、いまだに、自分たちの製品に分析データを収集するための機能を付けていなかったり、付けていても、製品が使われているかどうかや、どのように使われているかがわからないようなレベルのものだったりする製品開発チームに多く出会う。

　私自身の開発チーム、そして、これまで一緒に仕事をしたことがある思いつくかぎりのチームはすべて、ずっと以前から分析データの収集をしてきたので、そうした情報がないことは想像もできない。製品がどんなふうに使われているか、どんな機能が実際に顧客に役立っているか、取引の成立を助けるためにはどの機能に対処するために客先に行かなければならないか、といったことがわからない状況を思い出すのも難しい。

　クラウドベースの製品やサービスなら、これは非常に簡単だ。ほとんどの製品開発者はWeb分析ツールを使っているし、自分たちで作ったツールを使うこともある。

　優れた製品開発チームはこれを長年やってきている。クラウドベースのサイトだけではなく、インストールされたモバイルやデスクトップのアプリケーションでも同様だ。業務用のソフトウェア、ハードウェア、デバイスなどが定期的にコールホームして、使用データを開発チームに送るのである。企業の中には、ひどく慎重で、データを送る前に許可を求めるところもあるが、ほとんどの場合は黙っておこなわれている。

　私たちはすべて、個人が特定されないように、データを匿名化して集めなければいけない。だが、時々、どこかの企業があわてて生データを市場に出して問題になっているのをニュースで見ることがある。メディアは、私たちが不正な目的でデータを追跡していると考えているようだが、少なくとも私が知っている企業や一緒に仕事をした企業は、ただ製品を改良して、もっと価値があり、もっと有用なものにしようとしてい

PART **IV** 成功するためのプロセス ── 発見のテストテクニック

るだけである。分析データの収集は、長い間、製品を改良するための最も重要なツールの1つであり続けている。

分析全体のプロセスは次のように進められる。まず、製品の使われ方について何を知る必要があるのかを考え、その情報を収集するための機能を付加する（具体的なテクニックは、あなたが使っているツールと、どんな情報を集めたいのかによる）。最後に、さまざまな形のオンラインレポートを生成し、そのデータを表示させて解析する。

新たに付加したすべてのものについて、それが期待したとおりに動作しているか、あるいは意図しない重大な結果が生じているかがすぐにわかるように、必要な機能が適切な場所に設置されていることを確認する。正直に言って、その計装がなければ、新しい機能を公開しようとは思わないだろう。新機能が動作しているかどうかわからないのだから。

ほとんどのプロダクトマネジャーが朝一番にするのは、分析結果を見て、前の晩に何が起きていたかを確認することである。プロダクトマネジャーは、通常はほとんど常時、何らかの形のテストを実行しているので、何が起きたかにすごく関心があるのだ。

もちろん、すべてが堅固なファイアーウォールに守られている極端な環境もあるが、それでも製品は定期的な使用レポートを生成し、検討し、承認したのちに、それを開発チームに（電子的に、または必要であればプリントして）転送する。

私は、役割を果たさない機能を取り除いて、製品を大胆に単純化するのが大好きだ。だが、何が、どのように使われているのかわからなければ、実際に起きていることを把握できないので、この分析プロセスは極めて困難なものになる。私たちは、自分の理論や判断を裏付けるためにデータを取るのではないので、経営陣がためらうのも無理はないのだ。

個人的には、単純にこのデータが必要だという地点からスタートし、そこから逆にデータを手に入れるのに最良の方法を見つけ出すのがいいと考えている。

CHAPTER 55

実現可能性を テストする

PART IV 成功するためのプロセス ── 発見のテストテクニック

　実現可能性の立証について話し合っているとき、エンジニアたちはいくつかの関連する問いに答えようとしている。

- これをビルドする方法を知っているか？
- これをビルドするスキルを私たちの開発チームは持っているか？
- これをビルドするのに十分な時間があるか？
- これをビルドするためにアーキテクチャーの変更が必要か？
- これをビルドするのに必要なすべてのコンポーネントは手元にあるか？
- これをビルドすることに含まれる依存関係を理解しているか？
- 性能は許容できるか？
- これは私たちが必要とするレベルまでスケールアップできるか？
- これをテストし、実行するために必要なインフラがあるか？
- これをセットアップするためのコストを負担できるか？

あなたをおびえさせたいわけではない。エンジニアは、製品発見で検討する製品のアイデアのほとんどについて、これらのポイントを即座に考え、一言「問題ない」と言うのだ。というのも、私たちの仕事の大半は初めて目にするようなものではなく、エンジニアは過去に何度も似たものをビルドしてきたからである。

しかし、これが当てはまらないアイデアも間違いなくあり、そのときはこれらの問いのいくつか、あるいは多くが、エンジニアにとって答えるのが難しいものになる。

現在、よくある例として、多くの開発チームが機械学習技術を評価しようとしたり、開発か購入かを検討したり、その技術が今取り組んでいる仕事に適しているかどうかを評価したり、もっと広く言うと機械学習の潜在的能力を理解しようとしている。

あなたが考える上で役に立つ非常に実践的で重要なアドバイスがある。毎週、企画会議を開いて、山ほどのアイデアをエンジニアの前に投げ出し、時間や、ストーリーポイントや、その他の作業のまとまりについて何らかの見積もりを要求することは、ほぼ確実にひどい結果を招く。調査したり検討したりする時間を与えず、エンジニアを質問で困らせれば、半ばあなたを立ち去らせることを狙った消極的な答えが返ってくる可能性が高い。

だが、開発チームがそれらのアイデアを（プロトタイプを使って）顧客に試すときにエンジニアが同席し、問題が何であり、顧客がそれらのアイデアをどう感じたのかを見ていれば、おそらくエンジニアはすでにその問題を考え始めているだろう。あなたが、そのアイデアに価値があると思ったならば、エンジニアに、それを調査し検討する時間を与える必要がある。

聞くべきことは「これができるか？」ではない。むしろ、エンジニアにアイデアの検討を依頼し、「これをするのに一番いい方法は何で、それにはどれくらいの時間がかかるだろうか？」と聞くべきである。

エンジニアがあなたの所に戻ってきて、さっきの質問に答えるために

は実現可能性のプロトタイプを作る必要があると言うこともある。その場合はまず、そのアイデアに、製品発見の中で必要な時間をかけるだけの潜在的な価値があるかどうかを考えよう。価値があると判断したら、仕事を進めるようにエンジニアを促そう。

実現可能性を評価するに当たってもう1つ大切なことがある。私は、エンジニアが調査にもう少し時間が欲しいと言ってくるアイデアを嫌るプロダクトマネジャーをたくさん見てきた。そういうプロダクトマネジャーにとっては、そのアイデアはすでにリスクが大きく、時間がかかることを意味しているのだ。

そうしたプロダクトマネジャーに言いたいのは、私は個人的にそのようなエンジニアのアイデアが好きだということだ。理由はいくつかある。第1に、最も優れた製品のアイデアの多くは、ようやく問題を解決できるようになった方法に基づいている。それには、新しい技術と、その技術を調べて学習する時間が必要だ。第2に、エンジニアに1日か2日でも調べる時間を与えると、実現可能性の問いへの適切な答えだけでなく、問題を解決するより良い方法を持ってくることが多い。第3に、このような仕事は、学習し能力を発揮するチャンスを与えてくれるので、開発チームにとってしばしば強い動機となる。

COLUMN
ハードウェア製品の発見

　今日では多くのITに基づいた製品がハードウェア的要素を含んでいる。電話から腕時計、ロボット、自動車、医療機器、サーモスタットまで、スマートデバイスはそこら中にあふれている。

　だとすれば、こうした複雑な問題にハードウェアを追加すると、ここまで説明してきたすべてにどんな影響があるのだろうか？

　明らかな違いがいくつかある。たとえば、エンジニアのスキルセットが異なるし、インダストリアルデザインが必要となるし、もちろん改善してきているとはいえ、ソフトウェアよりも製造にかなり時間がかかる。

　だが、課題は増えるけれども、これまで説明してきたことの大部分は当てはまる。さらに、ハードウェアが複雑な問題の一部であるとき、今まで説明してきた発見のテクニック、特にプロトタイプの役割は重要性を増す。

　なぜなら、ハードウェアに関しては、時間と費用の観点で、失敗した結果がはるかに厳しいものとなるからだ。ソフトウェアは、多くの場合において、比較的費用をかけないで問題を修正できるが、ハードウェアはそうはいかない。

　特に、ハードウェアには技術的な実現可能性のリスクがより多く存在するし、事業実現性のリスクも増える。たとえば、ハードウェアには、パーツ、製造コスト、予測に関するより精密な分析が必要になる。とはいえ、ハードウェアデバイスに必要なプロトタイプの製作には３Ｄプリンター技術の出現が劇的に役立っている。

　結論として、ハードウェア製品では、価値、ユーザビリティー、実現可能性、事業実現性のリスクに積極的に取り組むことが求められ、製造に関与する前に、しっかりした自信を持つ必要がある。

CHAPTER
56

事業実現性をテストする

PART **IV** 成功するためのプロセス ── 発見のテストテクニック

　顧客に愛され、かつエンジニアがビルドして市場投入できる製品を考え出すのは、間違いなく非常に難しい。多くの製品はそこまで到達しないで終わる。

　しかし、実際はそこに到達しても十分ではないのだ。ソリューションはまた、ビジネスに貢献しなくてはいけない。これは、思うよりもはるかに難しいと忠告しておこう。

　多くのプロダクトマネジャーが、仕事の中で一番好きになれないのがこの部分だと打ち明ける。気持ちはよくわかるが、私はそういう人々に、これができるかできないかが、良いプロダクトマネジャーと偉大なプロダクトマネジャーの分かれ目になると言っている。何よりも、製品開発のCEOであるためには欠かせないことだ。

　ビジネスを成立させるのは常に困難だ。プロダクトマネジャーは実行可能なビジネスモデルを持つ必要がある。製品を製造し、マーケティングし、販売するためのコストは、製品が生み出す収益よりもできるだけ

小さくしなければならない。販売する国の法律を守らなければならないし、ビジネス上の契約やパートナーシップの責任を果たさなければならない。そして、製品は自社のほかの製品のブランドプロミスに合致していなければならない。

プロダクトマネジャーは、苦労して獲得した、企業の収益、評判、従業員、顧客を守る必要がある。

この章では、ITに基づいた製品企業の主要なステークホルダーを挙げて、それぞれの代表的な関心事と制約を示し、プロダクトマネジャーがどうやって各分野の事業実現性をテストするかを説明する。

これはごく一般的なリストで、取り上げる分野のほとんどがあなたの会社に当てはまると思うが、ほかとは異なるステークホルダーがいるビジネスもある。だから、リストに入っていないステークホルダーがあなたにとって重要でないというわけではない。

プロダクトマネジャーにとって一番起きてほしくないことは、開発チームが前のめりになって、ソリューションを商品化し、出荷できる製品を市場投入することに時間を費やすことである。結局、これは制約の1つを破っていて、自分たちに出荷はできないことがわかって終わる。こうした事態が起きたら、それは間違いなくプロダクトマネジャーの責任である。自分たちに関連する制約の一つひとつを理解し、その制約の中で積極的に行動することがあなたの役割だ。

マーケティング部門

すでにプロダクトマーケティングマネジャーのことは話し、ステークホルダーというより製品開発チームのメンバーだと見なしていると書いた。だが、もっと一般的に言うと、マーケティング部門の関心は、販売を可能にすること、ブランドと評判、市場競争力と差別化に置かれている。マーケティング部門が必要としているのは、結果として生まれた製品が現実の問題に直結していて、人の心をつかむものであり、市場開拓

チャネルに合ったものであることだ。だから、開発チームの考えていることがこうした条件をリスクにさらすならば、大きな懸念を生んでしまう。

開発チームが製作を提案しようとしている製品が、販売チャネルや大きなマーケティングプログラムに影響を与える可能性があったり、ブランドプロミス（顧客があなたの会社に期待するものの範囲）から外れる可能性があるときは、ビルドする前にマーケティング部門と話し合い、プロトタイプをマーケティング部門に見せる必要がある。マーケティング部門と協力して、懸念に対処する方法を見つけよう。

販売部門

あなたの会社に直販組織や広告販売組織がある場合は、販売部門は製品開発部門に対して非常に大きな影響力を持つ。成功する製品は販売チャネルの力と制限にのっとってデザインする必要がある。

たとえば、直販チャネルには大きなコストがかかっているので、高価値な製品とプライスポイントが必要だ。あなたの会社が特定のスキルセットを使って販売チャネルを構築していて、新しい製品に大きく異なったスキルと知識のセットが必要な場合、販売チームはその製品を断固として拒否するだろう。

開発チームが提案しようとしている製品が、それまで販売チャネルの能力を立証してきたものからの逸脱を意味するときは、ビルドする前に販売部門のリーダーと膝を交えて話し合おう。そして、提案するものを効果的に販売する方法を考え出せるかどうか、一緒に検討しよう。

カスタマーサクセス部門

IT企業の中には、「ハイタッチ」と呼ばれる顧客を支援するモデルを持っているところがあるし、「ロータッチ」モデルを持っているところ

もある。プロダクトマネジャーは、自分の会社がどんなカスタマーサクセス戦略を持っているか知っておく必要があるし、製品がその戦略にかなっていることを確認する必要がある。

カスタマーサクセス戦略の変更を伴う製品を提案しようとするなら、やはり、カスタマーサクセス部門のリーダーと膝を交えて話し合い、どんな選択肢があるのか議論しなければならない。

ちなみに、あなたの会社がハイタッチサービスモデルを取り入れているなら、カスタマーサクセス部門のスタッフは、製品開発の着想やプロトタイプのテストにおいて、ものすごく役に立ってくれるはずだ。

財務部門

多くの場合、財務部門はいくつかの異なった制限や検討事項に対応するが、特に重要なのはあなたの会社が新しい製品をビルドし、販売し、運用するのに必要な資金があるかどうかという問題である。一方で、ビジネスの分析や報告も通常、財務部門の仕事であり、インベスターリレーションズやそのほかの配慮によって独自の制約を設けることもある。

もしコストの問題が絡んできたら、自分たちが実現可能なアプローチを考え出したことを財務部門のリーダーに説明するために、あらかじめ財務部門の誰かに直接相談し、コストモデルを作ることが不可欠になる。

法務部門

ITに基づいた企業の多く、特に市場に大きな変革をもたらそうと懸命になっている企業にとって、法務部門は非常に重要な役割を果たす。プライバシーやコンプライアンスに対する懸念、知的財産権、競争に関わる問題などはすべて法務部門に関連する一般的な制約である。プロダクトマネジャーが早めに法務チームの人に会って、自分たちが提案しようとするものを説明し、法務チームの視点から見て注意すべき問題や領

域があるかどうかを膝を交えて話し合えば、多くの時間と手間を節約できる。

事業開発部門

　ほとんどの企業は、さまざまな種類のパートナーと緊密なビジネス上の関係を持っており、通常それぞれの背後には契約があって、一連の義務や制約が決められている。ときには、そうした契約のためにあなたの会社の競争力が制限されることもあるし、大きな成功につながることもある。どちらの場合も、パートナーシップが、製品やこれから提案しようとしているものに与える影響を理解する必要がある。

セキュリティー部門

　通常、私たちはセキュリティー部門を、ステークホルダーというより、エンジニアリング組織に不可欠な部分と捉えており、それゆえ製品開発チームの一部だと見なしている。しかし、多くのITに基づいた企業にとってセキュリティーに関わる問題は極めて重要なので、私は別の部門と考えるほうが有益だと思っている。だから、少しでもセキュリティーに関わるものを提案しようとするなら、早めにセキュリティー部門のリーダーのところにテックリードを連れて行き、自分たちのアイデアと、セキュリティー部門の懸念に応える方法について、膝を交えて話し合う必要がある。

CEO／COO／GM

　言うまでもなく、どんな企業にもCEOや事業部門に責任を持つゼネラルマネジャーがいる。そうした人たちは、さまざまな制約を把握していると同時に、おそらく制約について心配している。だから、もしプロ

ダクトマネジャーが制約に気づいていなかったり、対処する計画を持っていなかったりすれば、経営幹部はそのプロダクトマネジャーや製品開発チームを信頼しないだろう。

　プロダクトマネジャーがするべき準備をし、ビジネスのさまざまな側面を理解しているかどうかはCEOにはすぐにわかってしまう。

　事業実現性のテストは、あなたのチームが提案しようとする製品ソリューションが、こうしたさまざまな分野の制約の中で動作するのを確認することである。影響を受けるステークホルダーにとっては、提案を検討し、自分たちの懸念がしっかりと対処されているのを確認する機会があることが重要なのだ。

COLUMN
ユーザーテストvs製品デモvsウォークスルー

　本書を通じて、私は「プロトタイプを見せる」ことについて話してきた。実際には、プロトタイプを見せるには3つの大きく異なったテクニックがあり、状況に応じて適切なテクニックを使い分けなければならない。

　ユーザーテストは、製品のアイデアを現実のユーザーや顧客でテストするときに使う。これは定性的なユーザビリティーと価値のテストテクニックであり、ユーザーにプロトタイプを操作してもらう。目的は、プロトタイプや製品のユーザビリティーと価値をテストすることである。

　製品デモは、製品を見込みユーザーや見込み客に販売したり、製品の良さを社内に広めたりするときに使う。これは、販売または説得のためのツールである。普通はプロダクトマーケティングマネジャーが製品デモの入念なシナリオを作るが、対象が高価値な顧客や経営幹部などのときは、プロダクトマネジャーが製品デモの実演を頼まれることがある。この場合はプロダクトマネジャーが製品を操作する。目的は、プロトタイプや製品の真価をわかってもらうことである。

　ウォークスルーは、プロトタイプをステークホルダーに見せ、すべての懸念事項を1つ残らずチェックしてもらったことを確認したいときに使う。目的は、ステークホルダーに問題を見つけるためのあらゆる機会を与えることである。普通はプロダクトマネジャーが操作するが、ステークホルダーが自分でプロトタイプを触ってみたいと言ったら、喜んでそうさせてあげよう。あなたはステークホルダーに何かを売ろうとしているのではなく、何かをテストしようとしているのでもない。大切なのは、絶対に何かを隠そうとしてはいけないということだ。

　私は、未熟なプロダクトマネジャーが、製品デモの準備をしなければならないときに、見込み客に対してウォークスルーをするのを何度も見

PART **IV** 成功するためのプロセス ── 発見のテストテクニック

てきた。初心者によく見られるもう1つの誤りは、ユーザーテストの最中に製品デモをして、ユーザーに感想を聞くことである。

　自分がしているのが、ユーザーテストなのか、製品デモなのか、ウォークスルーなのかをはっきりと自覚しよう。そして、この3つを実行するスキルを確実に身に付けよう。

CHAPTER
57

プロフィール

Netflixの
ケイト・アーノルド

　Netflixは私がこれまでで最も好きなサービスの1つであり、最も好きな企業の1つである。だが1999年、創業間もないNetflixは倒産の瀬戸際にあった。当時のNetflixはロスガトスに本拠を置く、従業員が20人にも満たない新興企業だった。Netflixには2人の経験豊かな創業者がおり、そのうちの1人は伝説的なリード・ヘイスティングスだったが、問題は顧客数の伸びが30万人で頭打ちになっていたことだった。

　Netflixは、基本的にBlockbusterと同じ、一般的なペイパーレンタルのサービスを提供していた。違うのはオンラインで営業していたことである。顧客には、例によって新しもの好きがおり、レンタルビデオ店がない場所に住んでいる人がいたが、実際は、仕事帰りに近所のBlockbusterに寄れるのに、わざわざ米国郵政公社を通じてDVDを借りる必要はなかった。人々は1度はNetflixを利用してみるものの、すぐにそのサービスの存在を忘れた。進んでNetflixに乗り換えようという動きは感じられなかった。開発チームも、自分たちのサービスに人々の気持

ちを変えるほどの魅力がないことがわかっていた。

　さらに悪いことに、DVDの販売は伸び悩み、ハリウッドの反発によって状況は一層混沌としていた。それにフルフィルメントロジスティクスや、DVDの品質を保つ難題が加わり、コストをカバーして利益を出しながら、これらの問題をどうやって解決するかを考え出すという難題もあった。

　ケイト・アーノルドはこの小さな開発チームのプロダクトマネジャーであり、チームは何か違ったことをする必要性を感じていた。

　開発チームが試した多くのテストの１つが、サブスクリプションサービスに移行することだった。顧客に１カ月単位でサインアップしてもらい、映画を無制限に提供するというものだ。果たしてこのアイデアは、メディア消費行動を変えるだけの魅力があると人々に受けとめられただろうか？

　良いニュースは、このアプローチが確実に人々の心をつかんだことである。月額固定料金で好きなだけビデオが観られるというのは非常に魅力的に思えたのだ。

　悪いニュースは、開発チームがみずから深刻な問題を生んだことだ。Netflixの顧客は当然、新しくリリースされたフィーチャー映画を借りたがる。だが、こうした映画はNetflixが仕入れるにはあまりにも高く、大量の在庫が必要になると、たちまち資金が底を突きそうになったのだ。

　そのため、製品開発の課題は、どうやって顧客が観たい映画を確実に観られるようにし、なおかつ会社が倒産しないようにするかになった。

　開発チームは、顧客が高価なタイトルと安価なタイトルを取り混ぜて借りたがるようにする仕組みが必要だと考えた。必要は発明の母であり、ここでNetflixのキューと、評価システムと、推奨エンジンがそろって登場することになる。これらはITに基づいたイノベーションであり、新しく、格段に魅力的なビジネスモデルを可能にした。

　開発チームは、仕事に取りかかると３カ月でサイトをデザインし直し、キューと、評価システムと、推奨エンジンのすべてを、サブスクリプシ

ョンサービスとしてNetflixのサポートに取り入れた。

開発チームはまた、課金システムを書き直し、月ごとのサブスクリプションモデルに対応できるようにした（おもしろいエピソードがある。新しいシステムをスタートさせたとき、まだ課金システムの変更ができていなかった。Netflixには30日の無料お試し期間があったので、開発チームが必要としたプラスアルファの時間がそこで得られたのだ）。

変動要素が数多くあり、仕事も複雑に絡み合っていたので、毎日のスタンドアップミーティングには会社のほぼ全員が参加した。

共同創業者と一緒に戦略を立てる間に、開発チームとともにユーザーを使ってコンセプトの妥当性を立証し、分析を評価し、機能を改善する。そして、新しいビジネスモデルについて財務部門と、顧客獲得についてマーケティング部門と、フルフィルメントについて倉庫と協議する。ケイトが日々直面した仕事量は容易に想像できるだろう。それでも開発チームは新たなサービスを立ち上げ、ビジネスを7年間成長させたあと、それまで積み上げてきたものを再び破棄し、果敢にもストリーミングモデルに移行したのだ。

ケイトは誰よりも先に、極めて有能なエンジニアからなる驚くべきチームと、創業者のビジョンと勇気を称賛した。だが私は、ケイトがビジネスの動力源となるITに基づいたソリューションを推進しなければ、私たちが知っているようなNetflixは存在しなかった可能性が高いと思っている。

初期のNetflixに関して、もう1つおもしろいエピソードがある。早い時期から現金を求めて悪戦苦闘していたNetflixは、Blockbusterに5000万ドルで買収してほしいと持ちかけて断られた。現在、Blockbusterは臨終を迎えつつあるが、Netflixの企業価値は400億ドルを超えている。

ケイトは今、ニューヨーク市でプロダクトリーダーをしている。

PART IV 成功するためのプロセス――発見のテストテクニック

トランスフォーメーションのテクニック

概要

　ここまで、成功する製品を発見するためのテクニックについて解説してきた。だが、製品開発チームや会社に新しいテクニックを取り入れさせ、仕事のやり方を変えさせるのは、「言うは易く行うは難し」である。これはしっかりと頭に置いておかなければならない。

　変化するのが難しい理由の1つは、人はさまざまで容易には1つの方向にまとまらないことだ。だが、主な理由は、変化がしばしば文化的なものだからである。

　わかりやすい例として、傭兵スタイルで、製品開発ロードマップ主導で、アウトプットに焦点を置いた開発チームから、実質的な権限を与えられ、説明責任を持ち、ビジネスの成果で評価される製品開発チームへの移行は、大きな文化的変革であり、実質的な権力と管理を経営陣からチームの個人に引き渡すことを意味する。

　重ねて言うが、これは簡単に起こせる変化ではない。

　だが幸いなことに、組織がこの変化を成し遂げるのに役立つテクニックがある。

CHAPTER
58

ディスカバリースプリントのテクニック

　私が見るかぎり、多くの開発チーム、特に最新の製品開発テクニックをよく知らないチームは、現代の製品発見の体系的なガイダンスを探しているようだ。この章では、「ディスカバリースプリント」という考え方について説明する。

　ディスカバリースプリントは1週間のタイムボックスで、製品開発チームが直面している重要な問題やリスクに取り組むようにデザインされている。

　ディスカバリースプリントが役立つのはトランスフォーメーションだけではない。それは、製品発見のプランニングテクニック、あるいは製品発見のプロトタイピングテクニックだと見なせばわかりやすいかもしれない。だが、これらすべてをまとめたものと考えるのが一番妥当なので、ここではそういう捉え方をする。

　ディスカバリースプリントではなく「デザインスプリント」という言い方をする人もいるが、この仕事の役割は、うまくできればデザインの

枠をはるかに超えるので、私はより一般的なディスカバリースプリントという言葉を使いたい。

さらに、もしあなたの会社がMVPという概念と格闘してきたのなら、ディスカバリースプリントはこの重要なテクニックから価値を得るための非常に良い方法になる。

何年も前に、私はスタートしたばかりのGoogle Ventures（GV）の開発チームに初めて会った。GVはGoogleの投資部門の一部だったが、スタートアップ企業にとって資金よりはるかに価値があったのは、GVが投資した企業に小さなチームを作って送り込み、製品開発が幸先の良いスタートを切れるよう支援したことである。チームの典型的な仕事のやり方は、スタートアップ企業で1週間を過ごし、腕まくりをして、どうやって製品発見をおこなうかを一緒にやって見せるというものだった。

また、ディスカバリーコーチと呼ばれる実績のある製品開発者を何人か知っているが、このコーチも、支援する開発チームのために基本的にはGVと同じことをしている。

いずれのケースでも、1週間の濃密な製品発見の作業の間に、プロダクトマネジャーと開発チームは、重要なビジネス上の問題を解決するという目標に向かって、何十もの異なったアイデアやアプローチを試すことになる。そして、週末には必ず、ソリューション候補となったアイデアの妥当性を実際のユーザーや顧客で検証するのだ。私の経験では、結果として得られるのは常に貴重な学習や洞察であり、それも製品や会社の将来を変えるようなものである。

この大きな枠組みの中で、ディスカバリーコーチはさまざまな手法を提案して開発チームがプロセスをやり通すのを助け、たった5日間で重要なことを学習させるのだ。

100を超える製品開発チームと仕事をし、何がうまくいき、何がうまくいかないかを学びながら手法を洗練させたのち、GVチームは学習した知識を本の形で人々と共有することにした。その本が、『SPRINT 最速仕事術——あらゆる仕事がうまくいく最も合理的な方法』（ジェイク・

ナップ、ジョン・ゼラツキー、ブレイデン・コウィッツ著、櫻井祐子訳、ダイヤモンド社、2017年）である。

　著者たちは週5日を次のように設計する。1日目に問題空間をマッピングして問題を構成し、解決すべき問題とターゲット顧客を選ぶ。2日目にソリューションに対するいくつかの異なるアプローチの追求へと進む。3日目にさまざまなソリューションの候補を絞り込んで具体化したのち、4日目に高忠実度のユーザープロトタイプを作る。5日目にプロトタイプを実際のターゲットユーザーやターゲット顧客の前に置き、反応を観察する。

　これらすべてが絶対に1週間でできるのだ。

　『SPRINT 最速仕事術』では、それぞれのステップを成し遂げるための、著者たちお気に入りのテクニックが詳しく説明されている。本書をここまで読んできた読者はそれらすべてがわかるはずだ。だが、GVの本で私がすごくいいと思うのは、開発チームが仕事を始めるときにしばしば生まれる、実績のある体系的なステップバイステップのレシピが欲しいという要望に応えている点だ。『SPRINT 最速仕事術』は、300ページ近くを費やし、数十もの偉大な製品とチームの例を使って、まさにこのレシピを詳しく解説している。

　ディスカバリースプリントを推奨する状況はいくつかある。まず開発チームが、極めて重要または困難な、あるいはその両方の、大きな問題に取り組む場合だ。ディスカバリースプリントが役立つもう1つの状況は、製品発見をどうやっておこなうかを学んでいる途中である。さらに、仕事の進行が遅すぎて、自分たちがどのくらい速く仕事ができるか、また速くしなければならないかを見直す場合にも役立つ。

　『SPRINT 最速仕事術』はプロダクトマネジャーの必読書であり、読むことを強くお勧めする。

COLUMN
ディスカバリーコーチ

　開発チームがアジャイルに移行する（通常はスクラムから始める）とき、多くの企業はアジャイルコーチと契約するか、社員として雇う。アジャイルコーチは、拡大された開発チーム、特に、エンジニア、QA、プロダクトマネジャー、プロダクトデザイナーが、アジャイル手法を学び、アジャイルへの移行に含まれるマインドセットを身に付けるのを支援する。

　これは、すごく明快なやり方に思えるかもしれないが、実際には多くの問題が生じる。というのは、アジャイルコーチの大多数はIT製品企業で働いたことがなく、実務経験が市場投入に限定されるからである。だから、アジャイルデリバリーコーチと呼んだほうが正確かもしれない。アジャイルコーチは、エンジニアリングとリリースの側面は理解しているが、製品発見の側面は理解していない。

　アジャイルコーチで問題が生じた企業があまりにも多かったので、製品開発企業での経験が豊富で、製品開発の重要な役割、特にプロダクトマネジメントとプロダクトデザインに精通したコーチへのニーズが高まった。こうした人々は、しばしばディスカバリーコーチと呼ばれる。

　ディスカバリーコーチの多くは元プロダクトマネジャーや元プロダクトデザイナー（またはこの分野の元リーダー）で、主要な製品開発企業で働いたり、一緒に仕事をした経験がある。だから、実際のプロダクトマネジャーやデザイナーと並んで仕事ができるし、アジャイルの決まり文句を並べるだけでなく、どうすれば効率的に仕事ができるかを開発チームに身をもって示せるのだ。

　どんなディスカバリーコーチにも開発チームとの得意な関わり方があるが、大概、1週間に1つか、わずかな数の開発チームしか担当しない。この間に、開発チームは、ディスカバリーコーチの援助を受けて1つ以

上のアイディエーションの製品発見サイクルを実行し、プロトタイプを作り、顧客を対象にプロトタイプの妥当性を検証して顧客の反応を測り、エンジニアと一緒に実現可能性を評価し、ステークホルダーとともにそのソリューションがビジネスに貢献するかどうかを評価するのだ。

　現代の製品開発企業でプロダクトマネジャーやプロダクトデザイナーとして実際に働いた経験がないディスカバリーコーチに有能な人がいるとは、私には考えられない。それが、今、ディスカバリーコーチが不足している主な理由の1つだろう。あわせて重要なのは、ディスカバリーコーチが、エンジニアの仕事を共同作業に組み込む方法を知っていることである。エンジニアの時間に配慮しながらも、エンジニアがイノベーションの中で果たす必須の役割を理解していなければならない。

　ディスカバリーコーチはリーンスタートアップコーチに似ているところがある。大きな違いは、リーンスタートアップコーチは、多くの場合、製品の発見だけではなく、ビジネスモデルの発見や、販売やマーケティング戦略の発見においても開発チームを支援することだ。ひとたび新しいビジネスが軌道に乗れば、発見の目的は、まったく新しいビジネスを生み出すことから、既存の製品をさまざまな方法で継続的に改善することに移るのが普通である。この違いがあるため、多くのリーンスタートアップコーチは、必要な製品開発の経験を持っていない。私が見るかぎり、製品発見はスタートアップ企業が最も必要とする能力である。だから、有能なリーンスタートアップコーチは製品開発にも強くなくてはいけないと考えている。

CHAPTER
59

パイロットチームの
テクニック

　初版で、技術採用曲線について話し、この理論が人による変化の受け入れ方の違いをどのように捉えているかを説明した。技術採用曲線は私たち自身の組織にも当てはまり、特に組織の働きをどうやって変えるかを考えるときに適用できることがわかっている。
　あなたの組織にも、変化にすぐ飛びつく人、まずほかの人が使ってうまくいくのを確かめたい人、納得するまである程度の時間が必要な人がいるほかに、少数だが、変化が嫌いで、強制されなければ変わらない人がいるだろう。
　もしあなたが勢い込んで、重要な変化を一気に組織のすべての人々に広げようとすれば、ラガード（変化を嫌う人々）はあなたの取り組みに抵抗したり、妨害さえするかもしれない。
　こうした現実と闘うのではなく、それを受け入れよう。新しい仕事のやり方への移行を促進する簡単な方法の1つはパイロットチームを使うことである。パイロットチームというのは、広範囲に展開する前に、組

織の一部に限って変化を実施するというものだ。まず、新しいテクニックを自発的に試してくれる製品開発チームを1つ見つける。その開発チームに新しい仕事のやり方をしばらく（四半期か半期）続けてもらい、経過を見守る。

　試みが成功したかどうかの基準は目標によるが、最終的には、ビジネスのアウトカムを生む上でのチームの有効性を比較することになる。つまり、パイロットチームが、どれくらいうまく自分たちの目標を達成したかを、ほかの開発チームや、パイロットチームの過去の実績と比較するのだ。

　実験の性質を考えると比較は定性的なものになるが、それによって説得力が下がることはない。

　結果が良ければ、ほかの開発チームも採用したがるだろう。うまくいかなければ、そのテクニックは自分たちに合わないと判断するか、修正が必要だと判断するだろう。

　パイロットチームが優れたアウトカムを生む可能性を最大化するには、パイロットチームに所属する人間や、仕事をする場所、自律性の程度を慎重に考慮する必要がある。理想的なチームは、新しい仕事のやり方に前向きな人々で構成され、主要なメンバーが同じ場所にいて、仕事のやり方をほぼ自分たちで管理し、まだ古いやり方で仕事をしているほかのチームにあまり依存していないチームである。

CHAPTER
60

組織をロードマップ
から切り離す

　製品開発チームの多くが製品開発ロードマップをやめたがっているのに、組織は保守的で、時代遅れの四半期ごとの製品開発ロードマップにとらわれている。その結果、開発チームはどうすれば組織を進化させられるのかわからない。

　こうした場合に私が薦めるのは次のようなやり方だ。既存のロードマッププロセスを半年から1年続ける計画を立てる。並行して、製品開発ロードマップの項目に言及するたびに、あるいはプレゼンテーションやミーティングで議論するたびに、必ず、その機能が貢献すると考えられている実際のビジネスのアウトカムを人々に思い出させる。これは、すぐに始めよう。

　あなたが取り組んでいる機能が、支払方法にPayPalを追加することであり、その理由がコンバージョン率を上げることならば、常に現在のコンバージョン率と、達成しようとしている目標を示すべきだ。最も重要なのは、その機能が稼働し始めたら、必ずコンバージョン率への影響

を強調することである。

　望ましい影響が出ればそれを祝えばいい。期待したような影響が出ない場合は、その機能を実装したが結果は成功ではないと、みんなに強調しよう。学習したことを具体的に指摘すると同時に、望ましい結果を得る方法についてほかのアイデアを持っていることを説明するのだ。

　目標は、組織が注目するポイントを、時間をかけて（1年ぐらいかかるかもしれない）、特定の機能を特定の期日に開始することから、ビジネスの成果に移すことである。

　これを成功させる上で重要なのは、特にステークホルダーがロードマップに執着する2つの大きな理由を把握することだ。

1. ステークホルダーは、開発チームが何に取り組んでいるかについて目に見えるものを求め、最も重要な項目に取り組んでいることを確認したがる。
2. ステークホルダーは、ビジネスのプランを作れる立場にいたいと思っているので、重要なことが起きる時期を知っておきたがる。

　本書で説明している、ロードマップに代わる現代の手法は、これら2つの懸念に対応している。開発チームは、リーダーが決めた、優先順位の付いたビジネスの目標に取り組む。重要な結果は包み隠さず共有する。重要な市場投入の期日が必要であれば、ハイインテグリティーコミットメントで責任を負う。

スケールアップにおけるプロセス

概要

　企業が成長するにつれてリスクを嫌うようになるのはよく理解できる。企業の規模が小さいときは失うものが少ないが、規模が拡大するとリスクにさらされるものが多くなり、会社中のあちこちの人が寄ってたかって資産を守ろうとするのだ。

　企業が、獲得したものを守ろうとする1つの方法は、エラーやリスクを減らすという名目で物事のやり方を定式化、標準化して、プロセスを決めてしまうことである。これは、出張旅費の請求に始まり、報告書の変更を依頼する方法から、製品の発見や市場投入のやり方に至るまで広く適用される。

　経費報告書の作成など、多くの分野でイライラさせられるだけで、企業の成功や失敗に影響するようなものではない。

　一方で、製品開発の方法を管理するプロセスを固定して、イノベーションを急停止させる可能性を生むのは極めて簡単だ。イノベーションを意図的に止めようとする人間はいないが、あまりに多くの企業で、あまりに多く起きているので、注目すべき問題だと思う。

　プロセスの分野で1つ例を挙げると、一般的にアジャイル手法は持続的なイノベーションに大きく貢献する。だが、「アジャイルアットスケール（アジャイルの大規模展開）」を専門にし、アジャイルを多数のエンジニアに拡大するための手法や構造を導入するプロセスコンサルタント会社があるが、それはあらゆるイノベーションの希望を完全に打ち砕くだろう。

　こんな方法をとる必要はない。世界で最も優れた製品開発企業の多くは巨大企業だが、製品開発組織や技術組織のスケールアップに成功して

いる。ここで説明するテクニックや手法は、成長とスケールアップを続けても、持続的にイノベーションをおこなう能力を維持することを目標としている。

PART
IV

成功するためのプロセス ── スケールアップにおけるプロセス

CHAPTER
61

ステークホルダーを
管理する

多くのプロダクトマネジャーにとって、ステークホルダーの管理は仕事の中で最も嫌いな分野だろう。それをいつでも簡単にできるとまでは言わないが、たいていは大きく改善できる可能性がある。

まず、誰がステークホルダーなのかを明確にし、次に、プロダクトマネジャーがステークホルダーに対して負う責任は何なのかを考えよう。そのあとで成功のためのテクニックについて話すことにする。

ステークホルダーの定義

多くの製品開発企業では、ほとんどすべての人が製品開発について発言する権利があると思っている。確かにその人たちは製品開発のことを考えてくれているし、自分自身が使った経験から生まれたものや、顧客から聞いたことにヒントを得たものなど、たくさんのアイデアを持っていることも多い。しかし、何を考えているかに関わらず、誰もその人た

ちをステークホルダーだとは考えないだろう。その人たちは一般的なコミュニティの一部であり、ほかの多くの人々と同様に、製品に関する入力ソースの1つにすぎない。

　ある人をステークホルダーと見なすかどうかの実際的なテストの1つは、拒否権を持っているかどうか、言い換えれば、開発チームが仕事をスタートするのを妨げられるかどうかである。

　次に挙げるグループの人々は、通常、ステークホルダーに含まれる。

- 経営陣（CEOおよび、マーケティング、販売、技術の各部門のリーダー）
- ビジネスパートナー（製品開発やビジネスで提携していることを確認する権限がある）
- 財務部門（製品が財務パラメーターや企業のモデルに適合していることを確認する権限がある）
- 法務部門（開発チームが提案するものが正当化できることを確認する権限がある）
- コンプライアンス部門（開発チームが提案するものが、関連する規範やポリシーを順守していることを確認する権限がある）
- 事業開発部門（開発チームが提案するものが、既存の契約や関係に違反していないことを確認する権限がある）

ほかにもステークホルダーはあるかもしれないが、考え方はわかってもらえたと思う。

　スタートアップ企業は規模が小さいのでステークホルダーがほとんどいないし、率直に言って失うものが多くない。しかし、大企業では、会社の大きな資産を守るために、かなり多くのステークホルダーがいる。

プロダクトマネジャーの責任

　ステークホルダーに関しては、プロダクトマネジャーはさまざまなステークホルダーの考えや制約を理解し、理解したことを製品開発チームに伝える責任がある。顧客にとって有用なものをビルドしたものの、作ったものをデプロイしてはいけないことが、あとから何かの検討会議で判明するというのでは、誰のためにもならない。こういうことはあなたが思うよりはるかに多く起きていて、そのたびに会社は製品開発チームへの信頼を少しずつなくしていっている。

　しかし、それぞれのステークホルダーの制約や懸念を理解するだけでは足りない。最も効果的なソリューションを考え出す自由が欲しければ、プロダクトマネジャーはすべてのステークホルダーに、問題を理解していると納得してもらう必要があり、その上、顧客だけではなくステークホルダーにも役立つソリューションの発見に全力を傾けていると確信してもらうことが欠かせない。また、その姿勢は誠実でなければならない。私がこのことを強調するのは、もしあなたがステークホルダーの懸念を解消すると信じてもらえなければ、ステークホルダーは不信感を募らせるか、あなたをコントロールしようとするからである。

成功のための戦略

　ステークホルダーがあなたとあなたの貢献を尊重してくれたら、ステークホルダーの管理は成功したといえる。ステークホルダーはあなたが自分の懸念を理解し、自分にとってもプラスに働くソリューションを考え出してくれ、重要な判断や変更を常に知らせてくれると信じるようになる。何よりも、最善のソリューションを考え出す機会をあなたに与えてくれ、たとえそれが、結果的にステークホルダーの最初の想像とは大きく違うものになったとしてもいとわないようになる。

　ステークホルダーとの間にこうした信頼関係を築くのはそれほど難し

くないが、まず、あなたが有能なプロダクトマネジャーであることが大前提だ。特に、顧客、分析、技術、業界、とりわけ自社のビジネスについて深い理解を持っていることが求められる。

　これがなければ、ステークホルダーはあなたを信用しない（し、公正な立場で言うなら信用すべきではない）だろう。こうした知識を組織に示す主な方法は、自分が学習したことを広く共有することである。

　この方針に基づいた重要なテクニックは、鍵を握るステークホルダーと1対1の時間を過ごすことだ。ステークホルダーと膝を交えて話を聞こう。ステークホルダーの制約をよく理解すればするほど、ソリューションは良くなると説明して、たくさん質問しよう。何事も包み隠さず、率直に対応するのだ。

　ステークホルダーに関してプロダクトマネジャーがよくしてしまう間違いは、ソリューションをビルドしたあとで見せることである。その場合、プロダクトマネジャーが制約をきちんと理解していなかったために問題が起きることがある。ステークホルダーが腹を立てるだけではなく、修正を強いられるためにエンジニアリングチームも不満を持つだろう。だから、製品発見の過程で、プロダクトバックログに入れる前に、ソリューションを必ずステークホルダーに見せよう。

　これは製品発見の鍵の1つである。製品発見においては、ソリューションが（顧客にとって）価値があり、使いやすく、（エンジニアにとって）実現可能であることを確認するだけではなく、必ずステークホルダーがそのソリューションを支援してくれるようにしなければならない。

　私がしばしば見かけるもう1つの間違いは、プロダクトマネジャーの意見対ステークホルダーの意見という状況に行き着いてしまうことだ。こうなるとたいてい、職階が上のステークホルダーが勝つ。だが、これまで何度も言ってきたように、事態を変える鍵は、すぐにテストを実施して証拠を集めることだ。議論を、意見に基づくものからデータに基づくものに変えるのである。自分が学習したことをオープンに共有しよう。どちらの意見も間違っていることだってありうる。繰り返すが、製品発

見の作業は、特にこうしたテストの場としてデザインされているのである。

　こういったことは、たいてい、協力的で、お互いを尊重する個人的な関係を築けるかどうかにかかっている。ほとんどの企業では、ステークホルダーに情報を提供し、新しいアイデアへのフィードバックをもらおうとすれば、ステークホルダー1人に約30分使うとして、週に2、3時間かかる。私の好きなやり方は、最も関係が深いステークホルダーと一緒に、毎週、ランチを食べたりコーヒーを飲んだりすることである。

　さまざまなステークホルダーに対する事業実現性のテストの対応として大きなグループミーティングを予定し、そこにステークホルダー全員を招待してやっているという話を、プロダクトマネジャーからよく聞く。そのミーティングで、プロダクトマネジャーが、作ろうとしているものについてのプレゼンテーションをパワーポイントを使っておこなうという。

　これには2つの深刻な（キャリアの障害になりうる）問題がある。

　第1に、事業実現性のテストにプレゼンテーションを使うのは、悪名高いひどい方法だ。理由は、あまりにも曖昧なことである。弁護士は、実際に提示される画面や、ページや、文言を確認する必要がある。マーケティングのリーダーは、実際の製品のデザインを見たいと思う。セキュリティーのリーダーは、その製品が厳密には何をしようとするものなのかを見る必要がある。プレゼンテーションはこうしたことにまったく役立たない。

　それに対して、高忠実度のユーザープロトタイプは理想的だ。私は、大企業のプロダクトマネジャーに、高忠実度のプロトタイプに基づかないサインオフは信用しないように助言している。経営幹部がプレゼンテーションを基に何かに同意したものの、実際の製品を見るとひどくショックを受け、いらだち、しばしば怒りをあらわにするのを、何度となく見てきたからだ。

　第2の問題は、セッティングされた大きなグループは強力な製品をデ

ザインするための議論の場ではないことだ。それは委員会によるデザインと同じで、うまくいったところで凡庸な結果しか生まない。そんなことはやめて、ステークホルダー一人ひとりと個人的に会い、高忠実度のプロトタイプを見せ、何か懸念があれば言ってもらえるようにしよう。

　これはあなたの仕事を増やすように思えるかもしれないが、長い目で見れば、仕事や、時間や、嘆きが減ることになると信じてほしい。

　最後に1つ注意がある。多くの企業で、ステークホルダーの中に、製品が何をするものなのかすらわかっていない人や、自分の役割にびくびくしている人すらいる。こうしたことに敏感でなければならない。そんな場合は、時間をとって、事業実現性のテストとはどういうことなのかや、ITを基盤とした製品開発企業がどんなふうに動いていて、それはなぜなのかを説明する必要があるだろう。

COLUMN
良いことが悪いことに変わる

　多くの人が成長を管理することの難しさについて書いており、特に、組織をスケールアップするときは、スタッフの質を維持するための努力が重要だと述べている。

　確かに、成長期には、ほとんどの組織で迅速なイノベーションを持続的に起こす能力が低下する。多くの人はそれを、スタッフの質、プロセス、スケールアップに伴うコミュニケーションの問題のせいにする。また、避けられないことと考える人もいる。

　多くの企業で見られるアンチパターンに、非常に業績が良く、積極的に成長しているのに、時間がたつうちに、時々、意図せず良い行動を悪い行動に置き換えてしまうというものがある。

　私はこれまで、このアンチパターンの中について書かれたものを見たことがなく、それに触れると少なくない人が不快になるからではないかと考えている。だが、重大な問題であり、表に出す必要があると思う。気づきさえすれば、防ぐのは難しくないからだ。

　シナリオはこうである。あなたの会社が後期のスタートアップ企業か成長期の企業だとしよう。少なくとも初期の製品についてはプロダクト・マーケット・フィットを達成していて、そのためにあなたはいくつか重要な仕事を適切に実行した。だが、そんなとき、あなたはかなりの額の資金を得る、あるいは、有名企業から「大人の監督」か経験豊富な人を連れてくる必要があると、1人の取締役から強く勧められる。

　ここからが問題だ。あなたが新たに雇う人々は、大概、すでに成長を止め、イノベーションの能力を失ってから時間がたち、何年もブランドにすがってやってきた著名な大企業にいた人々である。そのため、その人たちはかつての仕事の仕方ではやっていけないので、あなたの会社を去っていくことになる。

だったら、いっそスタッフやリーダーの全員をGoogleや、Facebook、Amazon、Netflixなどから雇ったらどうだろう？ 確かにその手もあるが、そういった人々は非常に不足しているし、ほかの企業にも才能にあふれた人はいる。

だが仮に、あなたが勤めているのが若い成長期の企業で、上級リーダー、たとえば製品開発部門のトップやエンジニアリング部門のトップ、マーケティング部門のトップを、Oracleのような有名企業から雇うことに決めたとしよう。あなたの会社の取締役会はたぶん喜ぶだろう。そこで問題が起こる。あなたが最初にはっきりさせなければ、新しいリーダーは自分がプロセスの知識と、製品を定義し市場投入する知識のために雇われたのだと思い込むだろう。そして、物事がどう動くべきかについての考えも一緒に持ち込むはずだ。さらに悪いことに、新しいリーダーはしばしば、自分と同じやり方で働きたい人を雇用するようになる。

ここでは例としてOracleを取り上げたが、そういう有名企業はOracleだけではないことに注意してほしい。Oracleは極めて優秀な企業を買収するのが好きなので、Oracleには、雇うべき才能あふれる人材が豊富にいるが、Oracleが獲得したそれらの優秀な製品開発者や、デザイナー、エンジニアが、Oracleの文化や製品の作り方を好むことはめったにない。

私はこのアンチパターンが、一般社員のエンジニアからCEOまで、企業のあらゆるレベルで作用しているのを見てきた。それは一晩で起こるのではない。何年もかかって起こるのだ。そういう状況をさんざん見た結果、私はそれが1つのアンチパターンだと確信した。多くの人が直感的にこの問題を感じ取っているが、たいてい、「大企業出身の人」だからという理由で片づけてしまう。だが、本当の問題は、大企業出身ではなく、製品開発に弱い企業の出身だということなのだ。

この問題があなたの会社に影響を及ぼすのを避ける方法を2つ知っている。

1つ目は、非常に強く、とても意図的な製品開発文化を持つことであ

る。そして、その文化をしっかりと確立し、新しく雇われた人々が、仕事のやり方やベストプラクティスの使い方に誇りを持った、違う種類の企業に入ったのだと認識するようにすることである。もしあなたがNetflixやAirbnbやFacebookに入社したとしたら、最初の数日で感じるのはそういうことだし、その印象は意図されたものなのである。

　２つ目のこの問題を回避する方法は、会社の文化や仕事のやり方を、面接や新人研修のプロセスで明確にすることである。私はアドバイザーの仕事の一環として上級ポジションの面接チームに加わることがあるが、候補者がこういった種類の企業から来る人の場合、相手と率直に話をする。候補者がそれまで所属していた企業が成功する新製品を何年も生み出していない理由について話し、今の企業が候補者に興味を持ったのは人間性と才能のためであることを強調する。そして、もちろん、前の会社の悪い習慣を持ち込んで欲しくないことを伝える。

　私の経験では、そのことについて率直に、誠実に話せば、人は快く了解してくれるものだ。実際、それが前の会社を辞めたい大きな理由だと打ち明けてくれることもしばしばある。大切なのは、それを双方の共通認識にすることである。

CHAPTER
62

製品開発での学習を共有する

　スタートアップ企業では、製品開発チームと会社がほとんど同じものなので、学習したことは自然と共有される。だが、企業がスケールアップするにつれて、学習したことの共有が難しくなる一方で、その重要性も大きくなるのだ。

　これに対処するために私が愛用しているテクニックは、1、2週間ごとにほぼ全社員が参加する会議を開き、製品開発部門のリーダーが、15〜30分を使って、さまざまな製品開発チームが製品発見で学習したことを発表するというものである。

　注意すべきなのは、取り上げるのは大きな意味の学習であって、こまごまとしたことではない点だ。たとえば、何がうまくいき、何がうまくいかなかったかや、次の週に開発チームは何に取り組む予定なのか、といったことである。

　こうした情報は速やかに更新するとともに、大きな学習の枠から外れないようにする必要がある。そういう意味で、私は製品開発VPが実施

するのが好ましいと思っている。この会議は、全員の前にプロダクトマネジャーが次々と登場し、詳しい変更について話す場ではないので、1、2時間もかける必要はないし、ほとんどの人が聞きたがっていない詳細に踏み込む必要もない。また、スプリントレビューの繰り返しになってもいけない。

会議での情報更新は、いくつかの目標に取り組むためにおこなうものだ。目標の中には戦術的なものも文化的なものもある。

- 大きな学習は、特に物事が思うように進んでない場合、広く共有することが重要である。副次的なメリットとして、聴衆の中に結果を説明できる考えを思いつく人がいることもある。
- この会議は、さまざまな製品開発チームが、ほかの開発チームが何を学習しているのかを知っておくとともに、有益な学習をリーダーに伝えるための便利で簡単な方法である。
- このテクニックでは、製品開発チームが大きな学習に狙いを絞るようにし、実際の顧客がいない、良くも悪くもビジネスに影響しない小さな実験にこだわらないようにさせる。
- 文化的な意味では、発見やイノベーションには、迅速な実験を継続しておこない、その結果から学習することが必要だと、組織が理解することが重要である。
- もう1つ文化的に重要なのは、製品開発組織が何を学習しているかや、どんな仕事をしているかについて、透明性や寛容さを持つことである。そうすれば、製品開発組織が「ビジネスに奉仕する」ためにあるのではなく、ビジネスに貢献する形で顧客の問題を解決するために存在するということを、より大きな組織が理解するのに役立つ。

CHAPTER
63

プロフィール

Appleの
カミール・ハースト

私がぜひ紹介したいもう1人の卓越したプロダクトマネジャーは、カミール・ハーストである。

カミールはAppleでiTunesチームのプロダクトマネジャーを務めていた。あれほど破壊的で革新的な製品を担当したことから想像できるように、彼女は、Appleで製品開発者として成長する間に極めて多くのことを経験し、学んだ。それが特に著しかったのは、彼女がiTunesチームにいた時期が、iTunesがもともとのDRMベースの音楽からDRMフリーへと移行していく時期だったからだ。iTunesはその移行のおかげで真のマスマーケットになったのである。

アーリーアダプターの市場を超えてマスマーケットに展開するためには、さまざまな努力が必要だった。製品開発における取り組み、マーケティングにおける取り組み、その2つをミックスした取り組みがおこなわれた。ミックスした取り組みの良い例が、iTunesチームがテレビ番組『アメリカン・アイドル』との間に築いた関係だった。

これは、iTunesチームにとって、最もドラマチックで華やかだが、最も困難な製品開発の取り組みの1つになった。

2008年、『アメリカン・アイドル』は文化的アイコンだった。週に2回、2500万人以上に観られ、リピート視聴のレベルもほかを大きく引き離していた。

Appleは、理想的なターゲット市場にiTunesとデジタル音楽の力を見せつけるチャンスをこの番組に見出した。番組で注目された出場者の楽曲を売るだけではなく、iTunesを消費者の生活に欠かせないものにしようというのだ。

だが、この試みは、大きな可能性を秘めている一方で、困難も同じように大きかった。

ビジネスの交渉をおこなったのはiTunes担当VPのエディー・キューら数名だったが、プロダクトマネジャーとして多くのインテグレーションに取り組み、難題の解決に尽力したのはカミールだった。

一例を挙げると、『アメリカン・アイドル』は投票で成り立っている番組であり、Appleは出場者の楽曲の売り上げが投票結果を強く反映することにすぐに気づいた。そこで通常はトレンドの音楽を表示し、人気のある楽曲を強調するようにデザインされているiTunesに、『アメリカン・アイドル』に関しては、投票に影響を与えないように特別な配慮をすることが重要だと判断した。

これは『アメリカン・アイドル』のプロデューサーたちにとって明確な死活問題だった。iTunesでの売れ行きで結果が予想できてしまえば、どの出場者が翌週に勝ち残るかを知るドキドキ感が減ってしまうか、なくなってしまうことさえあるのだ。

また、カミールのインテグレーションによって、開発チームは非常に限定されたペルソナをターゲットにし、このグループへの取り組みを強化することができた。鍵の1つは、まだアプリをインストールしていない人々が簡単にiTunesを入手できるようにすることだった。

これらの問題やほかの難題に正面から取り組むことで、カミールと彼

女のチームは、『アメリカン・アイドル』体験を補完する技術的なソリューションを考案し、同時にファンの生活になくてはならないものとして、iTunesを投入することができた。おかげでストリーミングに移行する前の2014年には、iTunesはおよそ200億ドルのビジネスになった。

　私にとって、これは偉大なプロダクトマネジャーが、非常に困難な問題に対してどうやって創造的なソリューションを見つけ出したかを示す偉大な事例である。

　Appleを離れるとカミールはYouTubeの開発チームに加わり、その後ロンドンに本拠を置くHailoの製品開発組織のリーダーになった。現在は、うれしいことにニューヨーク市にあるスタートアップ企業のCEOを務めている。

PART V

成功するための文化

本書では非常に多くの情報を取り上げてきたが、ここで具体的な問題から一歩離れよう。プロダクトマネジャーという役割の定義の幅や広がり、プロダクトマネジャーが製品開発チームと協力しておこなう仕事のやり方、ビルドして顧客に届ける価値がある製品を迅速に考え出すために使うテクニックについて考察することは確かに有益だ。

　こうした問題を考えていると、つい細かい点にこだわってしまうものだが、本当に重要なのは、成功するための適切な製品開発文化を作ることである。

　最後となる第5部では、成功にとって最も重要なことを中心に据える。特に、偉大な製品開発チームはどのように振る舞うか、強力な製品開発企業は才能が花開く環境をどうやって開発チームに与えるかに焦点を当てたい。

CHAPTER
64

良い製品開発チーム／
悪い製品開発チーム

PART V 成功するための文化

　すごく幸運なことに、私は世界で最も優秀なIT製品開発チームの多くと一緒に仕事をすることができた。あなたが毎日愛用している製品を作っている人々であり、文字どおり世界を変えている開発チームだ。
　また、業績が振るわない企業の依頼を受けてアドバイスしてきた。その中には、資金が尽きる前にビジネスを牽引する製品を見つけたいと必死になっているスタートアップ企業や、初期のイノベーションを再現したいと奮闘している大企業があり、ビジネスに持続的に価値を加えることに失敗している開発チームや、アイデアを実現するのにどれだけ時間がかかるのかとイライラしているリーダー、プロダクトマネジャーに憤慨しているエンジニアがいた。
　そこで私が学んだのは、最も優れた製品開発企業がテクノロジー製品を生み出す方法と、それ以外の企業のやり方には大きな違いがあるということだ。小さな違いは問題ではない。リーダーたちの振る舞いに始まり、開発チームへの権限委譲のレベル、資金調達や、人材の確保、製品

341

の製造に関する組織の考え方、そして、どうやって製品開発、デザイン、エンジニアリングが協力して、顧客のために効果的なソリューションを発見するかに至るまでの大きな違いである。

ベン・ホロウィッツの古典ともいえる投稿「良いプロダクトマネジャー／悪いプロダクトマネジャー」に敬意を込め、強力な製品開発チームに加わったり間近で観察する機会がなかった人々のために、この章では、強い製品開発チームと弱いチームとの重要な違いを簡単にお教えしよう。

- 良い開発チームは人を魅了する製品ビジョンを持っていて、伝道師のような情熱でそれを追求する。悪い開発チームは傭兵である。
- 良い開発チームがひらめきや製品のアイデアを得るのは、自分たちのビジョンや目標からであり、顧客が苦労している様子を見ることや、自分たちの製品を使うことで顧客が生み出すデータを分析すること、実際の問題を解決するために常に新しいテクノロジーを適用しようとすることからである。悪い開発チームは販売部門や顧客から要望を集める。
- 良い開発チームは重要なステークホルダーが誰と誰かを知っていて、ステークホルダーが負っている制約を理解し、ユーザーや顧客に役立つだけではなく、ビジネスの制約を守ったソリューションを考え出すことに全力を注ぐ。悪い開発チームはステークホルダーから要望を集める。
- 良い開発チームは多くのテクニックに熟達していて、製品のアイデアを迅速に試し、どれが本当にビルドする価値があるかを判断する。悪い開発チームは会議を開き、優先順位を付けたロードマップを作成する。
- 良い開発チームは会社中の頭の切れる第一人者やリーダーとブレーンストーミングをするのが大好きである。悪い開発チームは、チーム外の人が何かするように助言すると不機嫌になる。
- 良い開発チームは、製品開発、デザイン、エンジニアリングの各担

当者が並んで座っていて、職能間のギブアンドテイクや、ユーザーエクスペリエンス、実現技術を活用する。悪い開発チームはそれぞれのサイロに閉じこもり、自分たちの協力が欲しい場合は文書の形で要望したり会議を設定したりするように求める。

- 良い開発チームはイノベーションのために常に新しいアイデアを試しているが、必ず収益とブランドを守るように配慮している。悪い開発チームはテストをする許可が出るのをひたすら待っている。
- 良い開発チームは、強力な製品デザインといった、成功する製品を生み出すのに必要なスキルセットをチームの中に持っていると胸を張る。悪い開発チームはプロダクトデザイナーが何をする人かすら知らない。
- 良い開発チームは、製品発見においてエンジニアが毎日プロトタイプを試す時間を確保し、製品をより良くする方法について自分たちの考えを提案できるようにする。悪い開発チームはスプリントプランニングのときにエンジニアにプロトタイプを見せるので、エンジニアは推測するしかない。
- 良い開発チームは、毎週エンドユーザーや顧客と直接関わって、顧客をよりよく理解し、自分たちの最新のアイデアに対する顧客の反応を見る。悪い開発チームは自分たちが顧客だと思っている。
- 良い開発チームは、自分たちが気に入っているアイデアの多くが、結局、顧客の役に立たないことを自覚していて、役立ちそうなものでも、望んだようなアウトカムを生み出すところに到達するには何回かのイテレーションが必要になると考えている。悪い開発チームはロードマップにあるものをビルドするだけであり、予定の期日に間に合い、品質を確認できれば満足する。
- 良い開発チームはスピードが必要であり、イテレーションがどれくらい速くできるかがイノベーションの鍵だと理解しており、そのスピードは強制からではなく、適切なテクニックから生まれることを知っている。悪い開発チームは、自分たちの仕事が遅くなるのは同

PART V 成功するための文化

僚が一生懸命働かないからだと愚痴をこぼす。
- 良い開発チームは、要望を評価し、顧客にもビジネスにも有益で実行可能なソリューションができたことを確認したあとで、ハイインテグリティーコミットメントを作成する。悪い開発チームは、自分の会社は販売主導だと不満を言う。
- 良い開発チームは、自分たちの製品がどんなふうに使われているかを知るために製品に計装し、データに基づいて調整する。悪い開発チームは、分析と報告は、あればいいが、なくてもかまわないと考えている。
- 良い開発チームは、小さなリリースをコンスタントに続ければ、顧客に、より安定したソリューションを提供できることがわかっているので、継続的にインテグレーションをおこなってリリースする。悪い開発チームは、骨の折れるインテグレーション段階の最後に手動でテストをおこない、すべてを1度にリリースする。
- 良い開発チームはリファレンスカスタマーにこだわる。悪い開発チームは競争相手にこだわる。
- 良い開発チームは業績に大きく貢献したときに祝う。悪い開発チームは最終的に何かをリリースしたときに祝う。

もし、かなりの数の項目が胸に刺さったなら、あなたの開発チームの水準を上げることを考えたほうがいいだろう。違いを実感したければ、本書で紹介したテクニックを使えるかどうか確かめてみよう。

CHAPTER
65

イノベーションが失われる最大の理由

PART V 成功するための文化

　私は、持続的なイノベーションを、ビジネスに価値を加え続ける開発チームの能力、と定義している。多くの組織が、スケールアップによってイノベーションを起こす能力を失っていく。この状況はリーダーにとっても製品開発チームのメンバーにとっても、大きく不満がつのるものだ。それは、人々が大企業を去ってスタートアップ企業に移る主な理由の1つでもある。

　しかし、イノベーションの能力を失うのは、何があっても絶対に避けられないというわけではない。IT業界で最も継続的にイノベーションを起こしている企業のいくつかは大企業である。Amazonや、Google、Facebook、Netflixのことを考えてみればいい。

　スケールアップによってイノベーションを起こす能力を失う企業は、次に挙げる特質の1つ以上を間違いなく失っているのだ。

1．顧客中心の文化。AmazonのCEO、ジェフ・ベゾスが言うように、

「私たちにとってこのうえなくありがたいことに、顧客はいつも満たされていない。顧客自身が満足していると言い、売れ行きが順調なときですら不満を持っている。自覚がなかったとしても、顧客は何かがもっと良くならないかと願っている。だからこそ、私たちは顧客を喜ばせたいという欲求に駆られて、顧客のために新しいものを生み出すのだ」。このように、顧客に焦点を合わせる姿勢を持っていない企業、つまり、直接、頻繁に顧客と接触しない企業は、情熱を失い、重要なインスピレーションの源を失うのである。

2. **魅力的な製品ビジョン**。多くの企業は、スケールアップを遂げる頃には、当初の製品ビジョンのほとんどを実現し、開発チームは次は何なのかをつかもうと苦闘する。この状況は、ビジョンの番人の役割を果たしていた創業者がすでに現場を離れていると、さらに深刻になる。この場合、誰かほかの人、通常はCEOや製品開発VPが乗り出して空白を埋める必要がある。

3. **的を絞った製品戦略**。製品開発を失敗させる最も確実な方法の1つは、同時にすべての人を喜ばせようとすることである。だが、大企業はこの事実を忘れてしまいがちだ。製品戦略では、製品開発チームが的を絞るための、論理的で意図的な一連のターゲット市場が明確に示される必要がある。

4. **強力なプロダクトマネジャー**。製品開発にイノベーションが起こらない大きな理由は、強力で有能なプロダクトマネジャーがいないことだ。会社が小さいときはCEOか共同創業者の1人がこの役割を果たすが、規模が大きくなると、それぞれの製品開発チームに強力で有能なプロダクトマネジャーが必要になる。

5. **安定した製品開発チーム**。持続的なイノベーションには、開発チームが、製品開発の世界や、テクノロジーや、顧客の悩みを学ぶ機会を共有してきたことが必須条件の1つになる。もし開発チームのメンバーが絶えず入れ替わっていたら、こういうことは起こ

らない。

6. **製品発見へのエンジニアの参加**。イノベーションの鍵を握るのは、しばしば開発チームのエンジニアだが、これが意味するのは、(a) エンジニアが製品開発の最後だけではなく、最初から参加し、(b) エンジニアが直接、顧客の悩みを聞く、ということである。

7. **企業の勇気**。よく知られていることだが、多くの企業は規模が大きくなるにつれてリスクを避けるようになる。確かに失うものは多くなる。しかし、最も優れたIT製品企業は、最もリスクの大きい戦略はリスクを冒すのをやめる戦略だと知っている。私たちは仕事のやり方について賢明でなければならないが、現在のビジネスを混乱させるリスクをあえて冒そうという意欲は、持続的なイノベーションに不可欠である。

8. **権限を与えられた製品開発チーム**。たとえあなたの組織がベストプラクティスを使ってスタートしたとしても、多くの組織はスケールアップするにつれて後退する。もしあなたが開発チームに機能のロードマップを渡すだけに逆戻りしたら、もはや権限を与えられた製品開発チームのメリットは期待できない。権限委譲というのは、開発チームが、最も適切だと考える方法で与えられたビジネスの問題に取り組み、解決できることを意味する。

9. **製品開発のマインドセット**。ITのマインドセットを持つ組織では、製品開発チームはビジネスのニーズに応えるために存在する。一方、製品開発マインドを持つ組織では、製品開発チームはビジネスのニーズに合った形で顧客の役に立つために存在する。この2つの姿勢は結果として数多くの大きな違いを生む。

10. **イノベーションを起こすための時間**。スケールアップすると、製品開発チームは、これまでの業務をこなすだけですべての時間を使ってしまう可能性が高くなる。バグを修正し、ビジネスのさまざまな部署のために機能を実装し、技術的負債に対処し、といった具合だ。もしあなたがこういう状況にあるなら、イノベーシ

ョンが起こらなくても驚くに当たらない。こうした業務の中には当然やるべき健全なものもあるが、開発チームがもっと困難でもっと影響力の強い問題を追求する時間を、ぜひとも確保しなければならない。

　以上のリストは持続的なイノベーションの文化を語っていることに気づいてくれただろうか。持続的なイノベーションは、プロセスやそのほかの問題ではなく、文化の問題なのだ。

CHAPTER
66

スピードが失われる最大の理由

PART V 成功するための文化

　組織が成長するにつれて物事のスピードが落ちるのは珍しいことではない。だが、スピードを落とす必要はないし、最も優れた組織なら加速することだってできる。もし減速が見られるなら、まず次の項目をチェックしよう。

1. **技術的負債**。しばしば、アーキテクチャーのために、製品の急速な進化が円滑に進められなかったり、できなかったりすることがある。これは一晩で解決できるような問題ではない。協調的な取り組みを根気よく続ける必要がある。
2. **強力なプロダクトマネジャーの不在**。強力で有能なプロダクトマネジャーがいないことは、製品開発に時間がかかる典型的な原因である。力のないプロダクトマネジャーの影響はさまざまな形で表れるが、開発チームが伝道師のチームではなく傭兵のチームになることで目に見えてわかる。プロダクトマネジャーが開発チー

ムに動機や使命感を与えてこなかったか、開発チームがプロダクトマネジャーへの信頼を失っているかだ。

3. **デリバリーマネジメントの欠如**。デリバリーマネジャーの最も重要な機能は障害を取り除くことだが、障害のリストは、技術組織が成長するにつれて非線形的に増加する。ほとんどの障害は、誰かが積極的に排除しないかぎり、すぐにはなくならない。

4. **リリースサイクルの長期化**。スピードの遅い開発チームの多くはリリースの間隔が長すぎる。開発チームは２週間に１回以上の頻度でリリースしなければならない（特に優秀な開発チームになると１日に何回もリリースする）。これを改善しようとすれば、通常、開発チームが迅速に作業し、自信を持ってリリースできるように、テストの自動化やリリースの自動化を真剣に考える必要がある。

5. **製品ビジョンと戦略の欠如**。仕事の全体像と、目前の仕事がどのように全体に貢献するかについて、開発チームが明確なビジョンを持つことが不可欠である。

6. **同じ場所にいて、長続きする開発チームの不在**。開発チームがいくつかの場所に分散していて、さらに悪いことにエンジニアリングを外注している場合は、イノベーションの機会が激減する上に、仕事のスピードが大きく損なわれるだろう。単純なコミュニケーションさえ困難になる。多くのアウトソーシング会社が加わることで、連携し、意思疎通しなければならない人々の層が増えると、大概、事態は悪化する。

7. **製品発見に早い時期からエンジニアを参加させない**。エンジニアはアイディエーションを始めるときから製品発見に加わる必要がある。もし、プロダクトマネジャーやデザイナーが調整できる早い時期からエンジニアを製品発見のプロセスに加えたら、エンジニアは、たいてい、もっと迅速に実装できる別のアプローチを提案するだろう。エンジニアの参加が遅れたら、重要な提案を製品

発見に取り入れるのが間に合わなくなる。

8. **製品発見にプロダクトデザイナーを使わず、エンジニアがビルドしている間にプロダクトデザインの仕事をさせようとする。** プロダクトデザイナーが製品発見に参加しなければ仕事のスピードが低下するし、ひどいデザインになる。
9. **優先順位を変える。** 優先順位が目まぐるしく変わると深刻な混乱が生じ、全体のスループットとやる気を著しく低下させる。
10. **コンセンサス文化。** 多くの組織がコンセンサスを得ようと努力する。これは、大概、善意から生まれるが、実際には決断が非常に難しいことを意味しており、あらゆることが遅々として進まなくなる。

もちろん、製品開発が遅れる理由はほかにもいくつもあるが、私の経験では、以上が最もよく見られる原因である。

CHAPTER
67

強い製品開発文化を作る

　ここまで、成功する製品を発見するための製品開発チームとテクニックについて述べてきたが、本書の真のテーマは製品開発文化だということに気づいてもらえただろう。私が述べてきたのは、偉大な製品開発企業がどのように考え、組織化し、稼働しているかということだった。

　私は製品開発文化を2つの側面から考えている。第1の側面は、企業が持続的にイノベーションを起こし、顧客にとって価値のあるソリューションを考え出しているかどうかである。これが製品発見だ。

　第2の側面は実行力である。いくらアイデアが素晴らしくても、製品化され、出荷できるバージョンを顧客に届けられなければ意味がない。これが製品の市場投入である。

　この最終章での私の目標は、強いイノベーション文化の特徴と、強い実行力文化の特徴を説明することだ。

　強いイノベーション文化を持つとは、実際には何を意味するのだろう

か？

- 実験の文化——開発チームはテストができることを知っている。中には成功するものもあるが多くは失敗するということが受け入れられ、理解されている。
- 開かれた心の文化——開発チームは、優れたアイデアはどこからでも生まれるとわかっているし、最初は必ずしもその良さがはっきりわからないことを知っている。
- 権限委譲の文化——個人もチームも、アイデアを試す権限を与えられていると感じている。
- テクノロジーの文化——真のイノベーションは、顧客がきっかけになるのと同様に、新しいテクノロジーとデータの分析をきっかけにして生まれることを、開発チームはわかっている。
- ビジネスと顧客に精通した開発チームの文化——開発者を含む開発チームは、ビジネスのニーズと制約を十分に理解しており、ユーザーや顧客への深い理解（とアクセス方法）を持っている。
- 多様なスキルセットとスタッフの文化——開発チームは、さまざまなスキルとさまざまなスタッフの経歴が、ソリューションのイノベーション、特にエンジニアリング、デザイン、製品開発に貢献することを実感している。
- 製品発見テクニックの文化——アイデアを（ブランドと収益、顧客と仲間を守りながら）迅速かつ安全にテストするための環境が整っている。

強い実行力文化を持つとは、実際には何を意味するのだろうか？

- 切迫感の文化——人々が戦時であるかのように感じていて、迅速に動く方法を見つけられなければ悲惨なことが起こりかねないと思っている。
- ハイインテグリティーコミットメントの文化——開発チームは責任

PART V 成功するための文化

を負う必要性（とその能力）を理解しているが、同時にハイインテグリティーコミットメントも主張する。
- 権限委譲の文化——開発チームが、責務を果たすのに必要なことをするためのツールと、資源と、許可を持っているかのように感じている。
- 説明責任の文化——スタッフや開発チームは、自分たちの責務を果たすことに強い責任感を抱いている。説明責任はまた、結果にも関わる。重大な失敗を繰り返す場合を除けば必ずしも解雇されることはないが、同僚の間での評判に影響する可能性は高い。
- 協力の文化——開発チームの自律性や権限委譲は大切だが、開発チームには、最も大きく最も意義深い目標を達成するために協力するという、はるかに重要なニーズがあることを理解している。
- 成果の文化——焦点はアウトプットに置かれているのか、それとも成果に置かれているのか？
- 認知の文化——開発チームは、しばしば、報われたものや受け入れられたものからヒントを得る。新しく素晴らしいアイデアを考えついた開発チームと、とても過酷な責務を果たした開発チームの、どちらが報われるべきだろうか？　そして、責務を果たせないことが許容されてしまう場合、そのメッセージは何なのだろう？

これらの特徴がそれぞれの文化を定義するのに役立つとすれば、次のようなかなり難しい問題が生じる。

- イノベーションの文化は、何らかの意味で、実行力の文化と本質的に対立するのだろうか？
- 強い実行力の文化は、ストレスの大きい（あるいは劣悪な）労働環境につながるのではないか？
- リーダーを含めて、どんなタイプの人間が、それぞれの文化に引き付けられ、必要とされるのか？

現実には、持続的なイノベーションと実行力のどちらにも非常に強い企業が存在する。Amazonはその最も良い例の1つだ。しかし、よく知られているように、Amazonの労働環境は気の弱い人には向かない。私が見たかぎり、並外れて実行力が強い企業のほとんどは、極めて厳しい職場である。

　多くの企業と仕事をしてきた私の経験では、イノベーションと実行力の両方に優れている企業はほんのわずかしかない。多くの企業は実行力に優れているがイノベーションには弱い。イノベーションには強いが実行力はまあまあという企業はそれよりも数が少ない。そして、うんざりするほどの数の企業が、イノベーションも実行力も乏しいのだ（ほとんどは、製品開発の魔法をとっくの昔に失ったが、まだ強いブランドを維持し、寄り掛かれる顧客基盤を持っている古い企業である）。

　いずれにせよ、私があなたやあなたの開発チームにしてほしいのは、イノベーションと実行力の両面から自分自身を見直し、あなたが、チームや企業として、どの位置に行きたいのか、どの位置に行く必要があると考えているのかを自分に問いかけることである。

謝　辞

　IT業界で最も優れた企業のベストプラクティスを共有することでこの本を作れたのは、とりもなおさず、私が多くの類まれな人々から学んできたということである。特に幸運だったのは、業界でトップクラスの製品開発者や企業と一緒に仕事をする機会が得られたことだ。一人ひとりから学ばせてもらったが、中でも特に強い影響を受けた人たちに、この場を借りてお礼を言いたい。

　真っ先に挙げなければならないのは、Silicon Valley Product Groupのパートナーたちである。今、一緒に仕事をしているのは、その人たちの才能に感心し、長年にわたり多くのことを学んできたからにほかならない。リー・ヒックマン、マルティナ・ローチェンコ、クリス・ジョーンズである。

　また、本書の見直しと改善を助けてくれた、ピーター・エコノミー、ジェフ・パットン、リチャード・ナラモアにも感謝したい。

　本書のルーツはNetscape Communicationsでの経験である。Netscapeはほかでは考えられないような学習の機会を与えてくれた。私は、真に才能あふれる人々と一緒に仕事をする中で、製品開発とリーダーシップについて多くの洞察を得た。その仲間たちが、マーク・アンドリーセン、バリー・アッペルマン、ジェニファー・ベイリー、ジム・バークスデール、ピーター・クリー、エリック・ハーン、バジル・ハーシェム、マイケル・ホーマー、ベン・ホロウィッツ、オミッド・コーデスタニ、ケン・リン、ボブ・リスボン、デビー・メレディス、マイク・マッキュー、ダニー・シェーダー、シャルミラ・シャハニ、ラム・シュリラム、ビル・ターピン、デービット・ウェイデンである。

　eBayで学べたのは、とりわけ、マーティ・アボット、マイク・フィッシャー、チャック・ガイガー、ジェフ・ジョーダン、ジョッシュ・コペルマン、シュリ・マヘシュ、ピエール・オミダイア、リン・リーディ、ステファニー・ティレニアス、メイナード・ウエッブのおかげだ。

ここに挙げた人々は、私が直接影響を受けたり、本書で取り上げたトピックについて教えてくれた人たちである。意図的に援助やコーチングをしてくれた人もいるし、彼らのリーダーシップや行動を目にして間接的に教わるという幸運もあった。

　これらの並外れた企業で仕事をした時間はかけがえのない学習体験だったが、SVPGの業務の一環としてIT開発チームのアドバイザーやコーチをし始めると、この業界の頂点にいる多くの企業で製品開発リーダーたちに出会い、一緒に仕事をする機会を持つことで、自分がどれだけ大きなものを得られるかを実感した。その人たちの名前はあまりにも多すぎて一人ひとり挙げられないが、ご本人にはわかると思うので、ここにすべての人への感謝の気持ちを記しておく。

　本書は、私が長年続けてきたブログやニュースレターのために書いた記事を基にしており、すべてのトピックは、世界の隅々から寄せられた、文字どおり何千人ものプロダクトマネジャーや製品開発リーダーのフィードバックやコメントのおかげで洗練された。私の記事を読んだり、共有したり、コメントしてくれた皆さんに感謝したい。

　最後になるが、私が勤めていた企業の文化を知っている人々は、私がとても長い時間、仕事に没頭していたことをわかってくれるだろう。私がこれらの企業に貢献できたのは、妻と子どもたちの理解と支えがあったからにほかならない。

もっと深く学ぶために

Silicon Valley Product Groupのウェブサイト（www.svpg.com）は、誰でも無料で使えるリソースで、ITを基盤とした製品開発の世界の、最新の考え方や知識を共有できるようにデザインされている。

本書で説明したテクニックの実例も見つかるし（www.svpg.com/examplesを参照）、最新の推薦図書リストも掲載されている（www.svpg.com/recommended-readingを参照）。

SVPGは、プロダクトマネジャーになりたい人のために、通常は、サンフランシスコ、ニューヨーク市、ロンドンで、不定期の集中トレーニングセッションを開催している。私たちの目標は、最新の知識を共有し、ITプロダクトマネジャー志望者にキャリアを決定づける体験を提供することである（www.svpg.com/public-workshops/を参照）。

競争力のあるIT製品を生み出すためには、テクノロジーや製品開発組織の枠を超えた、劇的で意味のある変革が必要だと考えている企業に対しては、個別の状況に対応した出張指導もおこなっている。

こうしたさまざまな提案や、サービスを提供しているSVPGパートナーズについてもっと詳しく知りたい人はwww.svpg.comを訪問してほしい。

監訳者あとがき

シリコンバレーにおける
プロダクトマネジメントの歴史

　シリコンバレーにおけるプロダクトマネジメントの源流を探ると、Hewlett-Packard（以降HP）にたどり着きます。HPは、1938年の創業後、40年間にわたって、年20％を超える成長率を維持した、シリコンバレーの老舗です。創業者のヒュレット氏とパッカード氏は、会社の運営に関して、明確な考え方を持っていました。その考え方は「HP Way」と呼ばれ、HP社員の行動指針でしたが、その後、シリコンバレーにおけるマネジメントの基本として認知されるようになりました。特徴的だったのは、製品ごとに担当のグループを設け、そのグループにその製品に関する開発、製造、販売を含む、すべてのプロセスの責任を持たせたことです。そして、一つのグループが500人を超えると、強制的に分割することによって、製品のマネジメントができるようになっていました。

　この地域がシリコンバレーと呼ばれるようになるのは、70年代に入ってからです。シリコンを使った半導体が実用化されると、トランジスターの進化、集積回路の普及、そして、マイクロプロセッサの開発と急激な産業化が進みました。それがパーソナルコンピュータという一大ビジネスにつながるのです。80年代以降のシリコンバレーでは、品質の高い製品、サービスを出荷することは重要でしたが、企業は顧客に訴求することが、ビジネスにとって最も重要であることに気がつき始めます。特に、ソフトウェア、インターネットサービスに価値創造の中心が移行するにつれ、製品やサービスの内容は成熟度を増し、その結果、顧客中心の製品開発の重要性が叫ばれるようになったのです。企業はマーケティングやブランディング部門を強化し、その活動で得られた顧客のニーズ

を製品に注入すべく、プロダクトマネジメントという手法が大きな注目を浴びるようになりました。

Intelは「Intel Inside」（日本では「インテル入ってる」）というタグラインでハイテク業界にブランディングの重要性を知らしめ、GoogleはOKRなど、プロダクトマネジャーを中心とした製品開発の手法を磨きました。社長であるスティーブ・ジョブズ自らがプロダクトマネジャーとして活躍したAppleは、モバイルコンピューティング市場を大きくリードします。今や、シリコンバレーで製品、サービスを提供しようとする企業にプロダクトマネジャーがいないということは考えられません。

日本のプロダクトマネジメント

さて、Inspired日本語版の第一版は、2012年に出版されましたが、それ以前の日本のIT業界でプロダクトマネジメントの必要性が大きく取り上げられることはなかったように思います。それをよく知っていたのは、米国系IT企業で開発に関わっている方々に限られていたのでしょう。一方、2000年代の初頭に米国のIT業界で急速に普及したアジャイル開発については、日本でもエンジニアを中心に徐々に導入されるようになっていました。製品の開発に関して、何らかの解決策を必要とし、模索していた時期なのかもしれません。

アジャイル開発を行うためには、製品についての判断を頻繁に下す必要があります。それも一つの要因かもしれませんが、日本のIT業界がプロダクトマネジメントの必要性を大きく認識した理由は、スマートフォンの普及によるモバイル市場の拡大だと考えます。モバイルアプリというのは、その使用環境の特性から、特化した目的のために開発される必要があります。なぜなら、ユーザーがアプリを起動するとき、ほとんどのユーザーは何をしたいかがはっきりと決まっているからです。そのようなアプリは、ユーザーがやりたいことを最小限の努力で達成できる

ように、正確に設計されている必要があります。そうでなければ、ユーザーは途中で諦めてしまい、そのアプリを使わなくなってしまうのです。以前のように、機能をたくさん詰め込むようなことは、絶対にしてはいけないことです。そこで、製品の開発を管理するためのプロダクトマネジメントの必要性が高まったという訳です。

日本のIT業界で、どのように製品を開発すべきかということがきちんと議論されるようになったことは、本当に素晴らしいことです。優秀なエンジニアがいるにも関わらず、日本の製品、サービスの品質が高まらなかったことが、長年、製品の企画、開発に関わってきた我々がInspiredを翻訳する大きな動機です。現状ではまだ、プロダクトマネジメントに関してはキャッチアップする段階にありますが、このような努力を続ければ、早晩、シリコンバレーに追いつくことができるはずです。

Inspiredのすすめ

米国内では、プロダクトマネジメントに関する書籍は数多く出版されてきました。ほとんどのものはプロダクトマネジメントの原則について、異なる切り口で議論をしています。特定の業種に特化したものもあれば、非常に一般的に定義しているものもあります。それぞれ、特定の読者にとっては意義のあるものであることでしょう。その中で、『Inspired』はハイテク業界に特化し、実際に使われている手法について具体的に解説しているという点で、ユニークな存在です。一度読み終わった後も、本書はすぐに手に取ることができる場所に置くことをお勧めします。

例えば、製品ビジョンというのは、一度作ったら、そのままで良いというものではありません。一定の期間や開発のサイクルごとに、市場からのフィードバックを元に見直し、調整を行うことが普通です。その際にはプロダクトマネージャーを中心として、ブレインストーミングを行うことが多いのですが、Chapter 25 にリストされている製品ビジョン

の原則を見えるところに貼っておくと有効です。参加者全員がそれを意識し、それに沿って議論することで、陥りやすい問題を避け、議論を早めに収束させ、以前からの変更点を明確になるからです。

デジタル・エボリューションを乗り越えて

　本書によるプロダクトマネジメントはハイテク、特にIT業界に焦点を当てたものではありますが、その考え方、手法の多くは、他の産業においても適用することが可能です。現在、日本の産業はデジタル・エボリューションの荒波の中で、大きな変革を迫られています。生き残るためには、デジタル技術を最大限生かせるように、ビジネス全体をゼロから再構築する必要があります。単に、今までの枠組みの中に、技術を埋め込むだけではうまくいかないことは明白です。

　もし、あなたがIT業界の人なら、デジタルの力をてこにして、改革の先頭を切ってほしいと思います。おそらく、経営陣とたくさんの議論をすることが必要でしょう。しかし、うまくいかなかったとしても、その努力をするだけの価値はあると思います。そして、ビジネスを再構築する機会に恵まれたら、その時にこそ、プロダクトマネジメントの種を撒きましょう。時間はかかるかもしれませんが、きっと美しい花を見ることができるでしょう。

　デジタル化を軸とした改革は、会社を成長させるためのベストな方法の一つです。それを成功させるためには、ITの専門家でありながら、ビジネスの経験がある人が責任者となって、ビジネス改革を推し進めなければなりません。会社が提供する製品やサービスをデジタル化の文脈の中で再考するとき、プロダクトマネジメントの原則が大きく役立つはずです。

　最後に、プロダクトマネジメントを実践する際に、忘れないようにし

ていただきたいことをいくつか述べておきます。

　プロダクトマネジメントの原則は普遍的なものです。技術が変わり、市場が変わったとしても、それらの原則には大きな影響はありません。本書が解説している原則を深く理解しておくことを強く勧めます。また、本書に書かれているようなプロダクトマネジメントのテクニックを学んで、それを実践していくことは素晴らしいことです。その経験を通して、さらに進んだ製品を開発できるようになるでしょう。しかし、それらのテクニックにこだわりすぎてはいけません。シリコンバレーの企業はそれぞれ、自社独自のプロダクトマネジメントのテクニックを持っています。そして、常に新しいやり方を模索しています。おそらく、近いうちに新しい手法が大きく注目されるでしょう。自分のチームにとって、さらに良い方法を模索することは大切なことです。

　プロダクトマネジメントを実践するために、プロダクトマネジャーは必要な役割です。しかし、プロダクトマネジャーだけで製品、サービスを作り出すことはできません。デザイナーやエンジニア、そして経営陣をはじめとして、社内の多くの人々の協力を得る必要があります。そのためには、あなたのチーム、そして組織全体にプロダクトマネジメントの考え方を知らせることが重要です。ぜひ本書を「共通の言語」として、プロダクトマネジメントの理解を深め、チームの活動を展開してください。メンバーで共通の認識をもって取り組むことは、製品やサービスの開発を成功させるためにも非常に有効です。

　製品やサービスは、顧客がいてこそ成り立ちます。プロダクトマネジメントには客観的な顧客の分析が必要なことから、Martyは顧客、もしくは見込み客と頻繁に話すことを強く勧めています。本当の顧客と話をすることは、情報を得るという目的を達成するだけでなく、自分たちの思い込みを防ぐという意味があります。顧客の話を頻繁に聞いていれば、

自分の主観や思い込みが入り込む隙間を埋めることができるからです。しかし、これを実践するのは意外に難しいことでしょう。そこで、それが強制的に起こるような仕組みや決まりごとを自社に導入することが望まれます。

　本書がみなさんの製品やサービスの開発に何か新しい風を吹き込むことを祈って。

2019年10月

佐藤　真治

関　満徳

INDEX

A-Z

A/Bテスト ……………………………… 289
Adobe
　——による持続的な製品のイノベーション
　……………………………………………… 24
　——のCreative SuiteとCreative Cloud
　……………………………………… 125-128
　——のリー・ハックマン ……… 64, 125-128
AdWords（Google）………………… 89-91
Airbnb …………………………………… 17
Amazon
　——の製品開発のリーダーシップ …… 125
　——で使われていたカスタマーレターのテ
　クニック ………………………… 203-205
　——の顧客中心の文化 …………… 345-346
　——の持続的な製品のイノベーション … 24
APIプラットフォーム
　パブリック——での開発者による不適切な
　使用 ……………………………………… 243
　——を通じた顧客の発見 ……………… 223
Apple
　iTunes製品 ……………………… 335-337
　——のカミール・ハースト ……… 64, 335-337
　——のコンシューマー向けデバイス …… 17
　——の持続的な製品のイノベーション … 24
Audible ………………………………… 18
BBC
　——の「屋外BBC」製品 ……………… 175
　——のアレックス・プレスランド
　……………………………… 64, 174-176
Creative SuiteとCreative Cloud（アドビ）
　……………………………………… 125-128
cBay
　——のeコマース ………………………… 13

　——の「その他すべて」というカテゴリー
　……………………………………………… 241
Etsy ……………………………………… 17
Facebook
　ソーシャルメディア製品としての—— … 17
　——の持続的な製品のイノベーション … 24
　——の製品開発のリーダーシップ …… 125
　——のプラットフォーム戦略 ………… 243
Google
　Google Ventures（GV）の開発チーム … 314
　——が使ったOKR（目標と主要な結果）手法
　……………………………………… 157-158
　——のアドワーズの創造 ……………… 89-91
　——のジェーン・マニング …… 64, 89-91
　——の持続的な製品のイノベーション … 24
　——の製品開発のリーダーシップ …… 125
Instagram ……………………………… 18
iTunes（アップル）……………… 335-337
ITに基づいた製品
　Googleアドワーズ …………………… 89-91
　いつももっと良い——を求めている顧客
　……………………………………………… 346
　——が失敗する根本的原因 …………… 25-32
　——によって成功へ向けてスケールアップ
　する成長期企業 ……………………… 21-22
　——の説明と例 ………………………… 17-18
　ハードウェア製品の発見 ……………… 300
　プロダクト・マーケット・フィットを見つ
　けるスタートアップ企業 …………… 19-20
　——を常にイノベーションするという課題
　……………………………………………… 23-24
ITのマインドセットを持つ組織 ………… 347
LinkedIn ………………………………… 17
Netflix
　——による持続的な製品のイノベーション

365

	……………………………………… 24
——のケイト・アーノルド………	64, 309-311
——のコンシューマー向けサービス製品	17
——の製品開発のリーダーシップ……	125
Netscape Communications …………	13, 90, 231
Nordstrom …………………………………	204

OKR（目標と主要な結果）
　——と組み合わせたハイインテグリティー
　　コミットメント ……………………… 160
　——の説明と機能 ………………… 157-158
　——をスケールアップする ……… 167-169
　——を使うときに頭に入れておくべき重要
　　な点 ……………………………… 159-161
　——を使った製品開発チームの目標へのア
　　プローチ ………………………… 162-165

PayPal ……………………………………	320
QAテスト …………………………………	27
Sonos ………………………………………	17

『SPRINT　最速仕事術——あらゆる仕事が
　うまくいく最も合理的な方法』（ナップ、ゼ
　ラツキー、コウィッツ著）………… 314-315

『The Power of Customer Misbehavior（顧
　客による不適切な使用が秘める可能性）』
　（フィッシャー著）…………………… 241

Twitter ……………………………………	17
Uber ………………………………………	17
Word for Mac（マイクロソフト）……	228-231
Workday …………………………………	17
Workiva …………………………………	17
YouTube …………………………………	91, 337

あ

アーキテクチャー
　CTOが強力な——をビルドする責任 …… 109
　技術的負債 ……………………… 96, 349
　——と製品開発チームとの連携 … 116-117

アイデア
　製品開発の第１段階としての—— 25-26図1
　——の価値を評価するためのユーザーテス
　　ト ………………………………………… 73
　——のソースの問題 ……………………… 28
　ほとんどの——がうまくいかないことを理
　　解すること ……………………………… 30
　発見のアイディエーションテクニック、
　　イノベーションも参照

アウトカムベースのロードマップ………… 139
アウトプット対アウトカム…………… 131, 139
アジャイルアットスケール（アジャイルの大
　規模展開）………………………………… 322

アジャイル手法
　ウォーターフォールプロセスと—— … 27-28
　持続的なイノベーションに貢献する——
　　………………………………………… 322
　——でのプロダクトオーナーの役割…… 67
　——の中核原理を利用しながら ………… 34
　——の不適切な使い方 …………………… 31
　——を支持して ……………………… 33-34

アレックス・プレスランド ………… 64, 174-176
イテレーション
　発見の—— ……………………… 313-315
　——についての『SPRINT　最速仕事術』
　　（ナップ、ゼラツキー、コウィッツ著）
　　………………………………… 314-315

イノベーション
　——が失われる最大の理由 ……… 345-348
　確実に製品の——を続けていく上での課題
　　…………………………………… 23-24
　持続する——に貢献するアジャイル手法
　　………………………………………… 322
　持続的な——の定義 …………………… 345
　将来の——の源泉 ………………… 121-122
　——につながるアイデア……… 25-30, 72-73
　　アイデア、スケールアップも参照

インダストリアルデザイン ………………… 74
インタラクションデザイン ……………… 73-74
ウォーカー・ロックハート ………………… 204
ウォークスルー …………………………… 307
ウォーターフォールプロセス

アジャイル手法と―― ………………… 27-28
　――での製品開発の致命的失敗 ……… 27-32
　――を使った製品開発 …………………… 25-27
エディー・キュー ……………………………… 336
エバンジェリストにする
　技術組織をCTOが―― ………………… 110
　製品ビジョンで―― ……………………… 152
　プロダクトマネジメントによって――
　　 ……………………………………… 170-172
エリック・リース ……………………………… 41
エンジニア
　――が発見に参加していないことに関連す
　る減速 ……………………………… 350-351
　――が発見に参加していることに関連する
　イノベーション …………………………… 347
　製品開発プロセスへの――の参加が遅すぎ
　ること ……………………………………… 31
　テスト自動化―― ………………………… 87
　――に報酬ではなく使命感で働いていると
　感じさせること …………………………… 79
　――の中でのテックリードの役割 …… 80-81
　プロダクトマネージャーと――との関係
　　 ………………………………………… 78-79
エンジニアリングVP
エンタープライズ企業
　――が着実に製品のイノベーションを続け
　ていくこと ……………………………… 23-24
オズの魔法使いプロトタイプ ……………… 260
オミッド・コーデスタニ ………………………… 90

か

ガイ・カワサキ ………………………………… 170
開発者による不適切な使用が秘める可能性の
　テクニック ………………………………… 243
カスタマーサクセス戦略 ……………… 303-304
カスタマーレターのテクニック
　Amazonでの――の応用 …………… 203-205
　　の説明 …………………………………… 197
　――のNordstromでの応用 ………… 204-205

価値テスト
　価値を実証するのにアクセス情報を使う
　　 …………………………………………… 285
　価値を実証するのにお金を使う …… 284-285
　価値を実証するのに時間を使う ………… 285
　価値を実証するのに評判を使う ………… 285
価値のリスク ……………………………… 183, 186
価値をテストすること
　需要をテストする ………………………… 274
　定性的に―― ……………… 274-275, 282-285
　定量的に―― ……………… 275, 288-294
　――の説明 ………………… 192-193, 273-275
カミール・ハースト ……………………… 64, 335-337
カリフォルニア大学バークレー校 ………… 231
機会費用 ………………………………………… 32
企業会計・財務のスキル ………………… 68-69
企業の勇気 …………………………………… 347
企業文化
　顧客中心の―― ……………………… 345-346
　コンセンサスに関連する減速 ………… 351
　――における自律性とレバレッジの対立の
　強調 ……………………………………… 122
　　　　　　　製品開発文化も参照
技術、IT
　――の企業文化 ………………………… 353
　――の成熟 ……………………………… 122
技術組織
　――に対するCTOの6つの責任 … 108-110
　――のリーダーシップ ………… 95, 107-110
技術担当副社長、エンジニアリングVP … 95
　グループプロダクトマネージャー（GPM）
　タイプの―― ………………………… 104-106
　――に必要とされるコンピテンシー 99-103
　――の説明とさまざまな肩書 …………… 98
　　　　　　最高技術責任者（CTO）も参照
技術的負債 ……………………………… 96, 349
業界についての知識 ………………………… 61
協力
　企業の――の文化 ……………………… 354

367

製品開発チームの────── 49
　　リーンとアジャイルの原理────── 34-35
グループプロダクトマネジャー（GPM）の役
　割────── 104-106
ケイト・アーノルド────── 64, 309-311
権限委譲
　　──された開発チームと関連するイノベー
　　ション────── 347
　　製品開発チームの説明責任と── 48
　　──に伴う説明責任────── 123-124
　　──の企業文化────── 354
献身的な製品開発チーム────── 46
高忠実度のユーザープロトタイプ────── 266
ゴー・トゥ・マーケット（GTM）────── 148
顧客
　　IT製品で何が可能なのかわからない──
　　────── 184
　　いつも満たされていないし、もっと良くな
　　らないかと願っている────── 346
　　遅すぎる──による実証の問題────── 32
　　製品開発チームとユーザーや──との連携
　　────── 117
　　ターゲット市場を特定するための市場機会
　　評価のテクニック────── 200-202
　　──ではなくライバル企業にこだわる── 154
　　──に対して優れたデモをおこなうことに
　　よる製品エバンジェリズム────── 172-173
　　──に使われるコンシェルジュテストのテ
　　クニック────── 238-239
　　──の悩みを共有することによる製品エバ
　　ンジェリズム────── 171
　　見込み──との関係を築く────── 220-223
　　リファレンスカスタマー────── 216-220
顧客インタビュー
　　──があなたの将来の時間に見返りをもた
　　らす────── 236
　　──から最大限のものを引き出すためのヒ
　　ント────── 235-236
　　さまざまな形の──────── 234-235

　　──をおこなうための重要なスキル 234-235
　顧客対応ツール────── 224
　顧客中心の文化────── 345-346
　顧客による不適切な使用が秘める可能性のテ
　　クニック────── 240-242
　顧客の問題
　　問題vsソリューション────── 198-199
　　──を特定するための市場機会評価のテク
　　ニック────── 200-201
　顧客発見プログラムのテクニック
　　コンシューマー向け製品に適用される──
　　────── 224
　　定性的価値テストのための──────── 290
　　1つのターゲット市場────── 218-219
　　プラットフォーム／API製品に適用される
　　────── 223
　　リファレンスカスタマーの力────── 216-218
　　リファレンスカスタマーの候補を集める
　　────── 219-220
　　──をいつ使うべきか────── 215-216
　　顧客対応ツールに適用される── 223-224
　　プロダクトマネジャーの──に関する深い
　　知識────── 59
　コミュニケーション
　　製品開発での学習の──────── 333-334
　　組織全体での製品戦略についての──── 154
　　──のテクニックとしてのストーリーマップ
　　────── 212-213
　これまでの業務を続ける────── 347-348
　コンシェルジュテストのテクニック 238-239
　コンシューマー向けサービス製品────── 17
　コンシューマー向け製品の発見プログラム 224
　コンシューマー向けデバイス────── 17
　コンテキストインタビュー────── 235
　コンピュータープログラミングのスキル── 68

　　　　　　　　　　　さ

最高技術責任者（CTO）
　　CIOと──との比較────── 108

　　　　　エンジニアリングVPも参照
　技術組織のリーダーを務める……95, 107-108
　製品開発VPの――との対話…………103
　――の6つの重要な責任…………108-110
最高経営責任者（CEO）
　製品開発VPの――との対話…………103
　製品開発のCEOであること………301
　組織の目標と主な結果への――の責任‥161
　――による事業実現性のテストへの関心
　　……………………………………306
　製品ビジョンを推し進める――……100-101
最高情報責任者（CIO）………………108
財務部門………………………………304
シェアドサービスプロダクトチーム……168
ジェイク・ナップ………………314-315
ジェーン・マニング………………64, 89-91
ジェフ・パットン………………212-214
ジェフ・ベゾス………………345-346
事業実現性のテスト
　財務部門………………………………304
　事業開発部門…………………………305
　セキュリティー部門…………………305
　――に関連する問題………………301-302
　カスタマーサクセス部門…………303-304
　――の説明……………………………193
　販売部門………………………………303
　法務部門……………………………304-305
　マーケティング部門………………302-303
事業実現性のリスク………183, 186-187
市場
　ゴー・トゥ・マーケット（GTM）………148
　実現可能な最大の市場規模（TAM）……148
　ターゲット――に集中する……………153
　ターゲット――のための1つのターゲット
　市場のテクニック………………218-219
　ターゲット――を特定する市場機会評価の
　テクニック…………………200, 202
　タイム・トゥ・マーケット（TTM）……148
　――についてのプロダクトマネジャーの深

い知識………………………………60-62
　――の優先順位を決める……………148-149
　プロダクト・マーケット・フィットも参照
市場機会評価のテクニック
　顧客の問題………………………200, 201
　主要な結果に関する質問……………200, 201
　ターゲット市場に関する質問………200, 202
　――の説明……………………………197
　ビジネスの目標…………………200, 201
持続的イノベーション
　――が失われる最大の理由…………345-348
　――に貢献するアジャイル手法……322-323
　――のためのアイデア…………25-32, 72-73
　――の定義……………………………345
　――を維持するための課題……………23-24
持続的な製品発見と市場投入の概念
　……………………………………37-38図2
実現可能性のテスト
　――によって答えられる質問………297-298
　――の説明……………………………192
　――のための実現可能性プロトタイプを考
　える……………………………246, 299
　――を成功させるコツ…………298-299
実現可能性のリスク………………183-187
実現可能性プロトタイプ………246, 299
実現可能性プロトタイプのテクニック 251-253
実現可能な最大の市場規模（TAM）……148
実験の文化……………………………353
実行力の製品開発文化
　あなたの会社の――を評価する…………355
　――の特徴………………………353-354
実装のタイム・トゥ・マネー・コスト……30
失敗した製品
　製品開発が失敗する根本的原因………28-32
需要テストのテクニック
　ランディングページ需要テスト……277-278
　――を使う理由………………………276-277
招待制テスト…………………………289-290
丈夫な製品開発チーム……………………46

ジョージ・パットン ………………………… 158
ショーン・エリス・テスト ………… 226-227
ジョルジュ・ハリック ……………………… 90
ジョン・ゼラツキー ……………………… 315
ジョン・ドーア …………………………… 47
シリコンバレープロダクトグループ ‥ 128, 231
自律性
　スケールアップの成功と製品開発チームの
　関係 ………………………………… 119-124
　製品開発チームの原則としての── …… 53
　──に伴う説明責任 ………………… 123-124
　──のために構成された製品開発チーム
　 ……………………………………………… 115
　レバレッジと──との対立を強調する企業
　の文化 …………………………………… 122
スクラムマスターの役割 ………………… 112
スケールアップ
　OKRシステムを──する ………… 167-169
　効果的な──のために製品開発チームを構
　成する ……………………………… 93-102
　これまでの業務を続ける ……………… 347
　スケールしないものをビルドしようという
　製品発見のポリシー …………………… 261
　成長期企業の課題としての── ……… 21-22
　適切な人材が──を推し進めていると理解
　すること ………………………………… 92
　──について「アジャイルアットスケール
　（アジャイルの大規模展開）」を専門にした
　コンサルタント会社 …………………… 322
　──を促進するための製品開発チームの自
　律性 ………………………………… 119-124
　　　　　　　　　　　　イノベーション、
　　　　　　　ITに基づいた製品も参照
スタートアップ企業
　──で製品ビジョンを推し進める創業者た
　ち ……………………………………… 100-101
　──での製品発見のテスト …………… 279-281
　プロダクト・マーケット・フィットを見つ
　ける── ……………………………… 19-20

スタートアップキャンバスのテクニック
　──の説明 ……………………………… 197
　──をいつ使うか ………………… 206-207
　──を使うときの最大のリスクに真っ先に
　取り組む ……………………………… 208-210
ステークホルダー
　──のアイデアを使ったステークホルダー
　主導の製品 ……………………………… 28
　主な──に優れたデモを送ることによる製
　品エバンジェリズム …………………… 172
　──がロードマップに執着する理由 …… 321
　ステークホルダー主導型のロードマップ
　 ……………………………………… 131, 132
ステークホルダーの管理
　──に対するプロダクトマネジャーの責任
　 …………………………………………… 326
　──を成功させるための戦略 ……… 326-329
　──の事業実現性のテストに対する関心
　 …………………………………………… 306
　──の定義 …………………………… 324-325
ストーリーマップのテクニック ……… 212-214
スプリント→イテレーションを参照
　発見における── →ディスカバリースプリ
　ントのテクニックを参照
成長期企業
　──で良いことが悪いことにどのように変
　わっていくか ………………………… 330-332
　──のスケールアップが成功する上での課
　題 ……………………………………… 21-22
製品開発チーム
　安定した──に関連するイノベーション
　 …………………………………………… 346
　同じ場所にいて長続きする──がないこと
　に伴う減速 …………………………… 350
　製品開発チームがすべてなのだと理解する
　 …………………………………………… 45
　権限を委譲された──に関連するイノベー
　ション ………………………………… 347
　個々の──にとってのビジネスの目標

………………………… 131, 137-138
　職能横断型のプロフェッショナル集団とし
　　ての―― ……………………………… 163
　優れた――の原則 ………………… 46-55
　成長期企業が直面する――の課題 …… 21-22
　――によるOKR（目標と主要な結果）の適用
　　………………………………… 162-165
　――によるOKR（目標と主要な結果）の利
　　用の拡大 ………………………… 167-169
　――の3つのスキルレベル ……… 120-121
　――のインペディメントという障害を取り
　　除くというデリバリーマネジャーの役割
　　………………………………… 111-112
　――の自律性 ………… 53, 115, 119-124
　――は、学習したことと評価を惜しみなく
　　共有する ………………………………… 171
　プロダクトマネジャーとエンジニアで構成
　　される―― ……………………………… 16
　良い――と悪い――の特徴 ……… 341-344
　――を構成する原則 ……………… 113-124
製品開発チームの原則
　開発チームがある場所 ……………… 49-50
　開発チームの規模 …………… 48, 115-116
　開発チームの業務範囲 ……………… 50-52
　開発チームの協力 ……………………… 49
　開発チームの継続期間 ………………… 52
　開発チームの権限委譲と説明責任 …… 48
　開発チームの構成 ……………………… 47
　開発チームの上下関係 ……………… 48-49
　開発チームの自律性 …………………… 53
　使命感を持った開発チーム …………… 47
　――に基づいたテクニックの開発 …… 55
製品開発での学習
　何が知り得ないかを知ること ………… 29
　評価と――を惜しみなく共有すること
　　………………………………… 171-172
　ユーザビリティーテストでわかったことを
　　まとめる ……………………………… 272
　――を共有する ………………… 333-334

製品開発のCEO ………………………… 301
製品開発のイノベーション文化
　あなたの会社の――を評価する ……… 355
　――の特徴 ……………………… 352-354
製品開発のプロセス
　アジャイル手法 …………………… 27, 31
　イテレーション（「スプリント」）
　　…………… 27, 30, 189, 286-287, 313-315
　ウォーターフォールプロセス ……… 25-32
　――が失敗する致命的な欠陥と根本的原因
　　…………………………………… 27-32
　顧客にデプロイされる製品 …………… 27
　デザインを提供するユーザーエクスペリエ
　　ンスデザインチーム ……………… 37-38
　――を始めるアイデア　図1参照 …… 25-28
製品開発文化
　イノベーションの――と実行力の――
　　………………………………… 352-355
　成功するために適切な文化を作る …… 340
　確固とした――を支持する製品開発VPの
　　立場 …………………………………… 102
　――の説明と重要性 ……………… 102-103
　　　　　　　　　　　　企業文化も参照
製品開発マインドを持つ組織 ………… 347
製品開発ロードマップ
　アウトカムベースのロードマップ …… 139
　主に、アウトカムではなくアウトプットに
　　焦点を当てた―― …………………… 131
　経営陣が――を欲しがる理由 ………… 132
　ステークホルダーが――に執着する理由
　　………………………………………… 321
　ステークホルダー主導型のロードマップと
　　いう形での―― ………………… 131-132
　組織を――から切り離す ………… 320-321
　――に代わるものとしてのハイインテグリ
　　ティーコミットメント 135, 136-142, 160, 353
　――の2つの目的 ………………… 136-137
　――の説明と機能 ………………… 28-29
　――の定義 ……………………………… 131

371

──の問題点……………29-30, 133-135
　むだで空回りの努力の根本原因としての通
　常の──……………………………………132
製品戦略
　　──が与えるビジネスの脈絡…………137
　　──とビジネス戦略を連携させる………153
　　──の欠落に伴う減速……………………350
　　──の原則……………………………153-154
　　──の説明………………………………145
　　──の適用……………………………146-147
　　──は焦点の定まったものでなければなら
　　ない………………………………………147
　的を絞った──に関連するイノベーション
　………………………………………………346
　　──を実現するために構成されている製品
　　開発チーム………………………………115
製品に関するエバンジェリズム
　「夢を売ること」としての──…………170-173
　　製品ビジョンの──……………………152
製品の開発
　新しい──で成功するためにスケールアッ
　プしている成長期企業…………………21-22
　将来のイノベーションの源泉…………121-122
　　──で常に製品のイノベーションを図る必
　　要性…………………………………………23-24
　　──に関する教訓である「何が知り得ない
　　かを知る」こと……………………………29
　　──にとってのスピードの重要性………121
　　──にとっての統合の重要性……………121
　　──のウォーターフォールプロセス…25-32
　　──の役割の問題……………………30-31
　プロダクト・マーケット・フィットを達成
　するスタートアップ企業……………19-20
　最も優れた企業が──に取り掛かる方法の
　違い………………………………………………13
製品の基本的な概念
　継続的な製品発見と市場投入…………37-38図2
　製品とプロダクト・マーケット・フィット
　………………………………………………39-40

製品の市場投入 ……………………………39
製品の発見 …………………………………38
製品ビジョン ………………………………40
必要最小限の製品（MVP）…41-42, 180, 314
プロトタイプ ………………………………39
ホリスティックな製品 …………………36-37
製品の市場投入
　持続的な製品発見と──…………37-38図2
　　──に対するCTOの責任………………109
　　──の目的を理解する……………………39
　　　　　　　デリバリーマネジャーも参照
製品の全体的視点
　技術組織のリーダーが持つ──……………95
　　──というコンテキストでのリーダーシッ
　　プの役割………………………………96-97
　　──の概念を理解する…………………36-37
　プロダクトデザインのリーダーが持つ──
　…………………………………………………94-95
　プロダクトマネジメントのリーダーが持つ
　──……………………………………………94
製品のデモ
　優れた──をおこなうことによる製品エバ
　ンジェリズム ……………………………172
　ユーザーテストvsウォークスルーvs──
　……………………………………………307-308
製品の発見
　　──が生む有効なプロダクトバックログ 38
　　──が非常に重要な理由 …………179-182
　効果的な──のために十分な時間を提供す
　る ……………………………………………141
　持続的な──と市場投入 …………37-38図2
　重要なリスクに対処する原則 ………183-187
　スケールしないものをビルドしようという
　　──のポリシー …………………………261
　　──にエンジニアを参加させないことに伴
　　う減速 ……………………………350-351
　　──におけるプロダクトデザイナーの協力
　　…………………………………………70-71
　　──に対するCTOの責任………………109

372

──にプロダクトデザイナーを使わないこ
　　とに関係する減速 …………………… 351
　　──によって検証される倫理的リスク
　　　………………………………… 188-189
　　──によって対処される重要なリスク …183
　　──のイテレーション ………………… 189
　製品の発見のテクニック
　　顧客発見プログラム ………… 215-227, 290
　　ストーリーマップ ………………… 212-213
　　ディスカバリースプリント ………… 313-315
　　トランスフォーメーションのテクニック
　　　…………………………… 193-194, 312
　　発見のアイディエーションテクニック
　　　…… 191, 212-214, 234-237, 238-239, 240-243,
　　　　　　　　　　　　　　　　　　244-245
　　発見のテストテクニック ………… 172, 191,
　　　　　　　　　　　　　262-263, 264-308
　　発見のプランニングテクニック
　　　………………………………… 191, 211-233
　　発見のフレーミングテクニック ………… 190,
　　　　　195-199, 200-202, 203-205, 206-210
　　発見のプロトタイピングテクニック
　　　………………………………… 246-261
　　ハードウェア製品の── ……………… 300
　製品の目標
　　OKR（目標と主要な結果）
　　　……………… 157-158, 159-161, 162-165
　　大規模にOKRを使う ……………… 167-169
　　製品発見の── ……………………… 189
　　　　　　　　　　　　　ビジネスの目標も参照
　製品ビジョン
　　CEOタイプまたは創業者タイプの──
　　　…………………………………… 100-101
　　──が与えるビジネスの脈絡 ………… 137
　　──がないことに関連する減速 ……… 350
　　──の原則 ……………………… 150-152
　　──の原動力となる明確なビジョンを持っ
　　　た人物がいない状況 ………………… 100
　　──の説明と目的 … 40, 100-101, 144-145

　　──は心を奮い立たせるものであるべき
　　　………………………………… 147, 151
　　魅力的な──に関連するイノベーション
　　　……………………………………… 346
　　──を共有することによる製品エバンジェ
　　　リズム ……………………………… 171
　　──を実現するために構成されている製品
　　　開発チーム ………………………… 115
　製品理念 …………………………… 155-156
　　製品を多くの──にどうやって分けるのか
　　　……………………………………… 113
　セールスフォース ……………………… 17
　セキュリティーに関わる問題 ………… 305
　切迫感の文化 …………………………… 353
　創業者の製品ビジョン ……………… 100-101
　ソーシャルメディアの製品、──の例 …… 17

た

ターゲット市場
　　──のための１つのターゲット市場のテク
　　　ニック …………………………… 218-219
　　──を特定するための市場機会評価のテク
　　　ニック ………………… 200, 201-202
　タイム・トゥ・マーケット（TTM）……… 148
　タイム・トゥ・マネー ………………… 30, 134
　多様なスキルセットの文化 …………… 353
　チャック・ガイガー ……………………… 107
　ディスカバリーコーチ ……………… 314-317
　ディスカバリースプリントのテクニック
　　　………………………………… 313-315
　ディスカバリーピボット …………… 151-152
　定性的価値テスト
　　インタビューから始める ……………… 283
　　特殊な価値テスト ……………… 284-285
　　──の説明 ……………… 274, 282-283
　　ユーザビリティーテスト ………… 283-284
　定量的価値テスト
　　A／Bテスト ………………………… 289
　　顧客発見プログラム ………………… 290

373

招待制テスト ……………………… 289-290
　──での分析の役割 ………………… 291-294
　──の説明 ……………………… 274, 288-289
　──のときに計器飛行する ………… 295-296
定量的価値テストの分析 …………… 291-294
データアナリスト ……………………… 86-87
データに関する知識 …………………… 59-60
デザイン→プロダクトデザインを参照
デザインスプリントのテクニック→ディスカ
　バリースプリントのテクニックを参照。
テスト自動化エンジニア ………………… 87
テスラ ……………………………………… 17
デビッド・パッカード …………………… 157
デモ
　優れた──をおこなうことによる製品エバ
　　ンジェリズム ………………………… 172
　ユーザーテストvsウォークスルーvs製品
　　── ……………………………… 307-308
デリバリーマネジャー
　──のスクラムマスターとしての役割 ‥112
　──の説明と必要性 ……………… 111-112
　──の不在に伴う減速 ………………… 350
　　　　　製品の市場投入も参照
伝道師
　──からなるチーム ……………………… 47
　──だとエンジニアが感じるようにする　79
　──のチームを作るためのハックデイ
　　　　　……………………………… 244-245
トランスフォーメーションのテクニック
　　　　　…………………………… 193-194, 312

な

何が知り得ないかを知るという教訓 ……… 29
認知の文化 ……………………………… 354
認定スクラムプロダクトオーナーの講座 … 56

は

ハードウェア製品の発見 ………………… 300
ハイインテグリティーコミットメント

──から最良の結果を得る方法を理解する
　　　　　…………………………… 140-142
製品開発ロードマップに代わるものとして
　の── ……………………… 135, 136-142
──と組み合わせたOKR（目標と主要な結
　果） ………………………………… 160-161
──を伴った実行力の文化 ……………… 353
ハイブリッドプロトタイプ ……………… 248
ハイブリッドプロトタイプのテクニック
　　　　　…………………………… 260-261
パイロットチームのテクニック ……… 318-319
ハッカソン
　──の2つの大きな利点 ………………… 245
　方向性のある──と方向性のない── … 244
　　　　　アイデアも参照
発見のアイディエーションテクニック
　いつ──を使うべきか ……………… 232-233
　開発者による不適切な使用 ……………… 243
　顧客インタビュー ………………… 234-237
　顧客による不適切な使用 ………… 240-242
　コンシェルジュテスト …………… 238-239
　──に使われるストーリーマップ … 212-213
　──の説明 …………………………… 191
　ハッカソン …………………………… 244-245
発見のテストテクニック
　価値をテストする
　　……… 192-193, 272-275, 282-285, 288-294
　事業実現性をテストする ……… 193, 301-308
　実現可能性をテストする ……… 192, 297-300
　需要をテストする …………… 274, 276-278
　──の概要 …………………… 190-194, 262-263
　ユーザビリティーをテストする
　　………………… 192, 264-272, 283-284
　リスクを嫌う企業での── ………… 279-281
　　　　　リスクも参照
発見のプランニングテクニック ……… 191, 211
　顧客発見プログラム …………… 215-225, 290
　ストーリーマップ ………………… 212-214
　──の概要 ……………………………… 211

発見のフレーミングテクニック
　あらゆる大きなリスクを特定するための
　　　── ……………………………… 195-197
　開発チーム全員が確実に同じ考えを持つよ
　うにするための── ………………………… 195
　カスタマーレター …………………… 197, 203-205
　市場機会評価 ………………………… 197, 200-202
　スタートアップキャンバス …… 197, 206-210
　──に使われるストーリーマップ …… 212-214
　──の説明 ……………………………………… 190
　問題よりもソリューションに焦点を当てる
　という間違い ……………………………… 198-199
　　　　　　　　　　　　　　リスクも参照
発見のプロトタイピングテクニック
　実現可能性プロトタイプ …………… 251-253
　──の説明 ………………………………… 191, 246
　──のプロトタイプの種類 ………… 247-248
　ハイブリッドプロトタイプ ………… 260-261
　ユーザープロトタイプ ………………… 254-256
　ライブデータプロトタイプ ………… 257-259
　　　　　　　　　　　　　プロトタイプも参照
パブリックAPI …………………………………… 243
販売主導の製品 ……………………………………… 28
販売組織
　Googleの──が反対したGoogleのアドワー
　ズ ……………………………………………………… 89
　事業実現性が──にもたらす利益をテスト
　する ………………………………………………… 303
　製品戦略と──の戦略を連携させる …… 154
　プロダクト・マーケット・フィットで市場
　に売り出す── ……………………………… 147
ビジネスケースの致命的な欠陥 ……… 28-29
ビジネス戦略
　アウトカムに焦点を当てた──とアウトプ
　ットに焦点を当てた── …………… 131, 139
　──と連携した製品戦略 ……………………… 153
ビジネスの成果、アウトカム
　アウトカムベースのロードマップ …… 139
　製品のOKR（目標と主要な結果）

　　　　 …………… 157-158, 159-161, 162-165, 167-169
　──ではなくアウトプットに焦点を当てる
　　　　 ……………………………………………… 131, 139
　──に焦点を当てた実行力の文化 ……… 354
　──のために技術を活用すること ……… 122
　──へのプロダクトマネージャーの深い知
　識 ……………………………………………………… 60
ビジネスの目標
　個々の開発チームが優先すべき──
　　　　 ……………………………………………… 137-139
　──に対するCEOの責任 ………………… 161
　──のための製品のOKR（目標と主要な結
　果） …………… 157-158, 159-161, 162-165, 167-169
ビジュアルデザイン ……………………………… 73-74
ビジョン。製品ビジョンを参照
ビジョンタイプ …………………………………… 144
ビジョンピボット ………………………………… 151
必要最小限の製品（MVP） ……… 41-42, 180, 314
1つのターゲット市場のテクニック ……… 218
ヒューレット・パッカード（HP）
　──で使われている目標による管理
　（MBO）アプローチ …………………… 157
ビル・ゲイツ ……………………………………… 229
プラットフォーム／API製品 ………………… 223
プラットフォーム製品開発チーム ………… 168
フランク・ロビンソン …………………………… 41
ブレイデン・コウィッツ ………………………… 315
プログラマー→エンジニアを参照
プログラミングのスキル ………………………… 68
プロダクト・マーケット・フィット
　消費者中心の企業がどう──を構築するの
　か ……………………………………………………… 146
　──の重要性 ……………………………………… 39-40
　販売組織が──を実証した市場で製品を売
　る ……………………………………………………… 147
　──を達成しようとするスタートアップ企
　業 ……………………………………………………… 19-20
　──を定義する ………………………… 226-227
　──を評価するショーン・エリス・テスト

375

……………………………… 226-227
　　　　　　　　　　　市場も参照
プロダクトオーナーの役割 ………………… 67
プロダクトデザイナー
　——が協力する製品の発見 ………… 70-71
　——によるインタラクションデザインとビ
　ジュアルデザイン ………………………… 73-74
　——によるプロトタイプ作り …………… 72
　——によるホリスティックなユーザーエク
　スペリエンス（UX）デザイン ………… 71-72
　——によるユーザーテスト ……………… 73
プロダクトデザイン
　インダストリアルデザイン ……………… 74
　インタラクションデザインとビジュアルデ
　ザイン ………………………………… 73-74
　——の欠如による損失 ……………… 74-76
　——のリーダー ……………………… 94-95
　プロダクトデザイナーを製品発見に使わな
　いことによる減速 ……………………… 351
　ホリスティックなユーザーエクスペリエン
　ス（UX） ……………………………… 71-72
　——を提供するユーザーエクスペリエンス
　デザインチーム ………………………… 27
プロダクトマーケティングマネジャー
　——の焦点 …………………………… 83-84
　——の説明 …………………………… 82-84
プロダクトマネジメント
　OKR（目標と主要な結果）
　……… 157-158, 159-161, 162-165, 167-169
　経営陣が製品ロードマップを欲しがる理由
　………………………………………… 132
　——とプロダクトオーナーの役割 ……… 67
　——の責任 …………………………… 58-62
　——のバックログ管理者モデル ………… 56
　——のリーダーたち ……………………… 94
　——のロードマップ管理者モデル ……… 57
　目標による管理（MBO） ……………… 157
プロダクトマネジャー
　エンジニアと——との関係 ………… 77-79

　——が受講するべき企業会計・財務部門の
　授業 …………………………………… 68-69
　——が受講するべきコンピュータープログ
　ラミング入門の授業 ……………………… 68
　強力な——に関連するイノベーション … 346
　強力な——の不在に伴う減速 ………… 349
　最良の——の頭がよく、創造的で、粘り強
　い性質 ………………………………… 62-64
　スタートアップ企業での——の役割 …… 19
　成功につながる仕事のやり方 ………… 56-58
　——によるステークホルダーの管理 324-329
　——の役割と主な責任 ……… 15-16, 58-62
　——の優秀なチームを作り上げるための製
　品開発VPの責任 ……………………… 98-106
　プロダクトオーナーと—— ……………… 67
　最も優れた——のプロフィールと例 … 64-66
　　　　　　　　　　　リーダーシップも参照
プロダクトマネジャーの責任
　顧客に関する深い知識 …………………… 59
　市場と業界についての深い知識 ……… 60-62
　自分のビジネスについての深い知識 …… 60
　重要な——を理解する ……………… 58-59
　データに関する深い知識 ………………… 59
ブロックバスター ……………………… 309, 311
プロトタイプ
　オズの魔法使い ………………………… 260
　高忠実度のユーザー—— ……………… 266
　実現可能性—— ………………… 247, 299
　——イテレートする ……………… 286-287
　——の原則 ……………………… 249-250
　——の説明と機能 ……………………… 39
　ハイブリッド—— ……………………… 248
　ビジョンタイプ ………………………… 144
　必要最小限の製品（MVP）… 41-42, 180, 314
　プロダクトデザイナーによる——の作成 72
　ユーザー—— …………………… 247, 254-256
　ライブデータ—— ……………… 247-248
　——をイテレートする …………… 286-287
　——を使うことによる製品エバンジェリズ

376

ム………………………………171
　　――をテストする………………268-271
　　――を見せるためのユーザーテストvs製品
　　デモvsウォークスルー……………307-308
　　発見のプロトタイピングテクニックも参照
プロフィール
　　アレックス・プレスランド………64, 174-176
　　カミール・ハースト………………64, 335-337
　　ケイト・アーノルド………………64, 309-311
　　ジェーン・マニング………………64, 89-91
　　マルティナ・ローチェンコ………64, 228-231
　　リー・ヒックマン…………………64, 125-128
フロントエンド開発者………………………80
文化→企業文化、製品開発文化を参照
ベン・ホロウィッツ…………………………342
法務に関わる問題……………………304-305

ま

マーク・アンドリーセン……………………185
マイク・フィッシャー………………………241
マイクロソフト
　　――によるWord for Macの開発……228-231
　　――のマルティナ・ローチェンコ
　　　　…………………………64, 228-231
マルティナ・ローチェンコ…………64, 228-231
ミッションステートメント…………………144
目標→ビジネスの目標を参照
目標による管理（MBO）…………………157

や

有効なプロダクトバックログ………………38
ユーザーエクスペリエンス（UX）デザイン
　　…………………………………………71-72
ユーザーエクスペリエンスデザインチーム
　　……………………………………………27
『ユーザーストーリーマッピング』（パットン著）
　　……………………………………………214
ユーザーテスト
　　製品デモvsウォークスルーvs――…307-308

　　――の説明………………………………73
ユーザープロトタイプ………………247, 254-256
ユーザーリサーチャー………………………86
ユーザビリティーテスト
　　――から学習したことをまとめる………272
　　定性的な――…………………………283-284
　　テストの準備をする……………………266-268
　　テストのためのユーザーを集める………265-266
　　――の説明………………………192, 264-265
　　プロトタイプをテストする………………268-271
ユーザビリティーのリスク………………183, 186
優先順位
　　急な優先順位の変更に伴う減速………351
　　市場での――を決める…………………148-149
「良いプロダクトマネジャー／悪いプロダクト
マネジャー」（ホロウィッツの投稿）
　　…………………………………………342
傭兵
　　――からなるチーム……………………47
　　――ではなく伝道師だとエンジニアに感じ
　　させる……………………………………79

ら

ライブデータプロトタイプ…………………247
ライブデータプロトタイプのテクニック
　　………………………………………257-259
ラリー・ペイジ………………………89, 157
ランディングページ需要テスト………277-278
リーダーシップ
　　人材開発における――の役割…………93
　　――の全体的視点………………………93-97
　　　　　　プロダクトマネジャーも参照
リーダーシップの役割
　　技術組織の――…………………………95
　　製品開発VPの――……………………98-106
　　プロダクトデザインの――………………94-95
　　プロダクトマネジメントの――…………94
リード・ヘイスティングス…………………309
リー・ヒックマン……………………64, 125-128

377

『リーン・スタートアップ』（リース著）……41
リーン原則
　──の中心原理を利用する………………34
　──を支持して……………………33-35
リーンスタートアップコーチ………………317
リスク
　価値の──………………………183, 184
　事業実現性の──………………183, 186
　実現可能性の──………………183, 186

製品発見で対処する──………………183
ユーザビリティーの──……………183, 186
倫理的──………………………188-189
リファレンスカスタマー
　──の候補を集める………………219-220
　──の力を理解する………………216-218
リリースサイクルの長期化………………350
倫理的リスク……………………188-189
ロードマップ管理者のモデル………………57

著者について

マーティ・ケーガンがシリコンバレープロダクトグループを創業したのは、文章や講演、アドバイス、コーチングを通じて、ほかの人が大ヒットを生み出すのを支援したかったからだ。それより前は、世界で最も成功したいくつかの企業で、製品を定義し製作することに責任を持つ経営幹部として働いていた。彼が勤めた企業の中には、Hewlett-Packard、Netscape Communications、eBayなどがある。

マーティのキャリアは、HP研究所でソフトウェアエンジニアとして働くことから始まった。彼はそこで10年間、ソフトウェア技術について研究し、ほかのソフトウェア開発会社向けの製品をいくつか作った。

HPのあと、当時まだ新興企業だったNetscape Communicationsに加わり、インターネット産業の誕生に関わった。マーティは共同創業者のマーク・アンドリーセンの直属の部下として働き、Netscapeのプラットフォームとツールを担当する副社長を経て、eコマースアプリケーション担当の副社長に就任。インターネットのスタートアップ企業や、フォーチュン500企業が、新しく登場したテクノロジーを理解し、利用するのを支援した。

マーティは、最近までeBayで製品開発とデザインを担当する上級副社長を務め、eBayのグローバルeコマース取引サイトの、製品とサービスを定義する責任者だった。

キャリアを重ねる中で、マーティは現代のソフトウェア製品開発組織のほとんどの役割を経験し、管理職を務めた。その中には、エンジニア、プロダクトマネジャー、プロダクトマーケター、ユーザーエクスペリエンスデザイナー、ソフトウェアテスター、エンジニアリングマネジャー、ゼネラルマネジャーなどが含まれる。

SVPGでの仕事の一環として、マーティは世界中の大きな会議やトップ企業に講師として招かれている。

マーティはカリフォルニア大学サンタクルーズ校でコンピューターサイエンスと応用経済学の学士号を取得し（1981年）、スタンフォード大学エグゼクティブインスティチュートの課程を修了している（1994年）。

監訳

佐藤 真治 （さとう しんじ）

1992年にStanford大学大学院に留学。Apple社を始めとするシリコンバレー企業にてエンジニアとしてソフトウェア開発に従事したのち、モバイルの可能性を求めて起業。その後、製品やサービスの開発プロセスに強い興味を持ち、Evernote社などで、新規製品・サービスの企画をリード。プロダクトマネジメントの必要性を訴えるべく、2012年にマーティ・ケーガンによる「Inspired 日本語版（第一版）」を監修、出版。現在もシリコンバレーで新規のビジネスや製品の創出に関わる。

関 満徳 （せき みつのり）

グロース・アーキテクチャ＆チームス株式会社 プロダクトオーナー支援スペシャリスト
エクスパッション合同会社 代表社員
電気通信大学大学院卒。大手SIerに勤務後、2018年よりグロース・アーキテクチャ＆チームス株式会社勤務。コンサルタント、アジャイルコーチとして、エンタープライズ領域の企業にDX化のコンサルティングサービスを提供。プロダクトマネジメント領域の支援や教育をおこなっている。

翻訳

神月 謙一 （かみづき けんいち）

翻訳者。東京都立大学人文学部卒業。13年間、国立大学に英語教員として勤務したのち現職。訳書に、『デジタル・エイプ——テクノロジーは人間をこう変えていく』（クロスメディア・パブリッシング）、『リーダーが覚えるコーチングメソッド——7つの質問でチームが劇的に進化する』（パンローリング）、『STOP STRESS——北欧の最新研究によるストレスがなくなる働き方』（フォレスト出版）など多数。

翻訳協力：株式会社トランネット
http://www.trannet.co.jp/

INSPIRED
熱狂させる製品を生み出すプロダクトマネジメント

2019年11月10日　初版第1刷発行
2020年8月15日　第2刷発行

著　　者——マーティ・ケーガン
監訳者——佐藤真治、関満徳
訳　　者——神月謙一
　　　　　©2019 Kenichi Kamizuki
発行者——張　士洛
発行所——日本能率協会マネジメントセンター
〒103-6009　東京都中央区日本橋 2-7-1 東京日本橋タワー
TEL　03(6362)4339(編集) ／03(6362)4558(販売)
FAX　03(3272)8128(編集) ／03(3272)8127(販売)
http://www.jmam.co.jp/

装　　丁——西垂水敦、市川さつき (krran)
本文DTP——株式会社明昌堂
印刷所——シナノ書籍印刷株式会社
製本所——ナショナル製本協同組合

本書の内容の一部または全部を無断で複写複製（コピー）することは、法律で認められた場合を除き、著作者および出版者の権利の侵害となりますので、あらかじめ小社あて許諾を求めてください。

ISBN 978-4-8207-2750-7　C2034
落丁・乱丁はおとりかえします。
PRINTED IN JAPAN

JMAMの本

心理マーケティング
100の法則

酒井　とし夫 著

四六版226頁

営業・マーケティング、接客業などに従事するビジネスパーソン、営業・マーケティングの実務ですぐに効果を上げたいと悩んでいる人、社内外の仕事関連の人たちとのコミュニケーションをもっと上手にとりたいと悩んでいる人に向けた、ビジネス心理学に基づく販促テクニックや営業術を「見開き2ページで100項目」紹介する本です。集客法や店頭での購買促進、顧客との関係強化を図るためのコミュニケーション術など、全国各地の商工会議所等で年間100講演行う人気マーケターが事例を使って解説します。

日本能率協会マネジメントセンター

グーグルに学ぶ最強のチーム力

桑原　晃弥　著

四六版226頁

「働き方改革」において問題なのは、「成果も上がらないのに長時間残業をする」という働き方です。では、成果を上げるためには何が必要なのでしょうか？　そのひとつの答えとしてグーグルが提示したのが「チームを成功へと導く５つのキーワード」です。

「心理的安全性」「信頼性」「構造と明瞭さ」「仕事の意味」「仕事のインパクト」この５つのキーワードをもとに、グーグル流の「チームのつくり方、運営の仕方、採用の仕方、失敗を恐れない仕事の進め方」などを、成果を上げ続けるチームを作りたい方に紹介します。

日本能率協会マネジメントセンター

JMAMの本

ザッソウ
結果を出すチームの習慣

倉貫義人 著

四六版226頁

仕事をする上で、「ホウレンソウ（報告・連絡・相談）」は大切です。ただ、それだけでは、チームのコミュニケーションが機能しなくなってきており、コミュニケーションがうまくとれる継続的な場を設けることが必要なっています。
そこで「ホウレンソウ」から「ザッソウ（雑談・相談）」に変えてみようというのが本書の一ーです。「ザッソウ」を通して、メンバー同士が何を考え、感じているのかを共有し、言いたいことを言い合える信頼関係をつくる。それはチームに心理的安全をもたらし、やる気を高めることにもつながります。さらに、「ザッソウ」でコミュニケーションをとっているうちに、アイデアが生まれ、チームの生産性を高めることにもつながります。

日本能率協会マネジメントセンター